国家民族事务委员会中青年英才培养计划项目成果

民族地区财政供给侧结构性改革研究

张冬梅　等著

中国经济出版社
CHINA ECONOMIC PUBLISHING HOUSE
北京

图书在版编目（CIP）数据

民族地区财政供给侧结构性改革研究 / 张冬梅等著 .
--北京：中国经济出版社，2020. 8
ISBN 978-7-5136-6248-2

Ⅰ. ①民… Ⅱ. ①张… Ⅲ. ①民族地区-地方财政-财政改革-研究-中国 Ⅳ. ①F812. 7

中国版本图书馆 CIP 数据核字（2020）第 124879 号

责任编辑　耿　园
责任印制　巢新强
封面设计　华子图文

出版发行　中国经济出版社
印 刷 者　北京九州迅驰传媒文化有限公司
经 销 者　各地新华书店
开　　本　710mm×1000mm　1/16
印　　张　18. 75
字　　数　272 千字
版　　次　2020 年 8 月第 1 版
印　　次　2020 年 8 月第 1 次
定　　价　68. 00 元
广告经营许可证　京西工商广字第 8179 号

中国经济出版社 **网址** www. economyph. com **社址** 北京市东城区安定门外大街 58 号 **邮编** 100011

前　言

党的十九大报告中指出要“深化供给侧结构性改革”，在供给侧的劳动力、土地、资本、技术、制度等多要素的改革与创新中，更重要的是制度这一供给侧的结构性改革。“财政是国家治理的基础与重要支柱”，财政制度供给侧的结构性改革居于国家治理制度建设之首，要建设现代财政制度，把提高公共服务供给体系的质量作为主攻方向。基于民族区域自治制度与《中华人民共和国民族区域自治法》的民族地区政府治理框架，财政制度供给侧结构性改革的深入与细化到民族地区和其他地区的显著差异，更关乎于推进民族地区治理体系与治理能力的有效性与务实性，激励民族地区政府提供高质量公共服务的创新动力与持久能力，更好地满足广大各族群众与各类企业对公共服务的不同需求，在新发展理念下促进民族地区经济社会持续健康发展。

本书是国家民族事务委员会中青年英才培养计划项目成果，最终研究成果的出版著作题目为《民族地区财政供给侧结构性改革研究》。本书从财政的预算、收入（税收）与支出三方面分析民族地区财政运行体系的共性与特性，在总结与借鉴典型发达国家地方政府财政实践基础上，探寻我国民族地区财政在统一财政体制下差异运行财政体系的理论依据、问题根源与建设建议，提出民族地区财政应在新发展理念引导下改革公共预算、差异性构建地方税体系及民生视域下优化财政支出结构。主要解决的问题有三，由三篇构成，具体如下：

其一，在减税降费财政收入有限与提供高质量公共服务财政支出无限之间的矛盾下，政府财政预算能力提升是化解矛盾的重要途径，因为预算是收入与支出的联结点。上篇（预算篇）探寻民族地区公共预算偏离新发展理念的根源，主要有中央地方财政关系的财政体制问题、民族地区公共预算自主性缺失问题、民族地区预算收入规范问题及预算支出偏向问题等。与其他地区不同，民族地区适用民族区域自治法；与其他地区相同，在新发展理念的指导下，应深化央地激励相容的财政体制改革，驱动民族地区建立现代预算制度。贯彻新发展理念，发挥民族地区财政自主性体现创新发展；优化民族地区公共预算支出结构体现协调、绿色、共享发展；规范民族地区公共预算收入促进开放发展。以内蒙古自治区为例，从理论上分析民族地区公共预算制度创新的必要性与可行性；采用泰尔指数、基尼系数与变异系数定量测度内蒙古辖区内预算支出偏离协调、绿色、共享发展的程度；从实践上验证内蒙古辖区内改革开放实验区的减税降费规模不足，促进开发发展有限。最后，提出用新发展理念强化民族地区公共预算改革的思路，建立一个能够促进民族地区创新发展、协调发展、绿色发展、开放发展、共享发展的地方公共预算收支系统，加速推进公共预算绩效管理，提高民族地区政府治理能力，从而促进国家治理体系和治理能力的现代化。

其二，民族地区地方税体系是我国地方税体系的重要组成部分之一。从税法角度，民族地区与其他地区并无二致；而从税收政策角度，民族地区享有较多差异性的优惠政策。随着2016年“营改增”的全面推行，民族地区地方税体系同样面临主体税种缺失的问题，且民族地区的地方税体系与其他地区相比，既有共性，又有差异性。民族地区地方税体系在构建过程中，既要严格遵守全国统一税法的规定，与其他地区保持一致；也应在中央规定范围内，用足用活宪法和民族区域自治法赋予的财政自治权。通过对民族地区地方税体系进行差异性构建，可以增强民族地区政府财力，促进民族地区社会经济发展，推动我国区域经济均衡发展。中篇（收入篇）通过理论分析和实证研究，考察民族地区与全国地方税体系的共性和差异性，寻求民族地区地方税体系的差异性构建路径。首先，基于历史统计数据，从规模和结构两个方面入手，通过横纵双向比较，分别考察了民族地区与全国地方税体系之间的差异性，以及各民族地区地方税体系的差异性，总结了民族地区地方税体系的构建特色；其次，分析了中央转移支付对民族地区政府税收努力的影响及国税地税合并降低民族地区政府征税成本与“营改增”后民族地区面临的主体税种缺失等问题，并对民族地区地方税体系主辅税种共建进行了大胆设想；最后，基于民族地区政府治理的视角，结合中央支持政策，在充分发挥民族地区财政自治权基础上，提出了民族地区地方税体系差异性构建的建议。

其三，由于民族历史文化、地理环境等因素的影响，民族地区民生发展相对滞后，民生财政支出结构不合理。下篇（支出篇）重点针对民生视域下民族地区财政支出结构进行研究，依据民生财政相关理论，对民生财政的含义重新界定，通过实证分析揭示了民族地区民生财政支出结构存在的问题及原因，并进一步提出优化建议。首先，在探讨公共物品理论、公平正义原则、福利经济学思想、人的全面发展理论与民生财政关系的基础上，界定了“还财权于民”的民生财政新内涵；财政支出层次和支出范围要体现民主性，优化民生财政支出结构的本质就是合理配置公共资源以满足各族民众的不同公共需求。其次，选用 1998—2015 年五个自治区的数据，揭示了民生视域下民族地区财政支出结构存在的问题，主要表现为行政管理支出居高挤占民生支出；政府偏好、财政分权体制缺陷致使民族地区政府难以对民生项目长期投入；保障民生财政支出的相关法律制度、监督管理体系缺失。最后，提出了优化民族地区民生财政支出结构的建议，包括：加强与民生财政支出相关的体制建设和法制建设，明确政府职能定位，保障民生财政支出；完善财政分权制度促进中央和地方政府间事权和财力相匹配；构建保障民生财政的法律体系，从增量和存量调整现有的各项民生支出占比；构建民主决策、绩效评价与监督机制以保障最优的民生财政支出结构。

基于民族地区政府治理的财政制度供给侧结构性改革是进一步深化与细化财税体制改革，构建包容差异的现代财税体系的创新性改革。注重民族地区财税体系“重质量、调结构”，在民族地区加快建立现代财政制度，有利于加速推进民族地区治理体系与治理能力现代化。

张冬梅

2020 年 4 月 16 日

目　录

上篇：预算篇
新发展理念下民族地区公共预算改革

下篇：支出篇
民生视域下优化民族地区财政支出结构

上篇　预算篇

新发展理念下
民族地区公共预算改革

第一章　本篇导论

一、研究背景与研究意义

（一）研究背景

本篇所研究的新发展理念所指导的民族地区公共预算改革有其深刻的国际背景和国内原因，其必要性和重要性是由国家治理体系和治理能力现代化的迫切性决定的，而国家治理体系和治理能力现代化的迫切性又是由国际国内环境错综复杂性共同推动的。

所谓国际环境，即当今世界正处于新旧世界秩序交替的过渡期，旧的世界秩序正在逐步瓦解，新的世界秩序还未完全形成，在经济、政治甚至军事方面都面临着巨大的不确定性，正如习近平总书记强调，“当今世界正在经历百年未有之大变局”①。我国需要在变局中保持泰然自若、独善其身甚至激流勇进的姿态，这就要求我国的国家治理水平在方方面面都要迈上一个新台阶。一个国家的预算能力是衡量国家的治理水平的重要指标，治理水平高的国家往往同时具备很强的预算能力，预算能力弱也必然会拖累国家治理水平。许多国家的实践都在证明，国家治理水平与公共预算的成熟程度成正比，甚至可以说，一个国家的治理水平取决于该国家公共预算的成熟程度，因此，公共预算改革对于国家治理水平的提升至关重要。

所谓国内环境，即我国正处于全面深化改革的攻坚期和深水区，全面建成小康社会也进入了收尾阶段。我国社会正在转型，这种转型是由传统向现

① 中共中央宣传部．习近平新时代中国特色社会主义思想学习纲要［M］．北京：学习出版社，2019：2.

代的转型，是国家治理体系和治理能力向现代化的转型。这种转型要求提高国家治理能力，建立和完善现代财政制度。

新发展理念指导下的地方公共预算研究是现代财政制度的重要内容之一，尤其是适用民族区域自治法的民族地区公共预算，与其他地区有显著差异。“发展理念是发展行动的先导，是管全局、管根本、管方向、管长远的东西”①，从实现国家治理体系和治理能力现代化的目标来看，现有的公共预算的指导理念有很大的局限性，不足以为国家治理现代化的目标服务。创新、协调、绿色、开放、共享的新发展理念集中体现了我国“十三五”时期乃至更长时期发展的思路、方向以及着力点②，这里需要将新发展理念贯穿到民族地区公共预算改革中去，用新发展理念来指导民族地区公共预算改革是全面深化改革总体部署中匹配国家治理现代化要求的财税体制改革目标的重要部分之一。

我国当前对公共预算理论研究的版图中，缺乏用新发展理念这种科学理念来指导民族地区公共预算改革的理论。众多学者主要是立足公共预算编制、执行监督和预算法立法等环节，对部门预算、复式预算、零基预算、政府采购制度等改革措施进行技术性探讨，而在回顾我国预算制度演进过程的基础上，对我国地方政府公共预算改革，尤其是民族地区公共预算改革整体进程的把握的理论并不多。本篇力图在此方面有所突破。

（二）研究意义

我国政府的公共预算制度改革经历很多年的努力并取得了很大的成就，同时仍然留有很多问题。当下民族地区公共预算改革有更多难以破解的难题，这些难题相比于其他领域的问题更加复杂。《中国史学散论》一书中指出：“一个民族不能忘记自己的历史。这是因为，历史不仅可以说明一个民族的过往历程、现实状况，而且还可以揭示他未来的方向。”本篇秉承同样的观点来

① 中共中央关于制定国民经济和社会发展第十三个五年规划的建议［EB/OL］. 中国共产党新闻网，［2015-11-03］. http：//cpc. people. com. cn/n/2015/1103/c399243-27772351. html.

② 中国共产党第十八届中央委员会第五次全体会议公报［EB/OL］. 新华网，［2015-10-29］. http：//www. xinhuanet. com/politics/2015-10/29/c_ 1116983078. htm.

研究民族地区公共预算改革的问题，坚信中华人民共和国成立以来的公共预算制度改革历史不仅可以很好地解释地方公共预算改革问题的来龙去脉，而且有助于更好地认清其现状与未来方向，这个方向就是用新发展理念指导民族地区公共预算改革。

关于公共预算的经济学理论的兴起引发人们对地方政府治理反思的同时，也提高了对地方政府的要求，要求地方政府职能做到由管理型政府向服务型政府的彻底转变，这就要求地方政府提高财政资源的使用效率，提高政府的治理水平。而实现这一目标的有效工具就是公共预算，本篇通过对我国预算制度的变迁以及美国的公共预算理论和实践借鉴，从纵向和横向两个角度来研究地方公共预算，并结合地方预算改革的具体问题提出自己的看法，即用新发展理念指导民族地区公共预算改革。

二、研究方法与研究内容

（一）研究方法

1. 历史分析方法

历史的发展不是跳跃的，而是在继承的前提下有所发展，地方公共预算现在的问题是其全部历史的产物。本篇采用历史分析方法，对中华人民共和国成立以来的公共预算发展进行梳理，在重视历史的延续性的同时，结合不同历史时期的理论发展和其实际应用效果、同一理论在不同国家的应用所产生的不同效果加以分析和借鉴，以纵向和横向不同的角度来分析公共预算改革的问题。通过对我国公共预算改革历史的回顾和其内在逻辑的梳理，试图搞清楚地方公共预算改革从哪里来，现在存在的主要问题，以及要到哪里去，从而解决民族地区公共预算的相关问题。

2. 定性和定量相结合的方法

本篇的定性分析主要体现在对研究问题的性质进行界定，对相关概念的范围进行限制，对理论基础进行演绎等方面；而定量分析主要体现在数据分析方面，包括对民族地区主要选取内蒙古自治区基本公共预算支出现状的数据梳理，在数据的对比分析和数据的统计软件分析中，采用泰尔指数、变异系数、基尼系数以及熵值法等定量分析方法把相关问题和现状量化。具体来说，首先，通过对2008—2017年的内蒙古自治区12个盟（市）的基础教育、基本医疗卫生、社会保障等方面指标体系的泰尔指数、变异系数和基尼系数处理结果来对比分析各盟（市）之间民生性基本公共服务的共享、协调问题；其次，用熵值法对内蒙古、新疆、西藏、广西、云南五个民族省（区）在2008—2017年的绿色发展指标体系的数据处理来对比分析五个地区的绿色发展问题。定性和定量相互结合，使得本篇研究具体理论的视野广阔，又具有坚实的现实依据，从而使得本篇的分析更具有可行性和科学性。

（二）研究内容

本篇根据政治经济学、公共选择理论、新制度经济学等经济学理论研究新发展理念指导下如何解决民族地区公共预算改革的窘境，以提高民族地区政府治理能力的问题。

导论阐述了本书的选题背景、研究意义和研究方法，之后，界定了相关的概念，并简要地介绍了国内外学术界关于公共预算问题的研究。

第一章对中华人民共和国成立以来地方公共预算改革的历史分三个阶段进行回顾，包括计划经济阶段、计划经济向市场经济过渡阶段和分税制改革阶段。

第二章借鉴美国州及以下地方政府公共预算注重收支平衡和事权划分清晰等特点来进行公共预算方法上的学习和制度借鉴。

第三章介绍了地方公共预算改革的理论基础，从政治经济学的政府治理理念出发分析政府治理和财政治理目前的治理机制，主张地方政府作决策时应该将公共选择理论和新发展理念结合起来，帮助民族地区发展，促进地区间协调发展、共享发展。并顺势提出了新发展理念指导下的地方公共预算的改革方向的观点，将新发展理念贯彻到民族地区公共预算收入和支出两方面的内容中，简要来说是建立一个促进地方创新发展、协调发展、绿色发展、开放发展、共享发展的法治规范的民族地区公共预算收入、支出系统。

第四章进一步分析新发展理念指导下民族地区公共预算改革需要解决的问题，如我国目前民族地区公共预算改革的财政体制问题、预算体制问题、公共预算税收收入的来源问题、公共预算支出问题等问题，并进一步分析问题的成因和制定解决机制。

第五章以内蒙古自治区为例对问题进行具体的规范分析和实证分析，得出了内蒙古自治区 12 个盟（市）之间地方公共预算支出在具体的民生领域存在的协调、共享发展问题和环保等预算支出不足等问题。

第六章针对第四章和第五章的问题提出新发展理念指导民族地区公共预算改革的建议。

三、研究的创新与不足

（一）创新之处

第一，用新发展理念来指导民族地区公共预算改革，并且在分析地方公共预算的改革问题时进一步分析民族地区的差异性问题，提出了创新、协调、绿色、开放、共享的发展要求，同时也引入了一些指标和模型来测度新发展理念所倡导的目标，使得结果更加量化、可度量化，加强新发展理念指导下的民族地区公共预算改革成果的可观性。之后根据本篇的论述就其中发现的问题提出一些建议。

第二，对新发展理念所指导的民族地区公共预算收入系统的改革方向提出看法，即扩大民族地区政府税收收入，减少民族地区政府非税收收入（主要是减税降费），合理利用中央对民族地区的转移支付。而通过分析认为扩大民族地区政府税收收入是解决问题的关键。

第三，提出民族地区政府在公共预算决策时应该将公共选择理论和新发展理念有效地结合起来，破解发达区域发展困局，加快民族地区发展，来缩小辖区内区域差距，促进辖区内区域协调发展和共享发展的观点。

第四，就建立法治规范的民族地区公共预算收入系统提出独到的看法，即法治规范的民族地区公共预算收入系统必须做到收该收的收入、不该收的不收，并就其中的减税降费中的结构性减税等执行层面进行分析。

（二）不足之处

本篇的不足之处在于新发展理念的指导范围很广，由于统计数据和其他方面的限制，实证的分析无法更加深入和全面。另一个就是本篇研究的是民族地区公共预算改革，但在例证的时候主要以内蒙古自治区为代表。公共预算改革问题既有共性又有特性，之所以以内蒙古自治区代表的民族地区为例作研究，是因为民族地区地方政府治理能力提升对国家治理体系和治理能力现代化的目标来说极其重要。限于篇幅和精力，样本虽少，但足以说明问题。

四、概念界定及相关文献综述

（一）概念界定

1. 地方公共预算与民族地区公共预算

公共预算（又称一般公共预算）是由政府编制，经立法机关审批，反映政府在一个财政年度内的收入和支出状况的国家财政收支计划。其与政府性基金预算、国有资本经营预算和社会保险基金预算共同组成了财政“四本账”。在财政“四本账”中，公共预算这本账在不同的时期有不同的内容，从中华人民共和国成立到 1997 年，公共预算就是政府预算，1997 年开始政府预算逐渐从“一本账”发展成现在的“四本账”。目前的公共预算从收入支出两方面来讲，收入主要是以税收为主体，支出则主要用于保障和改善民生、推动经济社会发展、维护国家安全、维持国家机构正常运转等。

全国公共预算由中央公共预算和地方公共预算组成，地方公共预算包括地方公共预算收入和地方公共预算支出两方面内容，地方一般公共预算收入包括税收收入、非税收收入和中央对地方的转移支付等；地方公共预算支出主要包括经济建设、科教文卫事业、行政管理、国防事业等其他支出。本篇界定的地方公共预算是指省（自治区、直辖市）级公共预算，必要的时候对省级以下的也略有涉及。

民族地区主要是指自治区级的民族自治地方，也包括视同民族地区的省级行政区域，如云南、贵州、青海；民族地区公共预算主要是指五个省级自治区公共预算，由于研究范围约束，本篇主要选取内蒙古自治区作为民族地区的典型案例进行研究。

2. 新发展理念下民族地区公共预算

新发展理念是指创新、协调、绿色、开放、共享五大发展理念。创新发展注重解决发展动力问题，协调发展注重解决发展不平衡问题，绿色发展注重解决人与自然和谐共生问题，开放发展注重发展内外联动问题，共享发展注重解决社会公平正义问题①。

新发展理念下民族地区公共预算改革是将新发展理念贯穿到民族地区公共预算改革中去，简要来说就是建立一个法治规范的民族地区公共预算收入、支出系统，然后用公共预算绩效管理来促进地方落实五大发展理念。

（二）文献综述

1. 国外相关研究述评

研究公共预算具有经济学、政治学、管理学等多种视角。经济学视角的研究其研究目的主要是提高财政资源的优化配置，方法也多是借用各经济学学科的分析方法；政治学视角的研究更强调公共预算的政治性本质，其研究目的主要是提高国家的治理水平，方法基本上是将政治学的分析框架引入公共预算研究领域去分析公共预算领域内的各种问题；管理学视角的研究一般主要强调政府预算的控制、管理与计划等功能。

用不同的视角和范式去研究公共预算问题，产生的不同理论成果很难相互联系起来，因此接下来将按研究视角分写国外研究综述。

（1）基于经济学视角的研究

公共预算是实现经济平衡的工具，公共预算资源的分配对经济增长、稳定经济、促进就业等极其重要，因此经济学的学者对公共预算有很久远、很广泛的研究。学者们普遍认可的最早研究公共预算的是亚当·斯密（Adam Smith），他在其《国富论》中从基本的概念界定出发，通过层层推理详细论述了关于政府税收应该保有的原则以及政府应该将税收用于哪里的问题。之后，微积分的思想被引入经济学中，产生了边际效用论，很快这种边际分析

① 中共中央宣传部．习近平新时代中国特色社会主义思想学习纲要［M］．北京：学习出版社，2019：110.

方法被用到各种财政理论和政策分析中。许多数学工具在经济学方向的应用对经济学的发展有了很大的推动作用，经济学者借此用实证的方法研究政府公共预算相关的一些问题，如公共产品的供给、政府预算边界的问题、政府预算收支平衡的问题、公共预算支出在不同的项目间进行分配的问题等等。

诞生于20世纪60年代的公共选择学派是从经济学角度研究政府公共预算问题的又一崭新的理论。公共选择理论学者将经济学供求分析方法引入公共预算领域并创建了试图根据一些假设去寻找公共产品供求均衡点的中间投票人模型。这个模型的主要思想是：在简单多数的投票规则下，两端投票人偏好的作用会在投票过程中相互抵消，中间投票人的偏好将最终决定公共产品的供求均衡点。根据这一模型，作预算决策将不再复杂，预算决策者只要考虑中间投票人的偏好就可以使公共预算支出的效用最大化。于是决策中的问题就变成了如何寻找中间投票人。面对这一问题，学者对该模型进一步作出假设即中等收入者就是中间投票人。该模型方便决策者作决策的优点使其在20世纪60年代后期迅速被决策者广泛用于预测公共产品的需求和决定公共预算支出。

如果说中间投票人模型是决策者的工具，那么官僚预算模型恰恰是用官僚效用最大化这个原则在研究决策者和决策系统本身。1971年，尼斯坎南创造了关于公共产品供给官僚预算最大化模型，这一模型对政府机构膨胀、政府预算规模扩张等现象作出理论解释，其主要观点是在当成本和需求处于一定条件时，官僚可以利用跟政治家之间信息不对称的优势达到最大化本部门的总预算的目标，简而言之，就是官僚总是有意愿和能力来实现本部门预算最大化。

20世纪80年代，新制度经济学对新古典经济学的理性人、完全信息、市场出清等假设进行放宽，更贴近于现实的假设直接加强了其理论说服力，进而取得了很大的影响，因此，新制度经济学的交易成本理论、产权理论等理论和一些研究方法被迅速推广到公共预算领域。

产权理论将人类经济社会发展历史中的权力划分为产权和行政权，行政权主要在政府、企业内部运行中发挥作用，产权主要在市场中发挥作用，这两种权力在经济社会发展的过程交替发挥不同的作用。完全由行政权分配资源的方式会产生“寻租”的弊端，不免存在“政府失灵”的情况；完全放任市场配置资源的方式，也同样难免会产生“市场失灵”的情况。因此两种权力需要相互配合。如何配合呢？当政府公共预算以政府的行政权力进行资源配置时，需要把行政权限制在一定的范围内。行政权力过大时会对市场中的正常交易行为产生负面影响，因此政府公共预算的涵盖范围不能过大，更不能无限制的膨胀，需要保持合理的限度。这个限度的原则底线就是不能影响到正常的市场交易行为，对于这个问题，产权理论进一步给出了限制政府公共预算规模无限扩大的解决方法，即产权的明晰化，对产权进行清晰的界定。另一种极端情况就是市场运行到一定程度，产生的经济危机程度达到市场本身无法消解的时候，需要政府利用行政权来解决这个问题。笔者认为凯恩斯主义的精髓恰恰在于证明了产权并不是万能的，经济危机时，需要政府运用行政权配置资源来使市场重新运转起来，当然这是一种以技术性手段来消解经济危机的手段，只能延缓经济危机，并不能消灭经济危机。

随着新制度经济学的兴起，在 20 世纪 80 年代另一个被深刻引入公共预算领域的理论是交易成本理论。科斯最初用交易成本主要来论述企业的本质，但是该理论因为其与生俱来的某些暗合了预算理论发展需求的特征而逐渐地被运用到政府公共预算研究中。一个核心特征就是：交易成本理论带着新制度经济学的鲜明特点，即侧重于研究制度、强调历史。也正是因为政府恰恰是制度的制定者，该理论在研究政府公共预算之类的以制度为基础的研究领域非常得心应手。又由于在公共预算的过程中也同样充斥着机会主义行为、不确定性和信息不对称等现象，公共预算编制和公共预算分配也可以被视为一种交易，这就使得交易成本理论在研究政府公共预算领域可以渗透到更深入的问题，例如公共预算制定、执行中的一些制度安排等。继而，交易成本理论中的很多其他概念和方法也被直接引入公共预算研究中。

交易成本理论之后，公共预算过程中的信息不对称现象又有了进一步的理论解释和分析。美国学者史密斯在 1998 年提出预算部门和公民之间是一种多层的委托代理关系，政府公共预算在组织结构上体现为一系列的委托代理关系，政府公共预算实际是公民、政府和政府机构之间就政府活动的范围和方向所形成的一种委托代理关系①。这是新制度经济学的又一理论——委托代理理论在公共预算领域的应用。

（2）基于政治经济学视角的研究

正如马克思所说："事情是这样的：以一定的方式进行生产活动的一定的个人，发生一定的社会关系和政治关系"②，政治经济学视角下的公共预算理论正是暗合了这一思想。公共资源是稀缺的，公共预算编制时必须考虑参与分配公共资源的不同利益相关者的需求，公共预算执行所产生的分配情况是不同的参与者讨价还价的结果，实际上反映了政府政策的优先性，这当然反映了公共预算的政治性。国外关于这方面的理论研究最早的是渐进预算理论。

渐进预算理论是在 20 世纪 60 年代提出的，是威尔达夫斯基创造性地将政治学的分析框架引入公共预算研究领域的产物，其提出不久就成了当时主流的公共预算理论。

渐进预算理论认为公共预算是"通过政治程序分配财源的尝试"③。并且强调公共预算是在其历史的基础上发展而来的，其发展是环环相扣的、是渐进的，这种渐进表现为：某一年的预算支出是以上一年预算为基础的，两者之间的区别仅仅是边际上的加加减减。强调公共预算的渐进性的同时，威尔达夫斯基提出"预算就是政治，它所研究的基本问题是谁获利，谁受损，谁受益，谁支付；而且在现实中生活是一个渐进的冲突解决模式，其结果会反映出谁的偏好将占优先"④。由此，威尔达夫斯基陈述了对公共预算理论兼具渐进性和政治性的政治学角度的认识。当然，渐进预算理论并不是一个纯粹的描述性理论，它还带有不太明显的规范层面的色彩，仅仅是渐进预算的三点理论假设使得预算过程看起来应该是渐进的。

不同于渐进预算理论和尼斯坎南的官僚预算最大化模型将研究重点聚焦

---

① 王金秀．国家预算委托代理关系的理论分析［J］．财政研究，2002（1）：54-56.

② 马克思．马克思恩格斯选集：第 1 卷［M］．北京：人民出版社，1995：71.

③ 斯蒂尔曼．公共行政学［M］．北京：中国社会科学出版社，1988：230.

④ 威尔达夫斯基．预算：比较理论［M］．苟燕楠，译．上海：上海财经大学出版社，2009：5.

于预算决策，鲁宾教授建立的政策过程模型将研究范围向预算内部的预算过程和预算外部的预算环境的内外两方面扩展。鲁宾教授的模型是建立在对官僚预算最大化模型的批判和扬弃之上的，他放宽了官僚预算模型的假设条件，认为在实践中官僚并不是在任何事情上都只追求预算最大化的理性人，官僚的追求具有复杂性和多样性，这是一种假设条件上由完全理性到有限理性的发展。经过对前人模型的不足之处的反思和借鉴，鲁宾创建的这个预算模型的特点就是重视对政策过程的分析，并把公共预算作为一种主体实践研究其在内因、外因的影响下是如何发展和变化的。具体来说，它将公共预算依序切分成为收入、过程、支出、平衡以及执行的决策流程，每个阶段都要考虑单个预算行动者的策略、预算过程和预算环境这些因素对预算结果的影响以及相互之间的影响①，这实际形成了一种宏观角度和微观角度结合的以政策为核心的研究模型。但是，就该模型的有效性来讲还需要将其放入更多的实践中进行验证。

政策制定论强调的是政府做什么样的公共预算反映出来的是什么样的政策方向。该理论认为公共预算中的政治特征集中体现在“政策争议”，其中包括关于预算角色的争议、支出水平、税收政策以及在经济萧条时期能否借债等，这些需要在预算决策过程中解决的主要政策问题②。政府对经济进行干预或放任的政策都在公共预算中能够得到很好的反映。同样地，公共预算资金在不同公共预算项目之间的分配过程中，形成央地政府之间的特定的财政关系。因此，在公共预算过程中对支出款项的轻重缓急的权衡变得极其重要，有限的公共预算资金必须再根据不同的公共预算项目的轻重缓急状况以进行恰当的分配。

还有一种理论是利益集团决定论，这种论调主要来源于西方新马克思主义。该观点认为资本主义国家的政府是由各大利益集团控制的，利益集团会主导政府的决定，公共预算过程同样如此。作出公共预算决定的过程是一个

① 马骏，叶娟丽．公共预算理论：现状与未来［J］．武汉大学学报（社会科学版），2003（3）：336-344.

② 彭健．政府预算理论演进与制度创新［D］．大连：东北财经大学，2005：11.

肩负不同团体切身利益的利益集团互相争夺利益的过程。财政资源的稀缺性决定了利益争夺的结果总是赢家和输家并存，很少会存在皆大欢喜的结果，而富人和较大的利益团体则会总是占据优势、抢占先机，进而操弄政府公共预算过程和结果。

（3）基于民族与区域双重差异视角的研究

民族地区与其他地区存在经济发展差异的客观基础。区域划分就是因为区域差异的存在。根据不同的划分标准，我国的区域划分类别并不相同。根据众所周知的行政区域划分法，全国划分为 31 个省、自治区和直辖市，是中央下辖的省级行政单元；根据经济技术水平的相似性和地理位置条件，将全国划分为东部、中部、西部和东北地区四大板块，民族地区绝大部分位于我国西部地区；根据少数民族的地理分布和聚居特点的相似性，我国划分为民族自治区域（地方）与非民族自治区域，此种划分方法还有政治内涵，即民族区域自治制度是我国基本政治制度。由于不同区域资源禀赋差异的客观存在及历史长期不断地累积，加上集聚经济效应与转移成本约束，区域经济发展方式与程度已存在很大差异。胡佛在《区域经济学导论》中总结：引起经济发展差异显著的三个因素是“生产要素的不完全流动性、经济活动的不完全可分性、产品与服务的不完全流动性”，区域经济发展的这“三个基石”在民族地区均具有明显体现。

另一显著差异是民族地区少数民族文化与其他地区以汉族为主的文化具有显著差异。民族文化差异决定民族偏好差异，进而决定民族地区民众对公共产品需求存在差异，且行为伦理同样存在差异；民族地区政府行为趋向是履行上级政府任务目标与服务辖区民众目标的博弈均衡。多元民族文化偏好使地方公共产品需求差异显著。属于“硬件”基础设施方面的公共产品，在民族地区与其他地区基本没有差异。然而，属于“软件”的公共服务，其对象是民族地区广大群众，绝大多数是少数民族，一般都会伴有民族文化的烙印，所以民族地区公共服务供给并不能简单复制其他地区的供给模式，要多一个民族文化的维度，其中语言文字、习俗宗教、价值观影响较为深远。

因此，在民族地区公共预算改革除了在全国统一框架下的地方公共预算基础上，还要考虑民族差异区域差异。这是一个用来解释“项目之间的拨款优先性”这种规范性预算问题的理论，其以实用性为第一导向，具备了统一性、连续性、准确性、规范性等多种特点。

2. 国内相关研究述评

国内学者对公共预算的研究也取得了丰硕的成果。国际上新公共管理理论思潮的兴起，极大地促进了公共预算研究范式的发展。近年来，国内公共预算的关注点出现了从“权力关注”向“管理关注”、从“收入关注”向“支出关注”的转变。在国内，公共财政研究与改革也在近年出现了由“中央关注”向“地方关注”的转变①。总之，国内关于公共预算研究的理论林林总总，但总逃不开的一个问题就是政府应该怎样做和预算应该怎么搞，这个问题归根结底还是如何建立与国家治理能力和治理体系现代化相匹配的现代化预算制度。

有关预算制度现代化的研究，影响较大的学者有王绍光和马骏等。王绍光提出了“预算国家”的概念，进而从财政转型的角度解释国家建设，来分析预算改革的重要性。王绍光认为，从“税收国家”向“预算国家”的转变是中国政治体制改革的一条可供选择的思路②。

马骏是国内从政治学视角研究公共预算的重要代表，他认为改革开放实现了中国从“自产国家”逐渐成为“税收国家”的转变③，这就要求我国国家治理水平实现现代化，而其核心问题是如何建立一个对人民负责、让人民满意的政府。实现这一目标，需要解决权为谁所有、权为谁所用以及预算权力如何使用的问题，并提出了相关的建议。

邓研华等认为公共预算的本质属性是政治性，预算过程是政治力量围绕预算资源进行博弈的过程，这其中权力对公共预算资源分配的影响是至关重要的，预算是权力的体现，预算过程中作出的资源配置实际上反映了政治权

① 韩君．地方政府公共预算研究——深圳与香港的比较（2008）［J］．甘肃行政学院学报，2012（4）．

② 王绍光，马骏．走向“预算国家”——财政转型与国家建设［J］．公共行政评论，2008（1）．

③ 马骏，牛美丽．重构中国公共预算体制：权力与关系——基于地方预算的调研［J］．中国发展观察，2007（2）．

力的分配、运用与控制①。

马蔡琛认为预算制度现代化是向绩效预算、公民参与、中期规划三个大方向发展。鉴于此，国家面临着缺少履行预算职能的负责机构、预算全面性和系统性缺失及其所带来的预算权力碎片化等现实问题，并提出了我国预算改革的方向是设置预算机构、集中预算权力、增强公民参与度等方面。

黄新华等把预算的重要性提升到国家“钱袋子”的高度，强调“作为分配利益的工具，预算在国家治理中发挥着重要作用”②。这一观点与政策制定论不谋而合，也凸显出了预算改革对国家治理能力的重要性。

此外，国内许多学者用新制度经济学的一些理论探讨了公共预算制度现代化的制度建设和制度发展问题，为构建适合中国国情的公共预算理论做了大量有益的工作。

在制度变迁理论方面，马蔡琛用历史分析方法研究中华人民共和国成立以后预算管理制度的产生和发展，根据制度的稳定与否把我国的预算管理制度划分为产生、长期相对稳定、“供给主导型”、“中间扩散型”与“供给主导型”并存四个阶段。并且认为未来中国预算管理制度将存在“中间扩散型”与“供给主导型”长期并存的局面，之后将逐步向需求诱致型制度转化③。

在交易理论方面，马蔡琛把这一理论用于分析公共预算过程，交易过程是双方付出和回报的过程，公共预算的过程亦是如此。进一步，就预算制度的投入和产出来讲，根据经济假说的分析范式，预算制度作为政府与公民之间契约关系的表现形式，良好的预算管理流程也可能产生非效率的结果，其治理模式的选择应体现共同治理的发展方向④。此外，孙光国等侧重于用这一理论研究预算控制问题，他们认为加强对政府监督体系的建设，可以降低腐败、信息不透明以及“官本位”等现象带来的政府预算运行中不必要的交易成本。

---

① 邓研华，叶娟丽．公共预算中的政治：对权力与民主的审视［J］．深圳大学学报（人文社会科学版），2012，29（2）：94-99.

② 黄新华，赵瑶．政治过程与预算改革［J］．财经问题研究，2014（12）：72-78.

③ 马蔡琛．构建中的现代预算制度［J］．新理财（政府理财），2017（10）：54-55.

④ 马蔡琛．现代预算制度的演化特征与路径选择［J］．中国人民大学学报，2014（5）：27-34.

在契约经济学方面，程瑜认为研究政府预算必须注意其预算资源的稀缺性，这就要求政府优化预算资源配置、提高预算资源使用效率。政府预算的本质是政府以税收形式收取财政资金，预算资源的配置要对公民负责，符合其对公共产品和公共服务的契约。所谓预算制度的理论创新就是政府从其内部和外部入手，为所有预算制度参与者确立的基本规则①，并极其重视激励等因素在其中发挥的作用。

关于人大预算监督制度建设的研究有很多，马骏（2010）通过比较不同国家的经验，并结合我国公共预算实践，归纳出官僚问责、横向问责及社会问责三种制度化形式。林慕华等（2012）按照地方人大预算监督程序的不同阶段划分，以问卷调查的结果为依据从预算问责的不同角度总结了地方人大预算监督制度面临的挑战②。魏陆（2012）根据英美发达国家经验，选出预算权力保障、公众监督、制度保障等指标对我国人大预算监督制度进行了量化评判③。

---

① 程瑜．政府预算的契约经济学分析——委托代理理论的研究视角［J］．财贸研究，2008（6）：62-68.

② 林慕华，马骏．中国地方人民代表大会预算监督研究［J］．中国社会科学，2012（6）：73-90.

③ 魏陆．加强我国公共预算监督研究——把政府关进公共预算“笼子”里［J］．上海交通大学学报（哲学社会科学版），2012（4）：30-38.

第二章　基于财政体制改革的地方公共预算演变

中华人民共和国成立以来的公共预算演变大致经历了三个阶段：计划经济体制时期、分税制阶段及前两者之间的过渡阶段。总的来讲，我国的公共预算演变深受经济体制改革和财政管理体制改革影响，因此本章将把公共预算制度的演变放在财政管理体制改革和经济体制改革的大背景中去梳理其演变的内在逻辑。

第一节　第一阶段：计划经济体制时期的国家预（决）算制度建立与探索（1949—1978年）

计划经济时期实行的是以“统收统支”为基本特征的财政体制①，“统收统支”意味着地方预算收支是先将收入上缴中央，支出由中央审核下拨。这一阶段公共预算制度演变是中央政府通过发布政府命令或者制定法律法规的形式所强势主导的“强制性制度变迁”，地方政府在公共预算方面的创新是缺乏的。

这期间的公共预算以国民经济计划部分内容的形式而存在，在不同的政治经济局势下进行相应的调整，以中央政府和地方政府的收入分成比例来看，财权经历了集权—分权—集权—分权的循环变化，总的变化规律就是经济情况有所好转的时候，中央向地方分权，反之则集权。

① 项怀诚．中国财政体制改革六十年［J］．中国财政，2009（19）：18-23.

一、高度集中的财政管制时期的统一的国家预算制度（1949—1950年）

公共预算制度在中华人民共和国成立初期叫作“国家预算制度”，《中国人民政治协商会议共同纲领》中提出“建立国家预算制度，划分中央和地方的行政范围，逐步平衡财政收支，积累国家生产资金”① 的目标。1949年的国家预算收支是通过小米这种实物来做一个粗略的概算，国家预算制度探索始于同年12月，《关于一九四九年财政决算及一九五〇年财政预算编制的指示》发布，文件要求各级政府着手编制第一个属于中华人民共和国的概算，即1950年财政收支概算，预算历年制由此开始；同时规定了具体编制预算的方法和要求，收支程序等，国家预算制度的雏形就肇始于这一时期。

由于刚经历过战争的国家面临着内忧外患、政权不稳的危机，因此采取了集中管理的预算管理体制。中央统一对收支项目、收支程序、税收制度、预算决算等工作进行决策和部署，地方预算的核定和决算的审查都由中央负责，中央集中控制了财权，地方财权很少。

二、集中统一与分级管理相结合的国家预算制度（1951—1960年）

1949—1950年采取的是集中管理的预算管理体制，财政状况由此变好的同时也暴露出一些问题，如资金空转，财政资金由地方收取上来之后上交中央，由中央统一调配分发给地方政府，浪费了不必要的时间。1951年3月，全国财政重新划分，总共分为三级，分别是中央、大行政区与省，标志着我国公共预算分级管理制度的萌芽。1951年颁布的《关于1951年财政收支系统的决定》规定了国家预算组织体系和各级政府预算自主权，预算管理制度因此得到进一步的完善。

（一）划分收支、分类分成、分级管理的预算管理方法（1953—1957年）

“一五”计划时期，我国的计划经济体制逐渐形成，并进一步进行了公共

① 《中国人民政治协商会议共同纲领》第十四条。

预算制度改革。1953年的三级预算管理体制被改成中央、省、县三级，地方的公共预算管理权得到明确，财政自主权得到提高。

1954年，国家的预算管理方法改为收支划分、分类分成、分级管理。其中，预算收入分为固定收入、固定比例分成收入和调剂收入三类。关于预算支出，地方预算收支由中央每年核定，增收和结余可以自由支配。这样一来，地方支配的财力稍有扩大，第一次拥有了财政自主权。

（二）“以收定支，五年不变”的预算管理方法

1958年起预算管理方法变为“以收定支，五年不变”，财权进一步下放，地方财政自主权再度加大。具体举措如下：①对地方预算收入、支出分别进行划分；地方预算收入实行方法不变，地方预算支出分为地方正常支出和中央专案拨款两种。②若地方收入超过支出需上交；不足就随企业划拨分成收入。③分成比例和收支范围经中央核定后五年内保持不变。

由“按年变更”改为“五年不变”，地方多收多支、少收少支进一步扩大。这种有益的尝试因“大跃进”没能稳定下来。

（三）1959—1960年实行“总额分成，一年一变”预算管理方法

总额分成是将地方总收入、总支出按比例关系进行确定，分成比例一年一变。除出现收入降低、财政赤字而被迫暂停实行外，其余年份基本都实行“总额分成，一年一变”的办法。

总结来说，1958—1960年的“大跃进”三年，中央财权下放过度，加之经济总体指导思想的失误和自然灾害等多方面的因素，经济工作急于求成，违背经济规律，影响国民经济、人民生活，因此开始实行“总额分成，一年一变”，并由此延续至1970年。

三、加强集中统一的预算的稳定与整顿（1961—1976年）

为纠正“大跃进”的失误，财政体制再次走向集中，建立大区财政，把财权集中起来搞建设。国家预算实行中央和地方上下一本账，各级尽量保持收支平衡，严禁赤字，控制各项事业支出。对于预算外资金，控制其来源和

使用范围，预算外项目开支不准计入预算内，严格遵守预算外资金的准则。而对五个民族自治区在预算方面要更加照顾一些，1953 年，自治区实行四种预算管理办法，一是核定收支，总额分成，每年都要重新确定；二是预备费高于其他省份，若存在特殊开支中央会给一定补助；三是民族自治区的征税免税权限可以区别于其他地区，但仍按现行办法执行；四是开支标准、定员定额根据自治区特点具体确定。

“文革”初期，保持“收支挂钩，总额分成”的预算管理方法，地方有一定的财政自主性。不过到了 1967 年和 1968 年，国家连正式的预算报告都没有，1968 年实行地方收入全部上缴中央，再由中央统筹划拨预算支出。到 1969 年，预算管理方法又重新调整为之前“收支挂钩，总额分成”的方法。1970 年实行中央、省、县三级管理，仍然保留之前的方法，之后财政工作经历两次大的调整。

第一次在 1971—1973 年，实行“大包干”，中央确定地方的预算收支指标之后实行定额上缴，针对落后地区定额补助，地方结余自行留用，短收不补。

第二次在 1974—1975 年，又实行收入、支出挂钩，总收入按比例进行分成的办法，固定比例分成保留。

第二节　第二阶段：经济转型时期央地政府的预算改革与探索（1978—1993 年）

1978 年，十一届三中全会之后，社会主义现代化建设成为全党的工作重心，改革开放驱动计划经济向市场经济转轨，财政体制改革同步进行。1979 年起中央政府在全国范围内进行了“增收分成，收支挂钩”的制度调整。1978—1992 年财政管理体制职能逐步向公共财政职能转变，1992 年开始，财政改革走向分税制改革，分税制先在个别地区试点，至 1994 年正式推出。

一、“分灶吃饭”财政体制时期地方公共预算分级转向（1980—1984 年）

从 1980 年到 1984 年的这四年，除北京、上海和天津以外，其他地区均采取“分灶吃饭”的公共预算管理方法。这一管理方法分“两类四种”：第一类，非民族地区有三种。其一，对福建、广东两省实行特殊的照顾办法；其二，江苏省继续沿用固定比例包干的办法；其三，在以上之外的非民族地区省份按“收支区别划分，中方分级进行包干”的办法。第二类，民族地区。对少数民族聚居区实行特殊照顾，民族八省（区）从中央得到的补助逐年递增，充分体现我国民族政策的落实。

总的来说，“分灶吃饭”表明我国的公共预算体制由最初的统收统支向分级的、更有针对性的办法进行转变。

二、“分级包干”财政体制时期地方公共预算规范（1985—1993 年）

1985 年实现了地方公共预算从“分灶吃饭”时期到“分级包干”时期的过渡，预算外资金管理制度逐渐完善，更加系统化、规范化。通过一系列政策措施，预算管理能力进一步增强。从 1989 年开始，我国财政预算制度全面实行“分级包干”体制，全国各省（区、市）分别实行六种不同的具体细则，但它们总的宗旨就是预算由中央核准，地方政府包干负责。

第三节　第三阶段：分税制阶段地方公共预算管理创新（1994 年至今）

1992 年，党的十四大明确了我国建设社会主义市场经济体制的目标，财政管理体制同时加快了改革的步伐。1994 年，财政体制由“行政性分权”彻底变革为“经济性分权”。在预算管理体制方面，我国先后实行了预算立法、复式预算、预算外资金管理、部门预算、政府收支分类和财政支出绩效管理等管理创新措施。

一、探索建立分税制财政体制时期中央预算改革推进和地方预算创新实践（1994—2012 年）

1994 年我国全面推行分税制财政体制，2002 年以来的分税制改革主要通过财政分权，坚定健康发展地方财政的决心，尽量使财政收入给地方政府带来尽可能多的经济效益。分税制改革一定程度上实现了分配划分中央和地方政府财权关系、有效提高地方政府的执政积极性等重要目的，但并没有彻底解决传统预算编制方法存在的问题。分税制改革过程中取得了许多方面的进展，不过由于经济的快速增长，不同体制完善速度不同，也存在区域间差距过大、制约经济可持续发展等问题。为此，应当采取一系列措施以改进和完善预算管理体制。第一，中央财政通过改革带来的所得税增量主要用于支持中西部地区和困难地区发展；第二，将“过渡期转移支付”改称“一般性转移支付”，并进一步完善了转移支付公式的计算标准，实现了规范化和科学化的目标；第三，从四个方面实施出口退税负担机制改革；第四，完善省以下预算管理体制，用“三奖一补”政策来解决一些地区财力不足的问题，并通过完善县级财力保障机制，缓解县乡财政困难局面，更重要的是在民族自治区之外省份全面推行推进了“省直管县”和“乡财县管”改革。

二、推动建立现代预算制度（2013 年至今）

2013 年，为实现国家治理体系和治理能力现代化的总目标，建立现代财政制度，深化财政体制改革，从以下三个方面加以完善：第一，努力推进我国从 2012 年开始试点推行的“营改增”改革，更加平衡中央和地方财政收入；第二，明晰中央与地方责任划分，逐渐达到事权和支出责任相适应的目标，在多个重要领域明确划分央地财政事权和支出责任；第三，深化中央对地方转移支付制度改革，加大一般性转移支付力度。直到今天，这些工作都还在继续。

第三章　美国地方公共预算的方法学习与制度镜鉴

只要看一看中华人民共和国成立70余年来地方公共预算是如何发展过来的，就可以清楚地认识到，地方公共预算改革始终是在与财政体制改革和预算管理实践的发展的紧密联系中不断发展的。因此，对于目前的地方公共预算改革问题，一定要有宽广的研究视角和丰富的方法借鉴。

美国的公共预算实践就可以提供很多管理方法和有效的制度镜鉴。美国是一系列先进的现代经济管理理论的策源地，经济管理理论的成熟推动着预算理论的发展，也因此美国的州及以下地方政府有着丰富的公共预算改革的实践经验。虽然中美两国有着不同的国情、不同的预算体系，但研究美国州及以下地方政府的公共预算制度和管理方法，了解和总结其公共预算改革的经验，并将这些放到当时的历史环境中去考察其利弊得失，对我国的公共预算体系的完善能起到很有意义的借鉴效果，对我国地方预算制度改革不足之处的反思和改进也有很大的意义。

第一节　美国公共预算管理方法的演变

自20世纪20年代美国现代预算制度建立以来，美国在探索建立政府公共预算管理的最优体系的过程中相继推出了一系列的公共预算管理方法的改革。

一、分项排列预算

19 世纪 80 年代至 20 世纪 20 年代的进步时代之前，美国的公共预算管理是零散的，主要出现在以纽约为代表的一些地方政府。此时的美国是大市场、小政府，政府的角色是市场经济的“守夜人”，政府的公共职能处于起步阶段，公共收支管理也很简单，目的只是提供一些基本的公共服务。

随着政府职能的扩张，公共资源配置由以前的只注重总量控制转向更注重资源配置和运作管理，于是，预算管理产生了将预算收入和支出进行分类的需求，分项排列预算由此而生。分项排列预算是公共预算提案按收入和支出的类别分类之后，由国会对公共预算项目的审批和拨款管理，这样做的优点是每一项收入和支出的来去都可以清楚地记录下来。

“二战”之前，美国主流的公共预算形式方法是线性预算。“二战”的来临推动了战争时期的公共支出需求增加，因此美国政府大幅削减其他方面的公共服务项目支出。“二战”结束之后，发展国民经济成为第一要务，军事支出不再那么重要，国际地位的上升及国内经济的发展要求政府的公共预算系统效率进一步提高，亟须新的公共预算方法来攻克这个问题。

二、绩效预算

“二战”后，美国的国力和国际地位大大提升，国内的公共预算需求变得复杂起来，线性预算已经不合时宜，绩效预算迎合预算制度发展的需要而生。

绩效预算作为新的预算方式从一产生就担负着实现政府的公共政策和提高行政部门管理水平的重要使命。绩效预算将公共预算的重点放在了公共预算支出所取得的成果而非支出控制。从成本收益的角度出发，绩效预算着眼于提高公共预算资源的投入产出比，也就是说，绩效预算侧重优化公共预算资源配置的经济效率，并以此达到提高行政部门的管理水平的目的。

但是，在效率之外，还有其他因素是衡量公共管理水平的标准，如公平。绩效预算并没有兼顾到其他衡量标准是该方法的短处所在，而没有取得立法部门的支持是绩效预算在预算实践中失败的主要原因。

三、项目预算

绩效预算要求会计系统提供以公共项目评估为基础的会计信息。然而，当时以成本核算为重心的会计系统结构并不能满足绩效评定的需要。并且，“二战”后公共资源供求的扩张需要大量的长期资本项目投资。在这种条件下，项目预算作为一种新的预算形式逐渐被公共预算系统采用。

项目预算强调预算的计划功能①，着力于服务长期的政府公共政策，更加注重公共项目的长期效益。但项目预算仅初期在美国国防部应用中取得了一些成就，在其他部门和州政府都没有较大的突破。究其原因在于，其在预算决策过程中过分强调计划功能对预算决策结果的影响，偏废了管理和控制的部分。

四、零基预算

项目预算的失败引起学者的反思，学者们将预算的关注点拓展到管理和控制的功能，零基预算诞生。零基预算的策略是通过对项目先后次序的调整，来实现预算资源的优化配置。零基预算在美国州和地方政府的实践过程中产生了很多变种，也取得了一些成就。

五、新绩效预算

新公共管理理论对政府公共管理的不满是绩效预算重新流行的原因之一，新绩效预算与之前的绩效预算的不同之处在于不仅仅满足于提高政府效率，更追求公众满意度。但公众满意程度的指标难以被量化，可度量性差使得新绩效预算的绩效评定指标复杂而且费时耗力，公共部门在实践中也并没有大力推行。

总的来说，美国公共预算改革历史是以对预算计划、管理和控制三个功能的偏重为主线而发展的，这是一个波浪式前进、螺旋式上升的发展过程。

---

① 牛美丽．美国公共预算改革：在实践中追求预算理性［J］．武汉大学学报（社会科学版），2003（6）：795-801.

第二节　美国州及以下公共预算制度镜鉴

一、美国州及以下地方政府公共预算重大改革进程

美国公共预算制度的改革始于市政预算改革。1905 年成立的纽约市政研究所在 1907 年发布的《市政预算的编制》成为组织建立预算制度的基础，这直接推动了纽约市在次年编制出较为粗糙的美国历史上第一份现代预算。到了 20 世纪 20 年代中期，美国大多数的主要城市都有了形式上的预算制度。

1910—1920 年，美国州政府预算制度发生了具有重大意义的改革，行政改革为预算制度改革铺路。行政改革首先赋予行政官员全面职权，之后开始推行行政官员责任制。1910 年，美国俄亥俄州立法，直接赋予州长预算编制等权力。到 1920 年，44 个州粗具实质上的预算制度。到 1929 年，每个州政府都成立了中央预算办公室。

二、美国州公共预算管理制度的主要特点

第一，注重公共预算平衡。在美国，州及以下地方政府不具备发行国债权和铸币权，无法用这两种方式缓解赤字，可以用来增加公共预算财政收入的来源减少，所以它们更加注意赤字问题，尽可能地通过提高预算资源的使用效率等方式来缓解赤字。

第二，公共预算权的下放。受放松规制理论的影响，西方国家政府治理致力于扩大政府分权与规范政府的绩效化，其中，美国越来越重视预算投入的产出也就是预算资金的使用效率。放松规制理论的主要思想就是：减免一些约束以使地方政府机构提高办事效率、更加具有创造性，从而从整体上提高社会效益。

第三，事权界定相对明确。联邦政府、州政府、州以下地方政府的事权范围有相对清晰的划分，互不干涉。州及以下地方政府有足够的公共预算自

主权，可以自主决定本地区的公共预算支出结构和规模，并要对此独立承担责任。由于各级政府对事权划分清晰，而事权又与公共预算支出责任紧密相连，因此各级政府对公共预算支出的划分也是明确而清晰的。

三、美国州及以下公共预算制度创新的典型案例

（一）零基预算在州及以下地方政府的实践

零基预算是渐进式预算和原始类型的零基预算以杂糅的方式产生的变种。卡特任佐治亚州州长时开始推行零基预算，由于其具有从零开始的特点，之后也被新泽西州用来缓解财政支出压力，加利福尼亚州则将其用于公共预算分析。

当零基预算用于州以下的地方政府时，其展现出完全不同的特点：第一，原来的公共预算项目支出的优先顺序被改变，原本不受重视的项目变得受重视起来。第二，政府预算组织的上下级交流变多①。

里根入主白宫后，零基预算的名字被废弃，但其精髓却融入公共预算的实践当中，实际上是“弃其表而取其里”。零基预算的内容融入其他形式的公共预算，在公共部门预算中发挥作用，例如目标预算等。

（二）“经营式预算”公共预算改革实践

“经营式预算”起源于费尔菲尔德市，在取得十分明显的效果后被许多城市推广，在达德县其被称为“经营式预算”。具体的办法是：预算“重总额轻明细”，即统一总额预算，全面取消明细分类，各部门把没有用完的预算经费保留下来以备不时之需。

新的公共预算管理办法成效显著，到 1981 年，费尔菲尔德市成为全州财政状况最好的城市之一。费尔菲尔德市用各部门当年没有用完的预算经费降低了经济危机的损失。1991 年经济衰退期间，费尔菲尔德市提取部分储备金用来降低经费削减的幅度。

---

① 牛美丽．美国公共预算改革：在实践中追求预算理性［J］．武汉大学学报（社会科学版），2003（6）：795-801.

四、美国州及以下公共预算制度的总结

总的来说，美国中央和州及以下地方政府之间的分税制比较彻底，不仅做到了分财权，还做到了分事权和分级财政管理。州及以下地方政府无论在收入还是支出，抑或管理方面都拥有很大的自主权。州及以下地方政府拥有足够的收入自主权保证了较为充足的财源，足够的支出自主权使得州及以下地方政府可以因地制宜地根据地方民众的差异提供不同的公共产品和公共服务，足够的管理自主权使得州及以下地方政府可以自主地创新管理方式，这三者保证了公共预算的资金效率。这里最值得学习的一点是，要更加积极地尝试各种公共预算管理方法的创新和进行制度改进，以促进地方政府公共预算科学化、合理化。

彻底的分税制给了美国州及以下地方政府充分的权限进行各种各样公共预算制度的创新，也有利于各地区根据各地居民的不同需求提供差异化的公共产品，保留公共预算资源的高使用效率。高效率赢得了民众进一步的支持，但是长期来讲，彻底的分权也产生了地方保护主义及地方权力滥用等问题，这个问题在目前仍然没有得到有效的解决，甚至有更加难以规范的趋势。

第四章　新发展理念下民族地区公共预算改革的理论基础

第一节　地方政府治理与公共预算的理论基础

一、政治经济学的政府治理理念

政治经济学的政府治理理念是根据马克思在《资本论》中对作为生产条件的基础产业及公共产品领域存在的市场失灵问题的论证而总结出来的。马克思虽没有正式地对市场失灵问题进行系统研究，但在分析劳动时间及劳资分配等问题时，已经渗透了对市场失灵及政府作用的阐述①。从中可以总结出，政治经济学的政府治理要求政府对市场进行适度干预，解决市场失灵的问题，也可以说政治经济学的政府治理是指在市场经济背景下，政府通过管理公共事务和优化公共预算资源配置以促进国家公共利益最大化的一种手段。

通常来讲，政府治理是国家治理的重要一环，而财政治理又是政府治理的重要一环。又因为政府的组织结构是公共资源和政府权力的载体，政府所有战略意义上的变革都必须有一个与之适应的政府组织结构，所以当下学者们普遍认为政府治理的重心是通过政府的扁平化来解决政府过度分化的问题，即解决政府层级过多、规模膨胀导致的公务员数量、行政支出和机构数量的激增等问题。同时，学者们普遍认为财政治理的重心是提高公共预算资金的

① 李真，张梦．中国区域低碳竞争力的政治经济学分析：理论与实证［J］．财经研究，2016（6）：133-144.

使用效率，而财政治理与政府治理两者之间恰恰是相辅相成的。因此通过促进政府扁平化和提高公共预算资金的效率来提高政府治理能力，进而促进国家治理的现代化就显得尤为重要，尤其是在党的十九届四中全会，党史上第一次专门用一次中央全会研究国家制度和国家治理体系问题并作出《中共中央关于坚持和完善中国特色社会主义制度、推进国家治理体系和治理能力现代化若干重大问题的决定》的背景下。

本章通过对政府层级多和规模庞大带来的政府低效能问题和财政治理问题的研究分析，可以确定政府治理和财政治理目前的主要治理机制。一方面，政府治理侧重于政府机构扁平化，即通过减少科层制，裁减冗员，明确各级政府纵向和横向的职能划分及其内部各部门的职能划分等来降低管理成本，提高政府的组织效率和效能，例如，各级政府间税收划分合理和加强外部监督等；另一方面，财政治理侧重于在公共预算领域建立绩效评估体系，主要目的在于提高政府的资源提取能力、控制腐败能力、提供服务能力、政策规划能力等。

二、地方公共预算决策的公共选择理论

公共选择理论把国民经济的构成部门划分为私人部门和公共部门，两者之间的根本不同之处是，由企业和家庭组成的私人部门以实现利润最大化和效用最大化为动机，而由政府及其附属组织组成的公共部门有着不同于私人部门的行为方式和运作目的，公共部门存在的目的并不是简单地追求自身利益最大化而是完成其所肩负的社会目标，它考虑的更多的是社会的正义和公平。

公共选择理论将人类社会划分为政治市场和经济市场，然后用成本收益理论解释政府在提供公共产品过程中的行为。在政治市场上，选民用选票来衡量官员，从而换取对政府提供的公共产品的满意度，此时选民以选票为成本获取政府提供的公共产品，官员和选民都在追求各自的最大收益。在经济市场上，消费者通过货币来选择厂商提供的产品，此时消费者以货币为成本换取厂商所提供的私人产品，此时消费者追求的是效用最大化，厂商追求的

是利润最大化，双方都在追求各自的最大收益。

传统的公共选择理论在研究政府决策的时候首要考虑的是遵循该地区内的公共产品的需求和供给来决定地方政府的公共预算决策。按照这个理论，地区内公共产品和需求会导致发达区域恒发达、落后区域恒落后的发展困局，因此各级政府在决策时要将公共选择理论和新发展理念有效结合，通过给落后地区重点照顾来缩小辖区内区域差距，促进辖区内区域协调发展和共享发展。

第二节 新发展理念指导地方公共预算改革方向

新发展理念指导地方公共预算改革方向是将新发展理念贯彻到地方公共预算收入和支出两方面，简要来说是要有一个法治规范的地方公共预算收入、支出系统。

第一，地方公共预算内容的合理分工。地方公共预算收入包括税收收入、非税收收入和中央对地方的转移支付，其中税收收入是地方政府提供公共产品的主要来源，而非税收收入成为地方财政收入的调节器，以达到为地方政府筹集公共收入、增进效率和解决“拥挤”问题等目的，中央对地方的转移支付是缩小区域发展差距、实现协调发展的工具。但长期以来一些经济落后地区的地方政府税收收入严重不足；在地方税收收入不足而地方财政支出仍然大的矛盾较为突出的情况下，非税收收入已成为增强政府调控能力的重要财力，并由此产生了非税收收入膨胀、非税收收入在地方公共预算占比过大的问题，也必然导致地方长期依赖中央对地方的转移支付的后果。

这里认为，新发展理念下的地方公共预算收入改革就是要实现这三者的合理分工。如果把这三者比作一个一元线性回归模型，那么地方公共预算收入为因变量 Y，自变量为税收收入 X，而非税收收入和转移支付应该是作为对 Y 影响较小的截距项 a_0 和误差项 b 而存在，如公式 $Y=a_0+a_1X+b$。而学术界长期有一种观点就是认为应该把非税收收入也抬高到税收收入的位置，笔者对此不以为然。因为地方政府如果可以以税收收入不足为由来扩大非税收收入，那么一旦非税收收入在长期仍然不能满足预期，是否要继续扩大别的形式的收入呢？显然，这是不考虑人民负担的看法，也是与经济规律相违背的。《管子》告诉我们“地之生财有时，民之用力有倦，而人君之欲无穷。以有时与有倦，养无穷之君，而度量不生于其间，则上下相疾也。……故取于民有度，用之有止，国虽小必安；取于民无度，用之不止，国虽大必危”①。用经济学的角度来说，一个地区的税负必须保持在合理水平。税负太高，政府将无税可收；税负太低，人民就会不思进取，好吃懒做。拉弗曲线讲的也是同样道理。因此新发展理念指导的地方公共预算收入系统的改革方向是扩大地方政府税收收入，减少地方政府非税收收入（主要是减税降费），合理利用中央对地方的转移支付。而其中最重要的莫过于扩大地方政府税收收入，这是解决问题的关键。

第二，扩大地方政府公共预算税收收入。办法有二，或在央地税收划分中赋予地方科学合理的税收收入，或开辟新的税源，如扩大开放或者针对特定群体征收房地产税等。

按公共经济学原理，税收是纳税人向政府支付的政府提供的公共产品的价格，区域的不同和政府层级的划分决定了公共产品的层次性，间接也需要政府间税收分权，因此央地的税收关系里赋予地方合理的税收收入对于地方公共产品的提供至关重要。

目前的央地税收划分中赋予地方政府的税收收入达不到科学合理的要求。一些省级地方政府的税收收入长期无法保证该省份的收支平衡。一旦省级地方无法通过税收收入和中央的转移支付来达到收支平衡的要求时，就会截取更多的下级政府的税收收入，如果还不能满足就会进而产生非税收收入泛滥和地方举债发展的问题。这个问题在省级以下的预算层级层层传导，不仅会导致整个地方政府产生非税收收入泛滥、债台高筑等问题，也会严重阻碍区

① 管子［M］. 李山，注解. 北京：中华书局，2009：25.

域间协调发展和共享发展。由于税收收入无法保证地方基本的收支平衡，地方政府利用上级的转移支付补足资金缺口，这就使得中央对地方的转移支付无法起到区域协调发展、共享发展，缩小区域差距的目的，因此新发展理念所指导的地方公共预算收入系统的改革方向必须是扩大地方政府公共预算税收收入。一旦这一点能够实现，那么，减少地方政府非税收收入、合理利用中央对地方的转移支付等问题都会迎刃而解。

第三，新发展理念所指导的地方公共预算支出系统的改革方向是提高地方政府公共预算资金的使用效率，提高预算资金使用效率与扩大地方政府税收收入是相辅相成的。法治规范的地方公共预算税收收入体系要求科学合理的中央地方税收划分标准和适当合理的地方公共预算支出自主权等来保证地方政府提供公共产品的能力，以及在此基础之上提高地方政府公共预算税收系统的效率。科学合理的中央地方税收划分标准和适当合理的地方公共预算支出自主权有利于地方政府根据本地的区域特殊性作预算决策、高效地执行中央的税收优惠政策等。在此基础上，要提高地方政府公共预算资金的使用效率。需要强调的是，新发展理念所指导的地方公共预算改革方向内在地包含了这一任务，但是对以往唯 GDP 的考核模式和发展模式进行了发展。即在新发展理念指导下，提高地方政府公共预算资金的使用效率首先是指促进该区域协调、绿色、开放发展的效率，这里用一套地方公共预算绩效管理体系来衡量这种效率（至于创新发展，本章主要从制度创新的角度来研究）；其次也要提高地方政府公共预算税收系统的效率，例如降低税收成本，降低税收收入系统存在的大量行政、信息等成本。

要想在一个法治规范的地方公共预算收入系统的基础之上，建立一个能够促进地方创新发展、协调发展、绿色发展、开放发展、共享发展的地方公共预算支出系统，这个系统需要重点表现在地方政府治理注重制度创新，例如创新预算方式、加大群众参与力度等；地方公共预算支出注重区域协调发展和共享发展，例如通过纠正地方政府公共预算支出偏向，促进辖区内协调发展、共享发展；促进绿色发展，例如对高污染、高耗能企业开征环保专项税，加大地方公共预算投入，并引入第三方治理的模式将环保产业做大做强，等等。

创新、协调、绿色、开放、共享新发展理念长期贯彻需要用一个科学合理的地方公共预算绩效管理系统，来评估地方公共预算支出，促进地方创新、协调、绿色、开放、共享发展的效率，以此来提高地方政府治理能力，从而促进国家治理体系和治理能力的现代化。

第五章　新发展理念下民族地区公共预算科学合理化的困境

第一节　民族地区政府治理与财政体制问题

始于1994年的分税制财政体制改革取得了巨大的成功，不仅保证了财政收入稳定增长，还加强了中央政府对全局的宏观调控能力，但目前的民族地区政府治理和财政体制仍还达不到国家治理体系和治理能力现代化的目标要求，其中的原因是多方面的，但主要问题体现在中央与地方的事权、财权划分不合理，以及政府层级与机构设置不合理等问题上。

一、事权和财权划分不合理

民族地区与其他地区在财权与事权方面基本相同。而今的分税制已经偏离了原来分事权、分财权、分级财政管理（各级预算相对独立，自求平衡）的初衷，过分偏重分财权，而忽视了分事权、分管理权的问题。中央政府在财政权力分配中占据主动，拿走大比例财政收入，却未承担起相应的事权；地方政府依旧是事权的主要承担者，承担着主要的支出责任。如图5-1所示，自2000年至2010年，中央财政收入一直领先于地方财政收入，2010年以后，地方财政收入才逐年超过中央财政收入，但是到2016年地方财政收入仍然只占到全国财政收入的55%；如图5-2所示，自2000年，地方财政支出占比均达到70%以上且逐年上升，至2016年地方财政支出占比已超过85%，同时，地方财政支出总额由2000年的1万亿元增长到2016年的16万亿元。

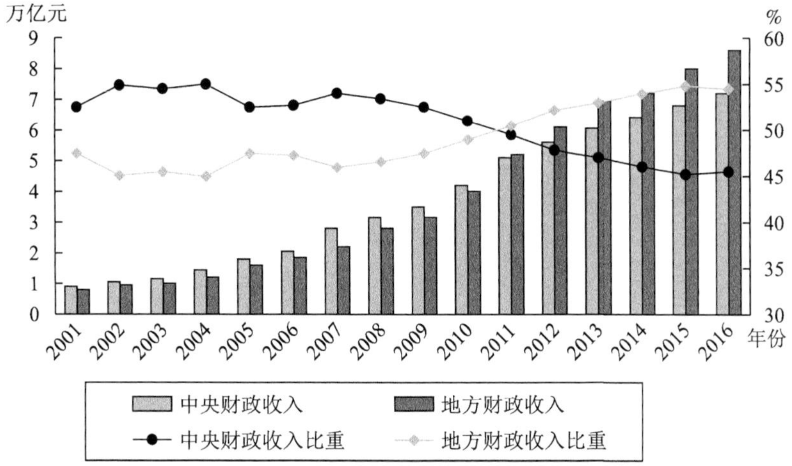

图 5-1 2000—2016 年中央和地方财政收入及比重

资料来源：Wind、财政部。

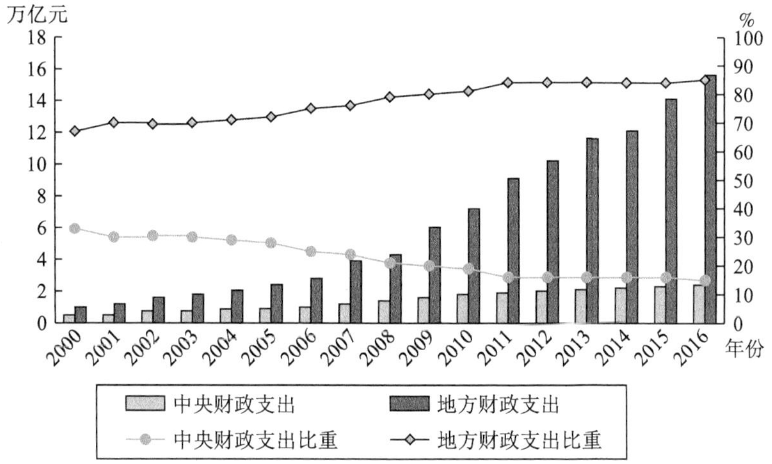

图 5-2 2000—2016 年中央和地方财政支出及比重

资料来源：Wind、财政部。

就这一问题，从公共经济学的角度来讲，纳税人向政府缴税是为了获取政府提供的公共产品。为了实现公共产品的有效供给，不同层级的政府在自身权责范围内提供受益范围不同的公共产品。一般来讲，公共产品的提供是按区域划分的，中央政府提供全国人民受益的全国性公共产品，地方政府提供本地区人民受益的地方性公共产品。

公共产品的区域性和层次性要求中央政府和地方政府对税收进行合理的划分。如果中央政府收取过多的财权但不承担其相应的事权，地方政府自求收支平衡的能力必然大为削弱，导致地方政府公共预算收支的失衡。一旦这种失衡长期维持，地方政府在巨大的财政压力中必然举步维艰，随之而来的是诸如“跑部钱进”、区域差距拉大、地方财力紧张、土地财政、地方债台高筑等问题。所以，解决这一问题最直接的办法就是中央政府和地方政府间保持合理的税收关系，赋予各级政府与事权基本匹配的税权。地方政府拥有与支出责任基本适应的税收收入，才能具备有效供给公共产品的条件。

二、政府层级多和规模大阻碍政府扁平化

民族地区与其他地区在政府层级多、规模大这方面别无二致。在中央政府和地方政府间保持合理的税收关系的基础之上，提高地方政府治理能力首先就要求提高地方公共预算资金的使用效率。必须承认的是，地方政府公共预算资金的使用是严格依赖一层一层的地方政府的，我国现行的政府层级的行政体制分为中央、省、市、县、乡五级，并配备了中央、省、县（市）三级预算体制，其中省、市、县、乡四级为地方政府，上级政府有的部门，地方政府一般也会设立相应的部门对接。地方政府层级多和规模大是不争的事实。

地方政府层级多和规模大使得地方政府在公共预算资金的使用上面临信息不对称、政府失灵等一系列治理成本。多一级地方政府就多一重委托代理关系，多重的委托代理关系中，信息不对称、激励不相容等因素更为明显，地方政府公共预算中更容易出现败德行为和逆向选择等代理问题，不仅会提高行政成本的开支，也会分割、弱化地方政府的财政能力，从而降低地方政府公共预算资金的效率。并且，地方政府部门多、规模巨大，易衍生出严重的机构重叠问题，各部门职能划分不彻底，在办事过程中相互推诿职责、程序烦琐等现象普遍。

科斯定理对解决这一问题有很好的启发。科斯定理告诉人们，在市场运

行过程中降低交易成本可以优化资源配置。跟科斯定理有异曲同工之妙的是，苏联经济学家曾用数学证明，系统规模和政府层级大到一定程度，中央集中分配资源的效率将下降到零。也就是说，政府和市场都可以通过降低交易成本来提高资源利用的效率。据此，解决地方政府层级过多、规模过大导致地方公共预算资金效率低下这个问题的办法，一个是减少地方政府公共预算层级，缩小地方政府规模；另一个就是利用有效广泛的民众监督，减少地方政府公共预算过程中的败德行为和逆向选择等代理问题。

第二节　民族地区公共预算自主性缺失问题

财政体制和地方政府架构同是民族地区政府公共预算系统运行的外部框架，除此之外，民族地区公共预算的编制、执行和决算等也严格依赖于地方公共预算制度。地方公共预算从收入到支出等一系列程序都紧紧依靠公共预算制度，所以民族地区公共预算制度的优化对于民族地区公共预算资金效率的提高有很大的作用。目前，民族地区公共预算制度的最大问题也是地方公共预算自主性缺失。

一、法律制度约束地方公共预算自主性

民族地区公共预算自主性的缺失与其他地区一样，首先表现在制度方面的限制，其中主要是有关地方公共预算的法律制度的因素。

第一，教育法、农业法、科技进步法等法律规定的教育、农业、科技等方向的法定支出压缩了地方公共预算编制自主权。如农业法规定，县级以上地方政府财政每年对农业总投入的增长幅度应当高于其财政经常性收入的增长幅度①；教育法要求，地方政府教育财政拨款的增长应当高于财政经常性收入的增长②；等等。

---

① 《中华人民共和国农业法》第三十八条。

② 《中华人民共和国教育法》第五十六条。

第二，2015年颁布的新预算法第二十一条规定，县级以上地方各级人民代表大会对本级政府公共预算有批准、改变和撤销等决定性的权力①。并且，第二十二条规定了全国人民代表大会财政经济委员会拥有对地方预算草案的审查权②。由于实际执行程序是全国人大先于地方人大提出审查意见，全国人大审查未通过的地方预算草案是无法提交本级地方人大的，因此在程序上为地方公共预算批准自主权添加了一些障碍。

程序上的先后不当，加之人大审议标准的缺失，会进一步在审议过程中损害地方公共预算自主权。首先，全国人大对地方预算草案并没有一个普遍可用的审查标准，全国人大以什么标准来审查地方预算草案以及提出修改意见之后的审批程序如何处理都不很明确。由于没有一个行之有效的、可供地方政府参照的审查标准，地方政府上报全国人大预算草案时更倾向于以模糊的资金支出来掩饰问题，从而降低通过审批的难度。其次，地方本级人大对地方预算草案的审议标准也不明确。地方本级人大没有一个高效、细致、通用的审议本级预算的标准，地方预算草案就不能得到很好的修正，那么地方公共预算批准自主权的行使很有可能流于形式，批准的“含金量”大大降低。

这是法律制度在地方公共预算编制自主权、批准自主权、执行自主权等方面对地方公共预算自主权的限制导致的地方公共预算自主权的缺失。为解决这个问题，新制度经济学中的制度变迁理论认为，制度变迁的发生取决于现存的制度是否处于非均衡状态并且能否满足相关主体的需求。那么以上讨论的有关公共预算的法律制度是否需要进行改进的问题，就变成了要满足什么样的制度需求的问题。显然，当下地方公共预算改革的目标归根结底是要促进地方政府治理能力的现代化，进而促进国家治理体系和治理能力的现代化，因此对有关公共预算的法律制度进行制度改进已经十分迫切。

二、民族地区公共预算支出自主性缺失

民族地区公共预算支出自主权缺失的问题很多都是历史遗留问题，这些

① 2015年1月1日起实施的《中华人民共和国预算法》第二十一条。
② 2015年1月1日起实施的《中华人民共和国预算法》第二十二条。

问题主要体现在地方人大的组织构成和公共预算的预算调整软约束等方面。

（一）地方人大组织构成

第一，地方人大代表无法保证预算草案审议的专业性。很多地方人大代表都缺乏公共预算的相关专业知识，因为地方人大代表一般是按比例配额规则从各行各业选举出来的精英，其中真正具备预算、审计专业知识，能够对预算草案进行专业审议的人大代表少之又少。再加上地方人大会议期限较短，不具备专业知识的代表很难在这么短的时间内对公共预算草案提出十分专业的意见。

第二，地方人大领导层面的组织构成受制于地方政府。地方人大的经费、工资多由当地党政系统发放，这就可能导致地方人大对公共预算的监管不到位。

以上问题导致地方预算草案得不到专业、高效的审议和全面的监督，从而导致地方公共预算支出自主权得不到科学的运用。

（二）预算调整软约束现象普遍

地方政府随意改变预算资金、追加预算的现象比较普遍。虽然我国对这方面有相关法律规定，但处罚较轻，应当完善相关制度安排，明确法律法规。地方公共预算自主权直接决定了地方公共预算支出，决定了公共产品的投入规模，影响公众享受社会福利。健康的地方公共预算自主权表现在中央适度干预的前提下，地方政府能够按照自身切实需要决定公共预算支出份额，以使得社会资源被高效利用来发挥最大效用。不过实际情况往往不尽如人意：一方面，如果地方政府要满足预算法关于公共预算支出问题的相关规定的话，就没有办法同时满足其他法规的财政支出规定；另一方面，如果想要同时满足这些规定，就很难做到收支平衡。而且地方政府在公共预算支出这一方面通常处于波动状态。新制度经济学认为，制度变迁如果可以提高效率，那么就是有必要进行的。由此看来，需要对相关的制度进行改变。

三、民族地区公共预算收入自主性缺失

一个高效的公共预算支出系统必然要求一个与之相匹配的稳定和高效的

公共预算收入系统作为后盾。地方公共预算收入最重要的来源是税收收入，“营改增”之后税制得到简化，但是在税制结构上仍然存在直接税和间接税比例失衡的问题。地方没有足够的税收立法权来弥补税收结构失衡带来的消极影响，税收收入不足导致非税收收入泛滥，一些地区的公共预算收入极度依赖中央对地方的转移支付。

（一）税制结构的比例失衡

直接税和间接税的失衡是我国的税制结构不平衡问题的主要方面。以增值税为主的间接税比重过高的税制结构会造成地方政府对间接税的强依赖度。因为地方政府主要是向生产型企业收取增值税，所以地方政府乐于招商引资引入更多的这类企业，而相对轻视辖区内其他方面的公共服务的供给。地方政府招商引资的竞争不利于其履行基本民生保障和环境保护等公共服务的职能，这是很多学者通过实证证明了的结论。例如邓松就通过对2007—2016年各省（自治区、直辖市）的面板数据的分析得出了地方政府仍然通过土地财政、地方投融资平台继续扩大政府性投资，这也进一步压缩了地方政府在基本公共服务上的支出的结论①。在市、县一级地方政府同样存在这种情况。

税收理论中有一种观点就是，地方政府的税收来自哪里，它们的关注度和配套公共服务往往就更倾向于哪里。地方政府的间接税来自生产型企业，所以它们的相关配套服务更集中在招商引资方面，但间接税实际上通过层层转嫁最终仍然来自人民群众。这意味着，如果想要让地方政府更好地履行其提供基本民生保障和环境保护等公共服务的职能，税制结构应该进行相应的调整，税制结构的改变方向应该是逐步建立增值税与企业所得税并重、直接税与间接税并重的复合税制结构，值得一提的是，房地产税的开征对税制结构的改变也是十分有利的。

（二）税收立法权

1. 税收立法权划分的现状

目前，央地税收立法权划分的现状主要可以概括为：全国性税种的税收

① 邓松．财政分权对地方财政基本公共服务支出的影响研究［D］．北京：中国财政科学研究院，2019：51.

立法权属于全国人大，国务院经全国人大授权之后有对条款的解释权；而对地方来说，经省级人大授权的省级地方政府拥有对地方性税收法规的解释权，省级以下地方政府的税收立法权极其有限。

2. 地方税收立法权划分的不足

我国急需一部完善的税收基本法对地方政府的税收立法权作出明确规定。目前，地方政府的税法解释权和税收减免权只限于税率、税目等方面的自主权，且这些权力仅局限于省级层面，还不能够做到层层下放，这不可避免地影响到了地方政府公共预算的收入。只有解决了这些问题，中央和地方之间才能建立起良性的税收关系。

以上因素的影响，外加地方税收立法权的限缩使得地方政府的公共预算税收收入自主性缺失，由此引发连锁反应，例如一些落后地区的非税收收入泛滥，地方公共预算收入强烈依靠中央对地方的转移支付。

但是地方政府税收收入不足所产生的问题期待靠中央对地方的转移支付来弥补是不合理的，虽然中央对地方的转移支付归根结底仍然来自税收，但这部分转移支付无法达到地方政府税收收入的作用，这一点已经被学者们的大量研究所证实。例如朱光等就以财政自给率作为门槛变量，对此进行研究得出中央对地方的转移支付在地方公共支出方面的影响存在显著的门槛效应，转移支付对基本建设支出和行政管理支出的促进作用都更为显著，在某种程度上强化了地方政府行为选择和公共支出结构的扭曲；我国转移支付对公共支出的影响存在地区差异，转移支付不能有效激励经济欠发达地区提供基本公共服务，因而转移支付制度在一定程度上与基本公共服务均等化目标激励不相容①。

---

① 朱光，鲍曙光．转移支付与地方政府公共支出偏向——基于面板门槛效应的分析［J］．运筹与管理，2019（12）：153-161.

第六章　民族地区公共预算偏离新发展理念的实证分析——以内蒙古自治区为例

第一节　民族地区公共预算支出偏向问题——内蒙古辖区内协调、绿色、共享发展存在的问题

新发展理念倡导的协调、共享发展注重的是解决发展不平衡、社会公平正义问题。协调发展要求注重区域协调发展，共享发展要求解决分配不公问题，收入差距、城乡区域公共服务水平差距较大等问题。

内蒙古自治区发展的不协调、不共享首先体现在区域之间，并且在收入差距、区域公共服务水平差距等方面也有较大的问题，因此，这里对内蒙古自治区协调、共享发展问题的研究主要是研究如何通过公共预算支出促进教育、医疗、社保及基础设施建设的区域协调发展和共享发展的问题。

一、内蒙古自治区民生性基本公共服务供给现状分析

（一）基础教育公共预算支出现状分析

2012—2017 年内蒙古教育预算支出规模不断增加，不断增加的教育预算经费支出有力地促进了教育服务水平的提高，丰富了教育产品，教育基础设施得到改善。

表 6-1　2012—2017 年内蒙古教育支出预算情况

年份	教育预算支出/亿元	增速/%
2012	439.97	12.60
2013	456.87	3.84
2014	477.77	4.58
2015	536.53	12.30
2016	554.96	3.44
2017	561.85	1.24

资料来源：2013—2018 年《内蒙古统计年鉴》。

基础教育的重要性是不言而喻的，教育的发展是以基础教育的发展作为基础的，基础教育的发展直接关系国民素质的提高和国家的振兴。纵观 2013 年到 2017 年内蒙古地区的基础教育发展情况，从表 6-2 中数据来看，这些年来，小学和普通中学一直在变少，这是教育资源优化配置的结果。近年来，内蒙古对规模偏小、效益较差的农村牧区民族中小学进行了撤并，教育质量不断提升。

表 6-2　2013—2017 年内蒙古基础教育情况

年份	小学学校数/所	小学在校人数/万人	普通中学学校数/所	普通中学在校人数/万人
2013	2308	131.06	1026	118.27
2014	2174	129.65	1003	115.37
2015	1853	131.36	1000	110.27
2016	1730	133.81	982	61.24
2017	1658	132.54	976	61.87

资料来源：2013—2018 年《内蒙古统计年鉴》。

（二）医疗卫生公共预算支出现状分析

卫生机构、医院在逐年增加，五年间，卫生机构人员增加了 3.72 万人，增长了 18.98%，床位增加了 3.02 万张，增长了 25.14%。这个增长速度是非常惊人的，说明这五年医疗卫生事业蓬勃发展（如表 6-3 所示）。

表 6-3　2013—2017 年内蒙古医疗卫生情况

年份	卫生机构/家	医院/家	卫生机构床位/万张	卫生机构人员/万人
2013	23264	566	12.01	19.59
2014	23426	639	12.90	20.30
2015	23885	702	13.39	21.25
2016	23998	720	13.92	22.13
2017	24217	775	15.03	23.31

资料来源：2013—2018 年《内蒙古统计年鉴》。

（三）社会保障公共预算支出现状分析

内蒙古的社会保障是逐年改善的。2013 年参加城镇职工基本养老保险人数是 496.5 万人，参加失业保险职工 233.4 万人，参加基本医疗保险人数 986.21 万人。到了 2017 年，则分别增长到 694 万人、247.08 万人、2161.51 万人（如表 6-4 所示）。

表 6-4　2013—2017 年内蒙古社会保障现状分析　单位：万人

年份	城镇职工基本养老保险参保人数	城乡居民养老保险参保人数	失业保险参保人数	基本医疗保险参保人数
2013	496.5	780	233.4	986.21
2014	525	762	236.3	998.12
2015	579	734	242.06	1008.05
2016	655.02	736	241.13	1019.34
2017	694	743	247.08	2161.51

资料来源：2013—2018 年《内蒙古统计年鉴》。

（四）基础设施公共预算支出现状分析

内蒙古的基础设施改善的速度从全国的范围来看不算快，在全国的位置也比较靠后。重要的指标如城市人口密度、用水普及率、燃气普及率等基础设施指标在全国都是靠后的，但不重要的指标如人均城市道路面积、人均公园陆地面积、每万人拥有公共厕所等基础设施指标是靠前的（见表 6-5）。考虑到内蒙古全区总面积 118.3 万平方米，占全国土地面积的 12.3%，人口却只有 2497.61 万人，地广人稀的情况下所算出的人均指标本应该是非常高的，可是并没有。

表 6-5　2013—2017 年内蒙古基础设施现状分析

年份	城市人口密度/（人/平方千米）	用水普及率/%	燃气普及率/%	每万人拥有公共汽车/标台	人均城市道路面积/平方米	人均公园绿地面积/平方米	每万人拥有公共厕所/座
2013	1059	96.23	87.93	7.55	19.69	16.90	4.85
2014	1291	97.79	92.28	7.76	21.10	18.80	4.67
2015	1629	98.47	94.09	7.79	22.61	18.28	4.76
2016	1822	98.98	94.90	8.50	23.29	19.77	4.69
2017	1824	99.10	96.01	9.00	23.89	19.66	7.24

资料来源：2013—2018 年《内蒙古统计年鉴》。

二、各盟（市）之间民生性基本公共服务的协调、共享问题的实证研究

在新发展理念的指导下，地方政府作公共预算支出决策的时候要更加趋于协调发展和共享发展，不能像传统的公共选择理论那样，只考虑局部地区对公共物品的需求、供给和产量等来决定该地区的公共预算支出，在此基础上更应该注重的是如何缩小辖区内各地区间的发展差距，促进地区间协调发展和共享发展。因此这里以内蒙古自治区为例的实证研究主要衡量各盟（市）间公共预算的支出偏向，量化各盟（市）间公共预算的投入差距，分别从基础教育、基本医疗卫生、社会保障和一般公共预算支出四个方面选取指标。

（一）指标的选取和方法的使用

1. 指标选取

表 6-6　内蒙古各盟（市）之间公共服务和产品的协调、共享发展问题指标体系

一级指标	二级指标
基础教育	普通小学生师比/（生/师）
	普通初中生师比/（生/师）
	普通小学人均数/（所/万人）
	普通初中人均数/（所/万人）

续表

一级指标	二级指标
基础教育	普通小学域均数/（所/万平方千米）
	普通初中学域均数/（所/万平方千米）
基本医疗卫生	万人拥有医疗机构数/（个/万人）
	万人拥有医疗机构床位数/（张/万人）
	万人拥有医疗卫生人员数/（人/万人）
	医疗机构域均数/（所/万平方千米）
	医疗机构床位域均数/（张/万平方千米）
	医疗卫生人员域均数/（ 人/万平方千米）
社会保障	万人各行业职工就业人数/人
	城镇人均可支配收入/元
	农村人均可支配收入/元
一般公共预算支出	人均一般公共预算支出/（元/人）
	人均固定资产投资/（元/人）
	人均教育支出/（元/人）
	人均社会保障和就业支出/（元/人）
	人均医疗卫生支出/（元/人）

2. 方法的使用

泰尔指数：泰尔指数可以用来衡量地区间不平等度，泰尔指数越大，说明差距越大。

基尼系数：一个国家或地区居民收入差距的常用衡量指标。泰尔指数和基尼系数两者具有互补性。

变异系数：变异系数可以和极差、标准差、方差一样用来反映数据离散程度的绝对值。但变异系数的数值不仅能体现出数据的离散程度，还能衡量贯穿变量值平均水平的高低。

（二）各盟（市）之间民生性基本公共服务的协调、共享问题的实证研究结果及分析

根据以上的指标和数据的处理方法，得出各盟（市）在基础教育、基本医疗卫生、社会保障等方面的实证结果如下。

1. 基础教育区域差异

通过表 6-7、表 6-8 和图 6-1 可看出，2008—2017 年内蒙古自治区各盟（市）之间基础教育发展水平处于协调的状态。在普通小学生师比、普通初中人均数、普通初中生师比和普通小学人均数方面达到了区域协调和共享。在普通初中人均数和普通小学域均数方面仍然有改进的空间，而在普通中学域均数方面则存在较大的差距。

表 6-7　2008—2017 年内蒙古各盟（市）普通小学指标

年份	普通小学人均数			普通小学生师比			普通小学域均数		
	泰尔指数	基尼系数	变异系数	泰尔指数	基尼系数	变异系数	泰尔指数	基尼系数	变异系数
2008	0.02859	0.20	0.45	0.00714	0.10	0.30	0.24295	0.57	1.14
2009	0.02448	0.19	0.45	0.00771	0.11	0.30	0.22946	0.56	1.09
2010	0.02030	0.17	0.46	0.00751	0.10	0.30	0.23208	0.56	1.08
2011	0.01985	0.17	0.47	0.00791	0.11	0.28	0.23464	0.56	1.09
2012	0.01868	0.16	0.48	0.00913	0.12	0.29	0.22263	0.55	1.05
2013	0.02208	0.18	0.50	0.01086	0.13	0.29	0.22351	0.55	1.05
2014	0.02212	0.18	0.49	0.01034	0.12	0.29	0.21303	0.53	1.02
2015	0.01063	0.13	0.43	0.00925	0.12	0.28	0.22263	0.54	1.08
2016	0.00755	0.10	0.38	0.00907	0.11	0.28	0.22721	0.55	1.09
2017	0.00686	0.10	0.39	0.00956	0.12	0.28	0.23128	0.55	1.12

资料来源：2009—2018 年《内蒙古统计年鉴》。

表 6-8　2008—2017 年内蒙古各盟（市）普通中学指标

年份	普通初中人均数			普通初中生师比			普通初中域均数		
	泰尔指数	基尼系数	变异系数	泰尔指数	基尼系数	变异系数	泰尔指数	基尼系数	变异系数
2008	0.01696	0.15	0.34	0.00434	0.08	0.36	0.27546	0.59	1.33
2009	0.02424	0.18	0.40	0.00496	0.08	0.35	0.25629	0.57	1.25
2010	0.02469	0.18	0.40	0.00441	0.08	0.35	0.27212	0.59	1.29
2011	0.02216	0.17	0.39	0.00589	0.09	0.36	0.27582	0.59	1.31
2012	0.02279	0.17	0.41	0.00704	0.10	0.35	0.28368	0.60	1.34
2013	0.02187	0.17	0.43	0.00688	0.10	0.32	0.28369	0.60	1.34
2014	0.02315	0.17	0.43	0.00686	0.10	0.31	0.28736	0.60	1.36

续表

年份	普通初中人均数			普通初中生师比			普通初中域均数		
	泰尔指数	基尼系数	变异系数	泰尔指数	基尼系数	变异系数	泰尔指数	基尼系数	变异系数
2015	0.02245	0.17	0.43	0.00637	0.09	0.31	0.28773	0.60	1.36
2016	0.02101	0.16	0.43	0.00564	0.09	0.31	0.27623	0.59	1.31
2017	0.02246	0.17	0.44	0.00523	0.09	0.29	0.27556	0.59	1.31

资料来源：2009—2018 年《内蒙古统计年鉴》。

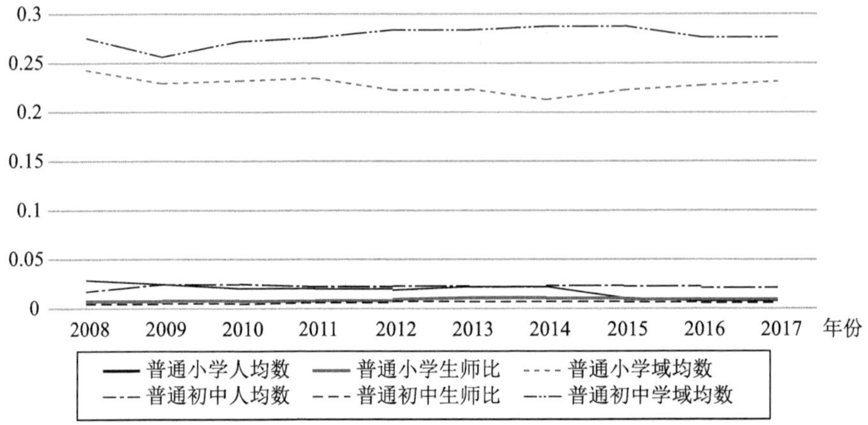

图 6-1　2008—2017 年内蒙古各盟（市）基础教育泰尔指数

资料来源：2009—2018 年《内蒙古统计年鉴》。

2. 基本医疗卫生区域差异

通过表 6-9 和图 6-2 可以看出，2008—2017 年，内蒙古自治区各盟（市）在基础医疗卫生各指标方面所呈现出的发展水平较为复杂。在万人拥有医疗机构床位数、万人拥有医疗卫生人员数方面，区域发展水平处于协调的状态，各盟（市）间差异小也达到了区域共享发展的要求；在万人拥有医疗机构数方面，处于相对协调的状态；而在医疗机构域均数、医疗机构床位域均数、医疗卫生人员域均数三个方面的发展并不协调，2009—2011 年各盟（市）间的医疗机构域均数的差距大幅缩小，但到目前为止区域之间仍然有很大差距。总体来讲，按人均分的差距比较小，按域均分的差距比较大。

表 6-9　2008—2017 年内蒙古各盟（市）基础医疗卫生指标

年份	万人拥有医疗机构床位数			万人拥有医疗卫生人员数			万人拥有医疗机构数			医疗机构床位域均数			医疗卫生人员域均数			医疗机构域均数		
	泰尔指数	基尼系数	变异系数	泰尔指数	基尼系数	变异系数	泰尔指数	基尼系数	变异系数	泰尔指数	基尼系数	变异系数	泰尔指数	基尼系数	变异系数	泰尔指数	基尼系数	变异系数
2008	0. 01232	0. 13	0. 28	0. 01201	0. 13	0. 27	0. 03927	0. 23	0. 45	0. 34098	0. 65	1. 51	0. 32542	0. 63	1. 48	0. 38718	0. 67	1. 71
2009	0. 01292	0. 14	0. 27	0. 01079	0. 13	0. 26	0. 03560	0. 23	0. 42	0. 35450	0. 66	1. 55	0. 32723	0. 64	1. 47	0. 38235	0. 67	1. 69
2010	0. 01516	0. 15	0. 28	0. 00967	0. 12	0. 24	0. 03097	0. 21	0. 40	0. 33813	0. 64	1. 51	0. 32427	0. 63	1. 45	0. 36741	0. 65	1. 66
2011	0. 00940	0. 12	0. 22	0. 00482	0. 08	0. 15	0. 01434	0. 15	0. 30	0. 34772	0. 65	1. 54	0. 30577	0. 62	1. 39	0. 20342	0. 52	1. 04
2012	0. 01041	0. 12	0. 22	0. 00488	0. 08	0. 14	0. 01728	0. 16	0. 33	0. 35520	0. 65	1. 57	0. 31656	0. 63	1. 43	0. 20674	0. 53	1. 06
2013	0. 00905	0. 11	0. 20	0. 00550	0. 09	0. 15	0. 01992	0. 17	0. 34	0. 35598	0. 66	1. 56	0. 32065	0. 63	1. 43	0. 20414	0. 52	1. 04
2014	0. 00597	0. 09	0. 15	0. 00459	0. 08	0. 13	0. 02031	0. 17	0. 35	0. 33375	0. 64	1. 49	0. 32093	0. 63	1. 44	0. 19315	0. 51	1. 00
2015	0. 00495	0. 08	0. 13	0. 00522	0. 09	0. 13	0. 01886	0. 17	0. 34	0. 32591	0. 64	1. 45	0. 31837	0. 63	1. 42	0. 19283	0. 51	0. 99
2016	0. 00466	0. 08	0. 12	0. 00474	0. 08	0. 12	0. 01883	0. 17	0. 34	0. 32323	0. 63	1. 43	0. 31736	0. 63	1. 40	0. 19252	0. 51	0. 99
2017	0. 00322	0. 06	0. 09	0. 00463	0. 08	0. 12	0. 01939	0. 17	0. 34	0. 30195	0. 62	1. 34	0. 31593	0. 63	1. 40	0. 19223	0. 51	0. 99

资料来源：2009—2018 年《内蒙古统计年鉴》。

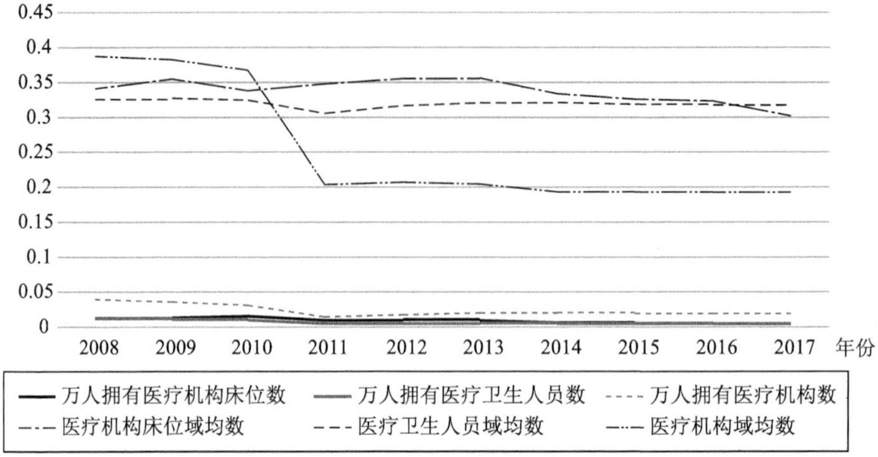

图 6-2　2008—2017 年内蒙古各盟（市）基础医疗卫生泰尔指数

资料来源：2009—2018 年《内蒙古统计年鉴》。

3. 社会保障区域差异

从表 6-10 和图 6-3 可以看出，2008—2017 年内蒙古自治区各盟（市）社会保障和社会福利业从业比重方面和各行业就业人数方面变化趋势明显，城镇人均可支配收入和农村人均可支配收入方面变化趋势明显。但 2015 年城镇人均可支配收入折线出现跳点，说明这一年各盟（市）城镇人均可支配收入差距很大，但次年又变小。总体来说，各地区之间，在万人各行业就业人数方面、城镇人均可支配收入和农村人均可支配收入方面呈现出协调发展的态势，各盟（市）间差异小，也达到了区域共享的发展要求。

表 6-10　2008—2017 年内蒙古各盟（市）社会保障指标

年份	万人各行业职工就业人数			城镇人均可支配收入			农村人均可支配收入		
	泰尔指数	基尼系数	变异系数	泰尔指数	基尼系数	变异系数	泰尔指数	基尼系数	变异系数
2008	0. 00274	0. 06	0. 31	0. 01408	0. 14	0. 35	0. 01379	0. 14	0. 31
2009	0. 00234	0. 06	0. 30	0. 01481	0. 14	0. 35	0. 01496	0. 14	0. 31
2010	0. 00132	0. 04	0. 30	0. 01554	0. 15	0. 35	0. 01583	0. 15	0. 30
2011	0. 00111	0. 04	0. 29	0. 01547	0. 15	0. 35	0. 01443	0. 14	0. 29
2012	0. 00223	0. 05	0. 29	0. 01483	0. 14	0. 35	0. 01375	0. 14	0. 28

续表

年份	万人各行业职工就业人数			城镇人均可支配收入			农村人均可支配收入		
	泰尔指数	基尼系数	变异系数	泰尔指数	基尼系数	变异系数	泰尔指数	基尼系数	变异系数
2013	0.00266	0.05	0.29	0.00801	0.11	0.30	0.00996	0.12	0.28
2014	0.00229	0.04	0.29	0.00773	0.11	0.30	0.00977	0.12	0.28
2015	0.00273	0.05	0.29	0.03196	0.17	0.42	0.00948	0.11	0.27
2016	0.00196	0.05	0.28	0.00724	0.10	0.30	0.00933	0.11	0.27
2017	0.00159	0.04	0.28	0.00719	0.10	0.30	0.00932	0.11	0.27

资料来源：2009—2018 年《内蒙古统计年鉴》。

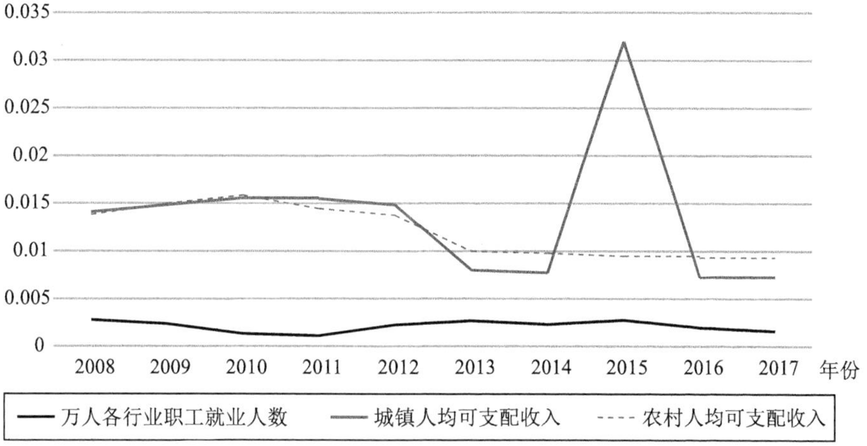

图 6-3　2008—2017 年内蒙古各盟（市）社会保障泰尔指数

资料来源：2009—2018 年《内蒙古统计年鉴》。

4. 一般公共预算支出区域差异

从表 6-11 和图 6-4 可以看出，2008—2017 年内蒙古自治区各盟（市）在人均公共预算支出方面、人均医疗卫生支出方面的差距在减小，但整体仍处于发展相对不协调的状态，各盟（市）间差异大，也达不到区域共享的发展要求；而在人均教育支出和人均社保和就业支出方面发展相对协调，各盟（市）间差异不是很大，达到了区域间相对共享的发展要求；在人均固定资产投资方面差距很大，处于相对不均等状态，达不到协调发展、共享发展的要求。

表 6-11　2008—2017 年内蒙古各盟（市）一般公共预算支出指标

年份	人均一般公共预算支出			人均固定资产投资			人均教育支出			人均社会保障和就业支出			人均医疗卫生支出		
	泰尔指数	基尼系数	变异系数	泰尔指数	基尼系数	变异系数	泰尔指数	基尼系数	变异系数	泰尔指数	基尼系数	变异系数	泰尔指数	基尼系数	变异系数
2008	0. 0414	0. 24	0. 5	0. 09077	0. 36	0. 65	0. 01802	0. 15	0. 39	0. 02122	0. 17	0. 44	0. 03969	0. 23	0. 5
2009	0. 04753	0. 25	0. 53	0. 09173	0. 36	0. 65	0. 02398	0. 17	0. 4	0. 02949	0. 2	0. 47	0. 03182	0. 21	0. 45
2010	0. 05042	0. 26	0. 55	0. 08258	0. 35	0. 6	0. 02593	0. 18	0. 4	0. 01634	0. 15	0. 4	0. 05125	0. 27	0. 56
2011	0. 05009	0. 26	0. 55	0. 06459	0. 3	0. 57	0. 02205	0. 17	0. 39	0. 01342	0. 14	0. 39	0. 03638	0. 23	0. 52
2012	0. 04612	0. 24	0. 55	0. 05669	0. 28	0. 54	0. 02171	0. 17	0. 41	0. 01329	0. 14	0. 43	0. 03103	0. 2	0. 46
2013	0. 0533	0. 26	0. 59	0. 05723	0. 28	0. 55	0. 01879	0. 16	0. 39	0. 01023	0. 12	0. 45	0. 02859	0. 2	0. 46
2014	0. 04292	0. 24	0. 54	0. 07295	0. 32	0. 61	0. 01545	0. 15	0. 38	0. 01478	0. 14	0. 51	0. 02216	0. 18	0. 42
2015	0. 03291	0. 21	0. 48	0. 07136	0. 32	0. 61	0. 01119	0. 12	0. 33	0. 01607	0. 15	0. 47	0. 01867	0. 16	0. 42
2016	0. 03408	0. 21	0. 47	0. 08923	0. 35	0. 69	0. 01149	0. 13	0. 33	0. 01377	0. 14	0. 45	0. 0212	0. 17	0. 43
2017	0. 02879	0. 2	0. 46	—	—	—	0. 01193	0. 12	0. 35	0. 0142	0. 14	0. 47	0. 01805	0. 16	0. 4

资料来源：2009—2018 年《内蒙古统计年鉴》。

注：2017 年人均固定资产投资列标注“—”的表示数据缺失。

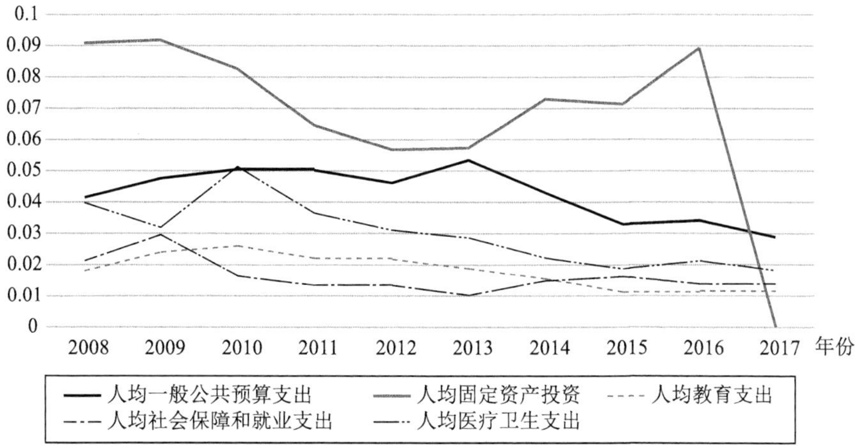

图 6-4　2008—2017 年内蒙古各盟（市）一般公共预算支出泰尔指数

资料来源：2009—2018 年《内蒙古统计年鉴》。

5. 结论

根据 2008—2017 年内蒙古自治区各盟（市）的泰尔指数、基尼系数和变异系数的图表数据可以看出，内蒙古自治区各盟（市）在基础教育、基础医疗卫生、社会保障和一般公共预算支出方面存在差异。为了更加直观地观察这种差距，这里将泰尔指数中的 140 个数值，从最小 0. 00111 到最大 0. 38718 依次排序，根据四分法划分，划分标准如表 6-12。

表 6-12　泰尔指数计量结果划分标准

划分标准（泰尔指数 P）	定义
0<P≤0. 01149	协调共享
0. 01149<P≤0. 02212	相对协调共享
0. 02212<P≤0. 07295	相对不协调共享
0. 07295<P	不协调共享

根据以上标准结论如表 6-13 所示。

表 6-13　内蒙古各盟（市）之间公共服务和产品的共享、协调发展问题指标计量结果

一级指标	二级指标	协调、共享程度
基础教育	普通小学生师比/（生/师）	协调共享
	普通初中生师比/（生/师）	协调共享
	普通小学人均数/（所/万人）	协调共享
	普通初中人均数/（所/万人）	相对不协调共享
	普通小学域均数/（所/万平方千米）	相对不协调共享
	普通初中学域均数/（所/万平方千米）	不协调共享
基本医疗卫生	万人拥有医疗机构数/（个/万人）	相对协调共享
	万人拥有医疗机构床位数/（张/万人）	协调共享
	万人拥有医疗卫生人员数/（人/万人）	协调共享
	医疗机构域均数/（所/万平方千米）	不协调共享
	医疗机构床位域均数/（张/万平方千米）	不协调共享
	医疗卫生人员域均数/（人/万平方千米）	不协调共享
社会保障	万人各行业职工就业人数/人	协调共享
	城镇人均可支配收入/元	协调共享
	农村人均可支配收入/元	协调共享
一般公共预算支出	人均一般公共预算支出/（元/人）	相对不协调共享
	人均固定资产投资/（元/人）	不协调共享
	人均教育支出/（元/人）	相对协调共享
	人均社会保障和就业支出/（元/人）	相对协调共享
	人均医疗卫生支出/（元/人）	相对不协调共享

三、民族五省（区）地区环保预算支出对比的实证研究

（一）指标的选取和方法的使用

1. 指标选取

表 6-14　内蒙古与新疆、西藏、广西、云南边疆民族省（区）绿色发展对比指标体系

一级指标	二级指标
环境保护	工业废气人均排放量/（立方米/人）
	工业废水人均排放量/（吨/人）
	工业固体废弃物人均排放量/（吨/人）
	环保人均投资额/（元/人）

2. 方法的使用

熵值法：熵值法常用于判断某个指标的离散程度，离散程度越大说明该指标对综合评价的影响越大。因此，可利用熵值法根据以上环境保护各项指标的变异程度，计算出以上四个指标的权重，为环境保护水平的综合评价提供依据。

（二）实证分析

根据表 6-15 和图 6-5 显示，2008—2017 年边疆民族五省（区）的环境保护总体来说，排名从高到低依次为西藏、云南、新疆、内蒙古和广西，说明在“绿色发展”的原则下，内蒙古自治区还有很大的提升空间，并没有达到“绿色发展”和“经济发展”兼顾的目标。

表 6-15　2008—2017 年边疆民族五省（区）公共预算环境保护支出测量结果

地区	2008 年	2009 年	2010 年	2011 年	2012 年	2013 年	2014 年	2015 年	2016 年	2017 年
内蒙古	0.15965	0.17822	0.15904	0.15095	0.14637	0.15068	0.13895	0.13641	0.14137	0.13538
西藏	0.19583	0.21877	0.20743	0.22046	0.22682	0.22073	0.22303	0.22804	0.22059	0.22485
新疆	0.16995	0.15152	0.16624	0.16277	0.15492	0.15049	0.14823	0.15121	0.15348	0.15215
广西	0.14129	0.13685	0.14067	0.14758	0.14902	0.15221	0.16119	0.16328	0.16464	0.16744
云南	0.16995	0.16735	0.16719	0.16454	0.16799	0.16692	0.17235	0.16478	0.16325	0.16403
全国均值	0.16333	0.14729	0.15943	0.15369	0.15487	0.15896	0.15624	0.15628	0.15666	0.15615

资料来源：2009—2018 年《内蒙古统计年鉴》《西藏统计年鉴》《新疆统计年鉴》《广西统计年鉴》《云南统计年鉴》和《中国统计年鉴》。

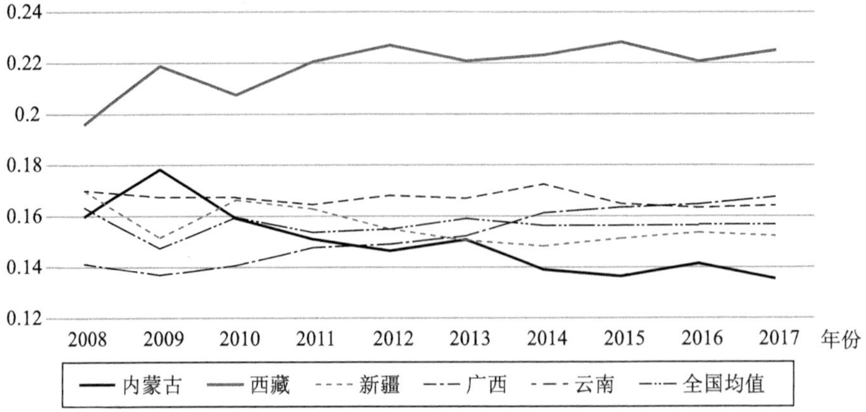

图 6-5　2008—2017 年边疆民族五省（区）环境保护均等化测量结果

资料来源：2009—2018 年《内蒙古统计年鉴》《西藏统计年鉴》《新疆统计年鉴》《广西统计年鉴》《云南统计年鉴》和《中国统计年鉴》。

以上两部分的实证研究的结论和原因分析：

第一，内蒙古自治区在促进各区域协调发展、共享发展方面仍还有很大进步空间。简单来讲，各盟（市）在普通中学域均数、医疗机构域均数、医疗机构床位域均数、医疗卫生人员域均数、人均固定资产投资等方面的区域差距较大，达不到区域协调发展、共享发展的要求。这主要是各盟（市）经济发展水平不同导致的，但省级政府仍然可以通过专项转移支付来缩小这方面的差距，从而实现辖区内各区域协调发展、区域内共享发展的目标。

第二，内蒙古自治区在促进绿色发展方面公共预算投入相对不足，如环境保护等公共预算支出规模依然较小。其中的原因是多方面的，既有现行的环保政策没有充分执行，又有缺乏针对环保等公共预算支出的相关税源，这就造成了环境保护的公共预算支出与相关税收的直接联系被割裂。从内蒙古自治区现行的排污费制度、资源税等税收政策来看，资源税变成了调节资源级差收入的税目而并非针对环保的税收类型，专门针对环境污染和企业排污费用的税收法律等税收制度不多，并且在执行层面存在大量制度空白，缺乏专门的环境治理的税收为环保支出提供税源支持。

第二节　地方公共预算收入规范问题——内蒙古自治区辖区内减税降费

法治规范的地方公共预算收入系统必须依据财政相关法律与相关条例，做到“该收的收入，不该收的不收入”。在中央实施大规模减税降费的主导下，民族地区公共预算收入规范问题突显。减税降费内在地囊括了两部分的内容，一是税收减免，二是取消或停征行政事业性收费。从学者们过去多年的大量研究来看，税收减免对于微观经济主体包括个人与企业的减负效果要远远大于取消或停征行政事业性收费。这里以内蒙古自治区为例来研究民族地区结构性减税费问题。

一、内蒙古公共预算收入内部结构说明非税收收入占比高

地方一般公共预算收入分为税收收入和非税收收入两种形式。其中税收包括地方专享税和中央与地方共享税两类，包括增值税、企业所得税、个人所得税、资源税、房产税、城镇土地使用税、契税、房产税、土地增值税等；非税收收入包括专项收入、行政事业性收费、国有资源有偿使用收入、国有资本经营收入、罚没收入等。分税制后全国地方一般公共预算收入中税收占比总体呈小幅下降趋势。2016 年“营改增”后期，全国地方的税收收入占比［税收收入÷（税收收入+非税收收入）］由 2017 年的 75. 08%上升到 2018 年的 77. 58%；而内蒙古自治区的由 2017 年的 75. 56%下降到 2018 年的 75. 36%①。2018 年的数据说明，内蒙古自治区的非税收收入占比高于全国地方平均水平。税收收入占比高说明本地的税收质量高，内蒙古自治区的未来公共预算收入内部结构趋势并不明朗。作者调研的其他民族地区如广西，都存在非税收收入占比相对较高的现象。

① 由 2018 年与 2019 年的《中国统计年鉴》计算得出。

二、内蒙古仍存在结构性减税降费空间

“减税”主要是结构性减税政策，我国结构性减税政策涵盖了 15 个税种，囊括近 600 项减税优惠项目，其中内蒙古的税收优惠问题主要有二：

第一，税收优惠政策仍有较大提升空间。这里的提升空间表现在税收优惠的方向。2019 年内蒙古自治区所有行业均实现政策性减负，也就是说税收优惠是针对所有行业的，一些高污染高能耗企业也在减税之列，这并不符合绿色发展的要求。减税降费是供给侧结构性改革中“三去一降一补”的有效助力，其中内在地包含了产业升级和经济结构调整的任务，必然要对高污染高能耗的落后产业进行淘汰，因此不宜对这些产业进行减负。

第二，从减税降费政策的结果来看，存在不合理因素。例如学者通过对呼和浩特市减税降费政策的研究得出了在呼和浩特市的交通运输业存在“营改增”“一刀切”现象①，最终的结果是一些行业产业链税负不降反增。另外一些学者也研究出其他不合理因素，如对小微企业扶持的门槛太高，结果是迫切需要减税的小微企业享受不到应有的税收优惠，反而是一些比较大的企业享受了减税降费的优惠。

三、内蒙古对辖区内改革开放试验区的税收优惠力度不足

1992 年 3 月 9 日，国务院批准进一步对外开放的城市包括内蒙古自治区的满洲里市和二连浩特市，国家对内陆开放城市实行优惠政策；1994 年 1 月 20 日，国家民委、国家体改委同意呼伦贝尔市等为第一批“民族地区改革开放试验区”。内蒙古自治区拥有二连浩特市和满洲里市两个重要的口岸，在中国提出“一带一路”倡议后，要大力支持口岸建设，主动融入“一带一路”倡议布局和中蒙俄经济走廊建设。在中央税收政策给予大力度优惠下，归属自治区级的税收收入也考虑大力度减免，以及相应的政府性收费等，促进本区域的改革开放与经济快速发展。

① 闫怡芳．供给侧结构性改革背景下减税降费政策实施研究［D］．呼和浩特：内蒙古大学，2019：35.

第三节　民族地区公共预算绩效管理任重而道远

民族地区政府公共预算出现的一系列问题与地方政府公共预算绩效管理制度的不健全有直接的关系。长期以来，地方公共预算表现出重预算支出而轻预算管理的问题，公共预算支出逐年增加，但是各方面的问题却在不断积累。究其原因是公共预算资金的效率不高和一些民族地区政府治理水平落后。而绩效预算可以有效地解决这个问题。在民族地区公共预算领域实行绩效管理能规范政府之间的委托代理关系，使各级政府和公务员能够履行应有的责任，最终达到提高公共预算资源的使用效率和地方政府治理能力的目标。民族地区政府公共预算中的绩效管理，无论在理论还是实践上都还不成熟，在绩效预算管理制度建设和探索等方面存在一些问题，以下以内蒙古自治区为例进行分析。

一、内蒙古公共预算绩效考评的历史和现状

内蒙古自治区2000年开始启动预算管理制度改革试点，次年在省本级开启部门预算改革，2006年开始推广政府采购制度和国库集中支付制度，并尝试政府收支分类改革，在完善支出绩效信息等方面有所进步。内蒙古自治区现有的公共财政的框架体系为公共预算绩效管理提供了初步的实施条件。简单来讲，公共财政的核心是效率，绩效导向的公共预算是保证公共预算资金使用效率的手段，但在实践层面，公共预算绩效管理处于部分试点阶段。近年来内蒙古自治区为公共预算绩效管理制度推进的进展总结来讲有以下几个方面。

（一）预算机构的设立

内蒙古自治区财政厅成立预算编审中心，该机构已经初步具备了公共预算绩效管理的能力，为公共预算支出绩效管理提供了制度和组织上的保障。

（二）开展部门和项目公共预算支出的绩效评价试点

绩效评价是公共预算绩效管理的核心，公共预算绩效管理应当首先在某些特定部门试点然后再进行推广。例如内蒙古自治区就是选择医疗部门和科技部门作为试点，根据由易到难的原则，逐渐过渡到环境保护和地产资源等多个领域，建立完善的信息库，审查无误后在互联网上公示。

（三）公共预算绩效评价指标设定

公共预算绩效评价指标难以在全国范围内做到完全统一，内蒙古自治区就有着自己的指标体系，并且存在三种类别：第一种是整个内蒙古自治区的综合指标，第二种是不同部门不同的指标体系，第三种是不同行业不同的指标体系。

二、内蒙古公共预算绩效管理的问题

内蒙古自治区公共预算绩效管理处于部分试点阶段，所以表现出的问题是相当多的，在公共预算绩效管理的核心环节——绩效评价方面存在的问题主要有以下五个方面。

第一，缺乏新发展理念指导下的绩效评价体系。创新、协调、绿色、开放、共享的新发展理念中，创新的绩效评价指标比较难以衡量，不过其余四种公共预算绩效评价指标体系的建立相对容易。以绿色为例，促进内蒙古自治区绿色发展需要对当前的情况进行评估，然后对政府官员和机构为绿色发展所作的贡献进行完善的绩效评价。

第二，公共预算绩效评价制度上存在问题。公共预算绩效评价缺少统一的领导机构，因而也缺少统一的计划和报告。计划和报告对于各部门明确职责、提高工作效率有重大意义，明确职责分工能够有效避免产生各部门之间遇到问题相互推诿。

第三，当前的公共预算评价没有形成规范科学、行之有效的方法体系。参与评价的都是部门内部人员，第三方机构参与评价不够普遍，这就导致评价过程中可能会产生不够透明、缺乏说服力等问题。

第四，公共预算绩效评价具体实施过程过于粗糙。没有既定的科学程序加以规范，这就使得实际的评价过程与理论上有较大差别，具体过程中的差距总结如表 6-16 所示。

第五，绩效评价目标与战略规划的一致性缺失。绩效目标要与部门战略规划一致，部门战略规划要与新发展理念一致。协调发展绩效评价体系、绿色发展绩效评价体系、共享发展绩效评价体系是实现部门战略规划与新发展理念一致性的重要指标体系。没有这些指标体系的建立和落实，绩效目标首先难免表现出短视，即重短期效果轻长期效果；其次，不同指标体系在绩效评价体系中缺乏科学合理的权重；最后，绩效目标并未贯穿公共预算绩效管理的全过程；等等。

表 6-16　内蒙古公共预算绩效管理绩效评价差距总结

内容	公共预算绩效管理	目前的内蒙古公共预算
导向	结果导向	投入导向
公共预算编制方法	中期公共预算	初步的标准周期公共预算
透明度	完全透明	初步透明
绩效信息	贯穿公共预算过程	未贯穿公共预算过程
绩效报告制度	绩效报告制度	无绩效报告体系
绩效审计	绩效审计制度	无绩效审计制度

第七章　贯彻新发展理念改革民族地区公共预算的建议

第一节　财政制度创新性供给促进民族地区公共预算自主性发挥

实现民族地区公共预算自主性发挥需要财政制度创新性供给，这种制度创新性供给主要从两方面做起：一方面，在基层和社区实行参与式预算，增加群众参与和监督；另一方面，从政府内部和外部创新监督检查方式。两种方式的结合不仅可以完善民族地区公共预算自主权，也可以减少政府层级过多和规模过大带来的败德现象和逆向选择等代理问题。

一、参与式预算促进民族地区公共预算自主性发挥

参与式预算通过民众参与和监督来解决政府科层制过多而产生的政府效率低下问题。公民的广泛参与有利于公共预算的信息在公众之间的交流传播，在公共预算的制定过程中，民众进行谈判、协商、签约以及合约执行的监督，这其中的搜寻成本、信息成本、议价成本、决策成本、监督交易进行的成本等交易成本都由参与的公民来分担，可以降低公共预算执行中的交易成本。充分发动群众参与公共预算是地方政府治理进行公共预算制度创新、提高治理水平的可圈可点的实践。

因此，建议内蒙古自治区的参与式预算广泛发动蒙古族等少数民族和汉族共同参与，让大家对人民代表大会商讨事项提出会前初审、大会审查和会

后监督三个步骤，使内蒙古自治区各民族的公众在会前、会中、会后充分参与并提出建议。这种公共预算改革带来的治理方式创新不仅让公众广泛参与其中，有利于民族团结，也有利于公共预算资源使用的信息公开透明，并且同时达到了与人民代表大会制度有机结合的效果。具体做法如表 7-1 所示。

表 7-1　内蒙古自治区参与式预算建议步骤

步骤	形式	效果
会前初审	（1）民主恳谈，制定公共预算审查方案的初稿； （2）询问专业人意见以及各族民众代表意见； （3）利用在参与的各族民众里按比例随机抽选民众、接受民众自主报名、划定推举范围推选居民等方式产生民众代表	（1）广泛公众参与； （2）民族团结； （3）公共预算信息公开； （4）与人大制度的有机结合
大会审查	小组专项讨论和集体集中讨论	
会后监督	（1）公共预算支出公示； （2）设立专项财经小组，由专业人士组成	

这种实践模式可以让蒙古族等少数民族和汉族的公民实际参与到地方政府公共预算决策的整个过程中。民众参与基本公共服务政策的制定、公共资源的配置使得民众的需求得以在公共预算中体现，也减少了一些地方政府的行政成本，促进了民族团结。民众对公共服务支出的实时有效监督降低了败德行为和逆向选择等代理问题，最终能起到公平而有效率地配置地方公共预算资源的作用。

二、创新监督检查方式，完善民族地区公共预算自主权

民族地区与其他地区相同，完善地方公共预算自主权并不意味着预算完全由地方政府自主，而是追求科学合理的地方公共预算自主权。科学合理的地方公共预算自主权是在适度的中央干预下，其余由地方政府因地制宜地进行自主决策。这不仅需要改进有关地方公共预算的法律等制度，赋予地方政府适度的公共预算自主权限，也需要创新监督检查方式。

参与式预算通过增强基层民众参与度使地方公共预算资源得到公平而有

效率的配置，以达到提升政府治理能力的目的。除群众参与的方式之外，在政府内部和人大也应该创新监督检查方式来提升政府的治理能力，例如强化审计机关和人大的配合，从政府内部、外部共同对地方公共预算进行监督。

第一，审计监督当下是从政府内部对地方公共预算进行内部监督的方式。由于我国审计机关作为政府内部职能部门存在，并不享有独立于政府之外运行的独立性，所以，其应该在坚持行政机关对其干预程度降到最低的原则上从政府内部配合人大进行预算监督。由此，形成审计机关和地方人大的外部监督合力，为全方位监督我国地方公共预算自主权的合法运行提供保障。

第二，各级人大是财政部门预算审批、监督的部门。我国宪法和地方组织法虽赋予了地方人大崇高的法律地位，但没有具体的法律条文来支撑地方人大行使预算监督权。因此，应加快人大预算监督工作相关监督法律的制定，使人大在实际监督工作中有法可依。

鉴于地方政府公共预算的复杂性和专业性，应该在人大内部组建具备该项专业技能的专业组织全程负责公共预算的编制、执行和监督等工作，解决地方人大代表及人大常委会委员财经、审计方面专业知识不足的问题。参考参与式预算的过程，该组织在地方政府公共预算草案递交地方人大常委会和人大前，提前介入公共预算的编制工作，提前了解公共预算编制的主要信息和政策指向，并把民众的想法和利益诉求反映给政府财政部门，为后续开展讨论创造前提和平台。在公共预算案审议批准后，要继续对执行情况实施监督。把地方政府部门的公共预算执行情况与部门领导的奖惩和提拔挂钩，保证公共预算案能不折不扣地执行，杜绝公共预算案被非法修改、预算资金被随意乱用，确保财政资金能产生应有的效用。

该组织应该在对政府预算草案审查完毕后，向地方人大提交审查报告。报告应详细罗列预算案值得肯定之处、存在的不足及其理由、修正措施等内容，作为地方人大代表或人大常委会委员进行预算方案审议的重要参考。这样既可提高审议的效率，也可提升审议的精准度。

第二节 优化民族地区公共预算支出促进地方协调、绿色、共享发展

一、加大公共预算环保投入促进民族地区绿色发展

公共预算资金的支持是必不可少的，加置专项针对环保投入的税目，保证专款专用。

加大公共预算支出在环境保护方面的投入，通过一定的税收政策来激励域内企业由粗放型向集约型经营转变，减少工业废气、废水和工业固体废弃物的排放量，例如补贴企业开发新能源汽车等。

同时需要相应地在减税降费政策层面进行配套的支持，例如取消对高污染高耗能产业的减税，鼓励企业向高新技术方向进攻，推动域内企业科技进步，加大研发投入，走科技发展的道路。

最后利用民族地区得天独厚的旅游资源与民族文化特色，在产业对接转移、绿色农畜产品、能源供应保障、旅游休闲度假等方面加强协调性。

二、环境污染第三方治理促进地方绿色发展

环境污染的治理不仅需要政府，更需要广大社会力量共同参与。引入社会资本参与、推进生态环境保护市场化进程是一条不错的治理环境污染的路径，这是政府、市场、企业三方共治的创新。

一种办法是根据“专业的事情由专业的人来做”的思路，采取政府出资、企业治理的方式，将针对环保的公共预算支出的一部分用于购买第三方治理机构的环境治理服务。政府在其中负责制定环境标准、规定预期的环保治理效果以及监督相关企业治理环境污染的环节，促进第三方专业化治理。

另一种办法是政府为第三方治理主体提供优惠贷款、专项补贴等多种形式的支持政策。第三方治理主体有公司、公益组织等，但它们往往实力不强。

地方政府公共预算支出的扶持，可以改善这类第三方治理主体实力不强，研发能力偏弱，技术、资金实力不达标的情况，从而壮大环保产业，达到促进地方绿色发展的目标。

三、改变地方公共预算支出偏向促进区域协调、共享发展

通过改变地方公共预算支出偏向来促进民族地区协调、共享发展，主要是针对基础设施、公共服务水平等尚有较大提升空间的领域。需要加大公共预算投入，减小自治区各区域在普通中学域均数、医疗机构域均数、医疗机构床位域均数、医疗卫生人员域均数、人均固定资产投资等方面的差距。例如医疗机构域均数方面，应该加大对落后地区医疗机构的投入。可以考虑大医院附带多个小诊所的“大+小”的发展模式，这样一来群众可以选择大病去医院、小病去诊所的方式，这种方式投入少而见效快。

第三节　民族地区公共预算收入规范化减税降费促进开放发展

民族地区公共预算收入规范化要求扩大地方政府的税收收入和解决地方政府非税收收入泛滥等问题。实现地方税收收入的增加，长期来讲需要法治规范地划分中央和地方事权和财权，当然短期内也有很多解决办法。民族地区政府非税收收入泛滥的问题在不同的区域有不同的表现，对小微企业普惠性减税降费政策和民营企业减税降费政策应该进一步加大力度，更高层次的减税降费举措应设立自贸区，激发地方政府高质量发展的内生动力，促进民族地区开放发展。

一、规范民族地区政府税收收入

第一，长期来讲，中央和地方事权的合理划分需要相关法律等制度的完善。通过制定相关法律法规授予地方政府与事权对应的财权，既保证中央对

地方政府的控制，又能实现清晰明确的央地政府纵向事权划分。央地政府纵向事权的合理划分应以宪法为基础，以政府纵向合理分权促进地方经济发展和提高地方政府治理能力为目的。一些地方政府之间的跨区域环境保护、跨区域公共设施等外部性较强的公共产品应该由中央政府负责；对于本地域内具备管理信息优势但对本区域外产生的外部性较大的公共产品，应该由中央和地方政府共同负责；地方政府应主要负责与本区域人民利益直接相关并且本区域内信息强、外部性不明显的事项。

第二，短期来看，税源的创新和赋予地方政府适当的税收立法权可以给地方政府尤其是民族地区政府带来足够多的税收收入。中央政府已经在一些地区做试点，为民族地区政府选择新的税收收入的来源，如行为税类、资源税类等；学界更多地关注房地产税，房地产税可以代替土地财政为各地地方政府提供新的税收收入，房地产税成为民族地区政府的主要收入也有利于复合制税制结构的改变方向。在地方税收收入“开源”之前，民族地区政府所能做的只有“节流”和提高公共预算资源的效率，合理高效地运用已有的公共预算资源是民族地区政府治理能力提升的重要标志。

二、深化减税降费政策

首先，增强减税降费政策与新发展理念的协调性，优化减税方向，更好地助力供给侧结构性改革，例如取消对高污染高耗能企业的减税。其次，加大对民族地区小微企业普惠性减税降费政策力度，具体提出如下建议：第一，降低减税门槛，扩大减免税优惠范围，例如对增值税小规模纳税人、企业所得税小型微利企业、科技型初创企业等扩大税收优惠的范围；第二，在不同的税种上全面加大税收优惠力度，加大小规模纳税人生产经营过程中的主要税种的税收优惠的覆盖面；第三，创新优惠方式，如引入直接优惠和间接优惠并行以及超额累进计税办法；第四，在地方政府权限范围内降低涉企收费，如对一些小规模纳税人免征城镇土地使用税、降低对小企业的行政事业性收费等。

三、设立完善改革开放实验区税收体系

设立改革开放实验区是减税降费的一种极其有效的方式，也是民族地区政府开放发展的重要举措。改革开放实验区的设立可以激发地方政府高质量发展的内生动力，涉税服务不仅在投资、贸易方面具有重要作用，而且是税收政策、自贸试验区先行先试的重要组成部分。

随着我国自贸试验区的进一步放开，民族地区也有设立改革开放实验区的各种可能。这是进一步落实减税降费政策的重要体现，可以制定促进投资贸易的税收优惠政策，扩大关税豁免、实施更加灵活企业所得税等。

民族地区改革开放实验区应建立一套综合管理、流程简洁的涉税综合管理系统。首先，涉税事务管理系统应该综合全面。所谓综合全面不仅表现在海关、税务等各涉税部门综合管理、联合办公等方面，更体现在完善的国际税收管理制度，例如尽可能地提高税收服务能力和水平，具备为不同国家的纳税人提供国际税收政策咨询等多样化国际税收服务，以及与之相关的税收风险提示等的能力。其次，尽可能地为企业提供简洁高效的税务服务，例如流程尽量简洁、审批层级合理减少、通关时间适当缩短等。

第四节　民族地区公共预算全过程绩效管理促进政府治理现代化

民族地区公共预算绩效管理改革在整体上仍停留在对绩效思想和技术的借鉴与应用阶段，公共预算编制模式并未产生本质的变化。以下对绩效目标管理、公共预算执行跟踪监控、公共预算绩效评价、绩效评价结果的反馈与评价结果的应用等方面提出一系列建议。

一、加强绩效目标管理，规范绩效目标设定

绩效目标是贯彻新发展理念的技术性手段，也是贯穿公共预算绩效管理

始终的一条线索。为促进公共预算绩效管理质量的提升，在地方政府协调、绿色、共享发展的指导理念下，进一步规范绩效目标设定要从以下四个方面着手。

第一，设定绩效目标时要兼顾多方面效益，包括生态方面和社会经济方面，既要考虑短期利益也要考虑长期利益，同时要兼顾各个区域协调发展。

第二，加强绩效目标管理的重点在于明确各部门单位职能，在此基础上还要有高效率的分工执行能力。明确了各部门的职能就可以更加精准地规范绩效目标的设定，以此为依据科学地申请公共预算，从而实现民族地区公共预算资金的高效科学利用。

第三，明确部门总体发展战略，并以此为依据设定绩效目标。各部门（单位）应当在预算计划制订完成之前提前将事业发展的计划制订出来，并且应当具体到每年的计划，详细阐明要达到的具体目标，之后在此基础上编制民族地区公共预算计划，以保证与各部门的契合。

第四，绩效目标的设定极其重要，因此要将它贯穿于绩效管理的全过程。首先，应当将第三条提到的部门发展具体目标与公共预算的编制相统一。完善目标审核，做到内部审核和第三方专家审核相结合，做到民族地区公共预算部门、财政部门和第三方专家联合审查。公共预算部门和财政部门主要审核部门制定的目标与公共预算绩效目标是否相吻合，以及资金使用是否恰当高效，等等；第三方专家主要审核公共预算绩效指标设定是否科学，并可以对部门进行指导，使其设定与绩效管理目标更加符合的工作目标和年度计划。其次，将绩效目标申报、绩效自评和评价结果纳入地方政府的年度工作目标责任考核内容，强化部门责任意识。最后，促使绩效目标和绩效评价紧密结合，使绩效评价能够切实反映绩效目标的完成情况。

二、完善新发展理念指导下的绩效评价指标体系

如果说完善绩效目标管理是公共预算绩效管理的前提条件，那么加强绩效评价管理则是公共预算绩效管理的核心环节。只有完善新发展理念指导下的绩效评价指标体系，才能更加科学地深化绩效评价管理工作。构建绩效评

价指标体系有一定难度，因为其与绩效目标的设定一样需要短期目标与长期战略兼顾，生态、经济、社会效益并重。具体应当注意以下两个方面。

第一，完善绩效评价指标体系是有效衡量公共预算支出绩效的基础。目前来看，项目与部门支出的共性指标体系建设已经较完善，然而个性指标体系因为不同部门不同项目之间支出上的差异性，建立起来有一定难度，目前行业内对于个性指标体系的建设仍处于探索阶段。具体做法是，根据市场经济体制改革进程和政府各项职能的变化及时调整预算收支分类，再根据绩效评价指标的不同类型，逐步完善兼顾综合支出、部门整体支出、项目支出的共性指标体系，并结合不同预算分类的具体特点设计与之相配的个性指标。

第二，注意权衡绩效评价体系中各指标的比例。尤其注意定性指标和定量指标的权重问题，两者的权重分配会对评价结果造成很大影响。由于定性指标的过多使用容易导致不公平性，所以尽量只在难以量化的高效益支出时使用。在制定社会效益评价指标时，可以制定一些原则性较强的定性规则，以此来增加评价结果的公正性。

三、广泛引入第三方机构参与评价

民族地区与其他地区相同，由于进行内部评价时政府部门既是预算执行的主体又是对此执行进行评价的主体，因此很容易导致评价结果的失真，造成公共预算经济效益的损失以及绩效评价的低效率。因此应当引入第三方机构参与绩效评价，其作为外部评价可以很好地弥补政府部门内部评价存在的问题，对提高评价结果的客观性、科学性有很大帮助。不过目前第三方评价大规模普及仍然困难重重：这方面的法律法规仍然有待完善；经济欠发达地区缺乏第三方评价机构；第三方评价没有引起足够的重视，需求不足导致第三方机构参与评价所获得的报酬较低而影响到积极性；公众对于第三方机构参与评价的关注度相对于政府内部评价要低，导致其缺乏监督，公正性和客观性有待考量；第三方机构获取到的信息不完全导致评价内容质量不高；等等。想要切实解决以上问题，可以从以下两个方面加以改善。

第一，建立健全关于第三方参与评价的相关法律法规，确保第三方机构顺利有序、合法合规地参与绩效评价。应当像重视部门内部评价一样重视第三方机构评价，从而解决积极性不高、责任归属不明确、获得的信息不对称等问题。

第二，组建上等的第三方评价机构库。从多渠道寻找专业对口的专家机构，增强第三方评价的专业性。尽量选择异地第三方评价机构以确保出具绩效评价结果时不受外部因素干扰。重视对机构库内的专家进行资质评定，及时进行动态调整以保证评价结果的质量及说服力。

中篇　收入篇

民族地区地方税体系的差异性构建

第八章　本篇导论

一、研究背景与研究意义

（一）研究背景

1994 年我国实行分税制改革后，国家对民族地区和非民族地区的地方税体系实行统一的规范化管理。民族地区与非民族地区的地方税体系既有共性，又有差异性。共性在于，民族地区与非民族地区的地方税体系受全国统一财政体制的共同约束；差异性在于，中央对民族地区设置了一系列照顾政策，如设立民族地区转移支付、对民族地区部分企业实施税收优惠政策等。这些针对民族地区地方税体系的差异性优惠政策，从侧面反映出民族地区地方税体系差异性构建的重要性。

2016 年 5 月 1 日，全面“营改增”后，民族地区同样面临财力下降、主体税种缺失、政府职能不能更好发挥等一系列的问题。2018 年 6 月 15 日，全国省级和省级以下国税、地税机构正式合并，民族地区同样需要对税收征管机构进行调整。2019 年，制造业、交通运输业、建筑业的增值税税率进一步下调，民族地区地方税体系同样面临地方税收入进一步下降的问题。

在全国统一的财政体制下，民族地区与非民族地区的地方税体系面临着共同的问题。民族地区与非民族地区地方税体系的差异性，又决定了民族地区需要在中央授权范围内，选择地方税体系差异性构建的治理思路。

（二）研究意义

首先，民族地区地方税体系的差异性构建研究，有助于改善民族地区地方税收入状况，增强民族地区地方政府财力。2016 年，全国地方政府财政自给率为54.41%，其中，民族地区的财政自给率仅为33.98%，远低于全国平均水平，西藏自治区的财政自给率更是仅为9.82%。基于民族地区地方税体系的差异性，重新审视民族地区地方税体系面临的问题，主动构建中央、地方、社会共同参与的地方税体系，有助于改善民族地区地方税收入状况，增强民族地区地方政府财力。

其次，民族地区地方税体系的差异性构建研究，有利于民族地区的经济发展。一个地区的税收状况由经济发展状况决定，当地政府的财力影响社会公共品的供给，进而又会对经济发展造成影响。与全国其他地区相比，民族地区具有经济不发达的特点，这意味着短期内民族地区会面临财力不足的困境。同时，民族地区也具有发展起点高、增长潜力大的差异性，通过主动构建差异性的民族地区地方税体系，有助于改善民族地区财政状况，提高民族地区政府治理水平，促进民族地区经济发展。

最后，对民族地区地方税体系进行差异性构建研究，有助于缩小区域发展差距。民族地区的发展事关我国区域协调发展和社会主要矛盾的解决，随着我国全面落实税收法定原则、推进简政放权改革、实施减税降费政策，国内经济环境和法律环境都在发生深刻变化。缩小民族地区与非民族地区的差距，必须要尊重市场经济客观规律，不可能单纯依靠行政手段对市场要素进行干预，而应发挥地方税的杠杆功能和导向作用，让市场在资源配置中起决定性作用。从这个角度看，民族地区地方税体系的差异性构建研究有助于我国各区域平衡发展。

二、研究范围的界定

研究民族地区地方税体系的差异性构建，首先要进行清晰的概念界定。由于“地方税”这一名词已经被普遍接受，如不作出明确说明，“地方税体系”很容易与“地方税”的体系发生混淆。关于民族地区的研究范围，也应作出清晰的界定。本篇收集整理了相关资料，分别对地方税体系和民族地区进行了界定。

（一）地方税体系的界定

本篇收集整理了关于地方税的典型概念界定，如表 8-1 所示。

表 8-1　地方税的界定

来源	具体内容
《新财税大辞典》（1995）	地方税是"中央税"的对称，根据财政管理体制的规定，凡是划归地方政府固定收入的税种，称为地方税[1]
《中国税务大词典》（2011）	"中央税"的对称，指由地方政府负责征收、管理和支配的税收[2]
《中国地方税制概览》（2012）	地方税指税收划归地方的税收，即由地方根据宪法或者其他国家法律的规定制定地方税收法规、征收和使用的税收。……一般来说，在分税制财政管理体制下，由地方征收管理、收入划归地方的税收都可以成为地方税，不论其立法权归属如何[3]
中华人民共和国财政部网站	按照税收收入的支配权限分类，由中央统一立法或授权立法，收入划归地方，并由地方负责管理的税收属于地方税[4]

资料来源：1. 项怀诚，郑家亨．新财税大辞典［M］．北京：中国统计出版社，1995：274.

2. 范立新．中国税务大词典［M］．北京：中国税务出版社，2011：27.

3. 刘佐．中国地方税制概览［M］．第三版．北京：中国税务出版社，2012：1-2.

4. 中华人民共和国财政部网站（http：//www. mof. gov. cn/）关于"加快完善地方税体系"建议的答复，2014 年。

可以看出，在不同研究中地方税的概念不尽相同。通过对比可以发现，上述概念均涉及"税收收入划归地方政府"这一标准。按照这一标准，地方政府分享的共享税，应归属于地方税的范畴内。因此，本篇对地方税体系的界定如下：地方税体系是指由收入部分或全部划归地方政府的税种所构成的体系。

（二）民族地区的界定

本篇所指的民族地区，具体包括内蒙古自治区、广西壮族自治区、西藏自治区、宁夏回族自治区和新疆维吾尔自治区 5 个少数民族自治区。原因如下：

第一，符合中央与地方治理权限的划分。民族地区地方税体系的构建研究涉及中央政府与自治区级政府对财权和事权的划分。在治理过程中，中央通常只与自治区级政府划分治理权限，再由自治区级政府与下级政府划分治理权限。因此，本篇将 5 个少数民族自治区作为研究对象，符合中央政府与自治区级政府治理权限的划分。

第二，5 个自治区享有财政自治权。与其他地区相比，5 个自治区享有宪法和民族区域自治法赋予的财政自治权，这是民族地区地方税体系在法律上最为显著的特征。

综上，本篇中的民族地区地方税体系差异性构建，主要包括 5 个民族自治区的地方税立法、税收分配和税收征管等内容。

三、文献综述

本节从地方税体系构建、政府间税收博弈、地方税主体税种、民族地区地方税四个方面，对国内外学者的相关研究进行了梳理。

（一）关于地方税体系构建的研究

邓子基（2007）认为我国地方税体系存在分税制不彻底、主体税种缺失、财权事权不匹配等 6 大问题，提出了合理划分税权、培育地方主体税种、健全地方税征管体制等政策建议。崔志坤等（2014）基于“营改增”背景，认为地方税体系构建的重点在于确立地方新的主体税种，对中央与地方财政关系重新进行调整，短期内可以重新划分增值税共享比例，长期内可以构建以财产税为主体税种的地方税体系，同时对城市维护建设税、环保税、遗产与赠与税等税种进行改革。陈少英（2014）以税权配置为视角，考察了 1994 年分税制体制的弊端，分析了地方政府为了增加收入采取的措施，提出了构建地方主体税种、给予地方政府一定的税收立法权等政策建议。汪彤（2018）分析了“营改增”后民族地区地方税体系面临的困境，提出了健全民族地区地方税体系的基本思路。

从关注度来看，国内学者对民族地区地方税体系的差异化构建的关注度有待提升，“已有研究基于国家层面的一般性分析，侧重于地方税体系的普适性构建，而在区域经济社会发展存在明显异质特征情况下，对地区差异则关注得不够”①。从研究内容来看，培育地方主体税种是构建民族地区地方税体系的重点内容。在研究方法上，国内学者采用定性分析的方式对地方税体系进行研究，并辅之以定量分析作为论证支撑。

（二）关于政府间税收博弈的研究

国内外学者关于政府间税收博弈的研究主要集中在两方面，一是中央政府与地方政府的税收博弈，二是地方政府之间的税收博弈。

在中央政府与地方政府的税收博弈方面，乔宝云（2006）分析了中央转移支付对地方政府的收入效应和替代效应，对中央转移支付对地方税收努力的影响进行了实证检验。赵宝廷（2010）通过建立央地政府间的财政体制博弈模型，提出选择最优的共享税比例和转移支付水平来约束和激励地方政府征税行为的政策检验。胡祖铨等（2013）分析了不同性质转移支付对地方征税努力的影响。

在地方政府间的税收博弈方面，沈坤荣等（2006）运用空间滞后模型，检验了中国省际的税收竞争。刘洁（2013）采用空间计量的方法，测算了地方政府之间税收竞争对经济增长和环境污染的效应。崔治文等（2015）运用面板数据分析，考察了横向税收竞争对经济发展的影响。

国外学者也对地方政府间的税收博弈进行了研究。Swianiewicz et al.（2016）分析了税基竞争和标尺竞争两种税收竞争机制，利用实证检验，发现波兰地方政府间存在两种形式的税收竞争，其中，标尺竞争的检验结果更加显著。Chirinko et al.（2017）通过引入空间滞后变量和时间滞后变量，对美国各州的税收抵免和企业所得税进行了分析，发现美国各州的税收竞争采取不是“racing to the bottom”（逐底竞争）的策略，而是“riding on a seesaw”（跷跷板竞争）的策略。Rohlin et al.（2017）利用美国的县域季度数据，估计了不同区域营业税对就业的影响，发现如果一个地区的营业税比相邻区域增加，会导致就业减少，但这种情况只在大量居民跨区域就业的地区才会出

① 汪彤．“营改增”后民族地区健全地方税体系现实困境与差异化探索［J］．地方财政研究，2018（8）：5.

现，而税收变化对就业的影响持续时间较短，因为税收竞争会缩小区域间的税收差异。

（三）关于地方税主体税种的研究

邓子基（2007）认为我国地方税主体税种的选择应分为短期、中期和长期三个阶段，最终应将财产税作为地方税主体税种。杨卫华等（2015）通过比较房产税、资源税、消费税、企业所得税等税种的职能与特点，认为应将企业所得税作为地方税主体税种。程岩等（2016）认为近期应改革增值税作为主体税种，远期应设立零售环节消费税与房产税作为主体税种。李峄（2015）认为应将所得税作为地方主体税种，同时将零售环节的增值税改革为由地方征管的销售税。段勤勤（2017）提出了探索混合型地方主体税种模式的思路。

从国内学者的研究来看，关于地方主体税种的选择，不仅要从短期考虑，还要从长期考虑；不仅要关注主体税种，还要关注辅助税种。国内学者在研究全国地方税主体税种时，主要依据各项税种不同时期的差异，对其成为地方税种的可行性进行分析。按照这种逻辑，从全国整体层面来看，各项税种的规模在不同时期存在差异；从局部来看，不同地区之间也存在差异。这也意味着，民族地区地方税主体税种的选择，需要充分考虑民族地区的差异性。

（四）关于民族地区地方税的研究

国内关于民族地区地方税的研究呈“碎片化”的状态，尚未形成完整的体系。谢煊等（2008）根据分税制改革后新疆的财政收支状况，分析了新疆地方财政体制存在的问题，总结了新疆地方财政工作的基本经验。张春雷等（2014）分析了西藏地方税制的特点，提出了优化西藏的地方税体系的政策建议。汪彤（2018）分析了民族地区地方税面临的问题，对构建民族地区地方税体系的路径进行了探索。

四、研究思路与研究方法

（一）研究思路

在研究思路上，本篇结合政府善治，从民族地区地方税体系的差异性出发，分析了民族地区地方税体系与全国的差异性，以及各民族地区之间地方税体系的差异性。基于对差异性的分析，结合实际情况，对民族地区地方税体系的差异性构建进行探索。

（二）研究方法

本篇主要采用了三种研究方法：一是文献分析，二是计量分析，三是演化博弈分析。

文献分析有助于掌握民族地区地方税体系的整体发展态势、民族地区地方税体系的治理历史沿革与现状、民族地区地方税体系存在的问题。本篇梳理了国内外学者关于地方税体系构建的研究文献，翻阅了民族地区地方税体系构建涉及的法律法规，查询了各类统计年鉴，对民族地区地方税体系有了较为清晰的认识。

计量分析为民族地区地方税体系的差异化构建研究提供了数据支撑。本篇收集整理了民族地区历年的地方税统计数据，从规模和结构两个方面对民族地区地方税的差异性进行了描述性分析。本篇对民族地区与其他地区的地方税进行了差异性分析，也对民族地区之间的地方税进行了差异性分析，通过分析，总结了民族地区地方税的特征。在描述性分析的基础上，本篇利用“税柄法”，对民族地区政府税收努力进行了估计，进而考察了中央转移支付对民族地区政府税收努力的影响。通过实证分析发现，不同类型中央转移支付对各民族地区税收努力的影响存在差异性。

演化博弈分析有助于分析中央与民族地区政府的策略行为。本篇在对民族地区政府税收努力进行分析时，除了进行计量分析，还引入了演化博弈分析。与传统的博弈分析不同，演化博弈分析的假设基础是有限理性，这一假设更符合现实情况。同时，演化博弈分析通过对博弈参与方的演化方程进行动态分析，可以准确地把握各方的策略行为演化趋势。本篇根据演化博弈的分析结果，提出了提高民族地区政府税收努力的政策建议。

五、创新之处与不足之处

本篇的创新之处主要体现在三个方面：一是研究内容的创新，二是研究方法的创新，三是研究视角的创新。

在研究内容方面，从目前国内外学者关于民族地区地方税体系的研究来看，众多学者更多地关注全国地方税体系的研究，忽略了民族地区地方税体系的差异性。同时，大多数关于民族地区地方税体系的研究，局限于专题研究，如对资源税、消费税、增值税的研究，缺乏对民族地区地方税体系的整体性研究。本篇的主要内容为民族地区地方税体系的差异性构建，同时，本篇关注了 2019 年全国“两会”动态，研究内容与中央政策密切契合，具有一定的创新性。

在研究方法方面，本篇将演化博弈分析引入对中央与民族地区的博弈行为的研究，很好地解释了中央转移支付与民族地区政府税收努力的互动机制，具有一定的创新性。

在研究视角方面，本篇基于治理的视角，对民族地区地方税体系的差异化构建进行了探索，具有一定的创新性。

本篇也存在一些不足之处：一是关于民族地区地方税体系的研究较少，缺少足够的借鉴，导致本篇的范围不够全面；二是部分历史数据不具有可比性，加之最新的统计数据尚未发布，导致本篇使用的数据不够完整。

第九章 民族地区地方税体系差异性构建的理论基础

本章从三个方面介绍了民族地区地方税体系差异性构建的理论基础，第一节重点介绍了民族地区政府善治的概念，第二节介绍了财政分权理论，第三节着重介绍了民族地区地方税体系的差异性发展与治理特色。

第一节 区域差异与民族自治结合的民族地区政府善治

民族区域自治制度是我国的基本政治制度之一，是建设中国特色社会主义政治的重要内容。民族区域自治制度就是在统一的祖国大家庭里，在国家的统一领导下，以少数民族聚居的地区为基础，建立相应的自治机关，设立自治机关，行使自治权，自主地管理本民族、本地区的内部事务，行使当家作主的权利。我国的民族区域制度不只是单纯的民族自治或地方自治，而是民族因素与区域因素的结合，是政治因素和经济因素的结合①。

善治即良好的治理。治理的概念在20世纪90年代兴起，斯托克（1999）指出："治理的本质在于，它所偏重的统治机制并不依靠政府的权威和制裁。'治理的概念是，它所要创造的结构和秩序不能从外部强加；它之发挥作用，是要依靠多种进行统治的以及互相发生影响的行为者的互动。'"② 罗西瑙（2001）认为，"与统治相比，治理是一种内涵更为丰富的现象。它既包括政府

① 中国政府网（http：//www.gov.cn）。

② 斯托克.作为理论的治理：五个论点［J］.国际社会科学杂志（中文版），1999（1）：19.

机制，同时也包含非正式、非政府的机制，随着治理范围的扩大，各色人等和各类组织得以借助这些机制满足各自的需要、并实现各自的愿望”①。俞可平（2000）认为，“善治实际上是国家的权力向社会的回归，善治的过程就是一个还政于民的过程。善治表示国家与社会或者说政府与公民之间的良好合作”②。

根据以上概念，民族地区政府善治，是基于地方自治与民族治理相结合，各参与方能够通过顺畅的渠道充分表达自身利益诉求，通过持续互动达到各方关系最优的过程。

第二节　基于政府善治的中央与民族地区财权事权合理划分

民族地区地方税体系构建的理论渊源是财政分权理论。Tiebout（1956）构建了一个“用脚投票”的地方政府模型，认为居民通过“用脚投票”的方式影响地方政府对公共物品的供给，地方政府通过竞争，使得各地区的公共物品供给与市场供给保持一致。Musgrav（1959）明确提出了财政分税制的思想，他认为财政具有资源配置、收入分配与稳定经济的三项职能，中央政府应负责收入分配和稳定经济的职责，地方政府财力不足，但对当地居民更加了解，应承担资源配置的职能。奥茨（1972）提出的奥茨分权定理认为，在上级政府与下级政府提供同样的公共物品时，地方政府的效率更高，因为地方政府对当地居民的偏好更加了解。Buchanan（1965）运用“俱乐部理论”解释了最优地方政府管辖范围的形成问题。Tresch（1981）提出了“偏好误识理论”，即中央政府有可能错误地认识社会偏好，从而错误地把自己的偏好强加于全民头上，由此为地方分权提供了理论依据。Qian et al.（1997）认为财政分权不仅要解决中央政府和地方政府信息不对称的问题，还要实现官员和居民福利之间的激励相容。

① 罗西瑙．没有政府的治理［M］．张胜军，刘小林，译．南昌：江西人民出版社，2001：5.

② 俞可平．治理与善治［M］．北京：社会科学文献出版社，2000：270-271.

第三节　民族地区地方税体系的差异性发展与治理特色

民族地区的地方税体系与非民族地区有很多类似之处，同时，民族地区地方税体系又有诸多自身的特色。

一、中央税权集中与民族区域自治相结合的民族地区税权配置

1994 年分税制改革后，我国的税收立法权高度集中于中央。1998 年，《国务院关于加强依法治税严格税收管理权限的通知》明确提出，“中央税、共享税以及地方税的立法权都集中在中央”。立法法第八条规定，“税种的设立、税率的确定和税收征收管理等税收基本制度”只能制定法律，第九条规定，“第八条规定的事项尚未制定法律的，全国人民代表大会及其常务委员会有权作出决定，授权国务院可以根据实际需要，对其中的部分事项先制定行政法规”。按照中共财政部党组 2018 年 12 月 22 日在《求是》发表的文章，我国将“加快完成在 2020 年落实税收法定原则的改革”。也就是说，在 2020 年，我国的税种设置将基本实现以法律形式确定。

虽然 1994 年中央将筵席税、屠宰税的管理权限下放给地方，但筵席税、屠宰税的税种设立、税率范围均由中央统一制定，地方政府只是在中央规定的税率范围内确定本地区的具体适用税率。因此，整体来看，目前我国的税收立法权高度集中于中央。

在中央税收立法权高度集中的背景下，民族地区与全国其他地区相比，享有宪法和民族区域自治法规定的财政自治权和对国家法律法规的变通执行权。宪法第一百一十七条规定，“民族自治地方的自治机关有管理地方财政的自治权。凡是依照国家财政体制属于民族自治地方的财政收入，都应当由民族自治地方的自治机关自主地安排使用”。民族区域自治法第三十二条规定，

“民族自治地方的财政是一级财政，是国家财政的组成部分。民族自治地方的自治机关有管理地方财政的自治权。凡是依照国家财政体制属于民族自治地方的财政收入，都应当由民族自治地方的自治机关自主地安排使用”，第二十条规定，“上级国家机关的决议、决定、命令和指示，如有不适合民族自治地方实际情况的，自治机关可以报经该上级国家机关批准，变通执行或者停止执行；该上级国家机关应当在收到报告之日起六十日内给予答复”。

中央税权集中与民族区域自治制度为民族地区的税权配置提供了坚实的法律依据，在实际治理过程中，民族地区的税权配置与全国其他地区相比，具有一定的差异性，其中西藏自治区的税权配置较为典型。根据《国务院办公厅关于印发加快西藏发展维护西藏稳定若干优惠政策的通知》的规定，中央对西藏实行“收入全留、补助递增、专项扶持”财政补贴政策和“税制一致，适当变通”的税收政策。与全国其他地区相比，除关税和进口消费税、增值税外，在西藏征收的其他各项税收全部归西藏自治区所有，中央在西藏征收的其他各项税收的具体管理办法，由自治区人民政府拟订，报国务院批准后实行，开征新的税种，按全国统一的税制执行，如需要变通，报国务院批准。这些规定使得西藏自治区在税权配置方面，比全国其他地区拥有更大的权限。

二、中央对民族地区税收政策的差异性优惠

目前我国实行统一的税种设置和税收征管体制，各地的地方税税种设立基本相同，税收征管机构大体一致。由于民族地区经济不够发达，为了支持民族地区经济发展，中央在地方税的税种设置和税收征管方面，对民族地区采取了差异性的照顾政策。

在地方税的税种设置上，民族地区与全国其他地区相比存在一定差异性，其中以西藏自治区最为典型。2019 年，全国包括中央税在内，共开征 18 个税种，西藏自治区共开征 15 个税种，其中房产税、契税、烟叶税暂时没有开征，消费税只对烟卷批发环节征税。

在部分税种的税率设定上，为了支持民族地区经济发展，中央对民族地

区实施了差异性的照顾政策，较为典型是企业所得税法的相关规定。企业所得税法明确规定民族地区有权决定减免企业所得税中地方分享部分。目前我国的企业所得税率为25%（符合条件的小微企业为20%，国家重点支持的高新技术企业为15%），地方政府对所得税的分享比例为40%。民族地区对符合条件的企业进行所得税减免后，民族地区企业承担的所得税率最低可以降至9%。与非民族地区相比，民族地区享受到的税收优惠政策较多，如表9-1所示。

表9-1　民族地区典型税收优惠政策

享受主体	优惠内容
民族自治地方企业	企业所得税减免
边销茶生产企业及经销企业	边销茶免征增值税
新疆困难地区新办鼓励发展企业	五年内先后免征和减半征收所得税，2020年12月31日止
新疆喀什、霍尔果斯两个经济开发区内符合条件企业	五年内免征企业所得税
青藏铁路公司	免征自用的房产税、城镇土地使用税、账簿印花税、资源税、契税，货物运输合同免征印花税等
设在西部地区从事鼓励类产业的企业	减按15%的税率征收企业所得税，2020年12月31日止

资料来源：中国政府网（http：//www. gov. cn/）发布的文件。

在税收征管机构设置方面，1994年至2018年国税、地税机构合并之前，全国其他地区均设立了地方税务局，考虑到西藏自治区地方税的差异性，西藏自治区只设立国家税务局，由自治区的国家税务局负责地方税的征管。民族地区的征税机构中，少数民族干部职工比例显著高于全国水平。以国税系统为例，1995年，全国国税系统工作人员中，少数民族占比为6.42%，而民族地区国税系统中，少数民族占比为28.52%，显著高于全国水平。

三、中央对民族地区转移支付的差异性照顾

在转移支付方面，中央对民族地区进行了政策性倾斜。2000 年中央专门设置民族地区转移支付对民族地区财力进行补充，2019 年中央对 5 个自治区提前下达的民族地区转移支付达 389.14 亿元。2010 年财政部明确表示对民族地区的转移支付额度不会低于以前年度。2017 年财政部在中央对地方均衡性转移支付的计算公式中，明确将人口规模、人口密度、海拔、温度、少数民族因素考虑在内，对民族地区进行照顾。

2017 年，党的十九大提出要“加大力度支持革命老区、民族地区、边疆地区、贫困地区加快发展”。2019 年，内蒙古、广西、宁夏享受到了革命老区中央转移支付资金；内蒙古、广西、西藏、新疆享受到了边疆地区中央转移支付资金。

第十章　分税制改革后民族地区地方税体系发展及现状分析

本章第一节梳理了 1994 年分税制改革以来民族地区地方税种类和分享比例的变化，第二节利用统计数据分析了民族地区地方税收入规模的差异性，第三节分析了民族地区地方税收入结构的差异性。

第一节　民族地区地方税种类及分享比例的变化

1994 年分税制改革之后，随着经济形势的不断变化，中央对地方政府的税收权益也不断调整，直接表现为对地方税种类和分享比例的不断调整。

一、民族地区地方税种类的变化

1994 年分税制改革时，我国“将维护国家权益、实施宏观调控所必需的税种划分为中央税；将同经济发展直接相关的主要税种划分为中央与地方共享税；将适合地方征管的税种划分为地方税，并充实地方税税种，增加地方税收入”①。根据这一指导思想，1994 年我国具体设立的税收种类如表 10-1 所示：

① 《国务院关于实行分税制财政管理体制的决定》（国发〔1993〕85 号）。

表 10-1　我国 1994 年税收种类

类型	具体税种
中央税	关税、消费税
地方税	个人所得税、城镇土地使用税、固定资产投资方向调节税、房产税、车船使用税、印花税、筵席税、屠宰税、农牧业税、对农业特产收入征收的农业税（简称农业特产税）、耕地占用税、契税、土地增值税
共享税	营业税、企业所得税、城市维护建设税、增值税、资源税

资料来源：《国务院关于实行分税制财政管理体制的决定》（国发〔1993〕85 号）及 1994 年《中国税务年鉴》。

1994 年，民族地区中，内蒙古、广西、宁夏、新疆的地方税种类与全国保持一致，西藏的地方税种类与全国存在较大差异。1994 年西藏地区的地方税共设立 10 个税种，即增值税、营业税、资源税、企业所得税、个人所得税、耕地占用税、印花税、城市维护建设税、农业税、牧业税，其中，农业税和牧业税明确免征至 20 世纪末。

经过 25 年的改革，截至 2019 年，我国设置的具体税种如表 10-2 所示。

表 10-2　我国 2019 年税收种类

类型	具体税种
中央税	关税、消费税、船舶吨税、车辆购置税
地方税	房产税、城镇土地使用税、耕地占用税、契税、土地增值税、车船使用税、烟叶税、环境保护税
共享税	增值税、企业所得税、个人所得税、资源税、印花税、城市维护建设税

资料来源：2017 年《中国税务年鉴》《国务院关于环境保护税收入归属问题的通知》（国发〔2017〕56 号），中国政府网（http：//www.gov.cn/）发布的文件。

1994 年之后，围绕着分税制改革的指导思想，民族地区的中央税、地方税、共享税的种类与全国基本保持了同步调整，具体做法如下。

一是将税基宽广、税源丰富的税种划归中央。在税种调整过程中，1994 年确定的中央税里，除铁道部门、各银行总行、各保险总公司集中缴纳的营业税被取消外，其他中央税的种类保持不变。在此基础上，中央税的种类有所增加。原地方税中的证券交易印花税，几经调整，由地方税变为共享税，后在 2016 年划为中央税。此外，在开辟新税源的过程中，税基宽广、税源丰富的税种，如船舶吨税、车辆购置税在设置时便划归为中央税。

二是不断完善中央与地方对税收的分配格局。与1994年相比，地方税减少了农业税、企业所得税、个人所得税、筵席税、屠宰税、固定资产投资方向调节税、证券交易印花税、营业税等多项税种，新增烟叶税、环境保护税2个税种。在地方税种类减少的同时，中央与地方共享税的种类有所变化。2002年，原地方税中的所得税由地方税改为中央与地方共享税。2016年5月1日全面推行“营改增”后，中央与地方对增值税收入在过渡期内实行“五五分成”的分配方式。

三是主动适应不断变化的经济形势。与1994年相比，我国取消了农业税、筵席税、屠宰税、固定资产投资方向调节税共4种不适应经济发展形势的地方税。为了配合生态文明建设，我国2018年开征环境保护税，以税收的手段调节经济发展方式。在推进结构性减税的过程中，地方税的重要税种营业税在2017年被正式废止。

二、民族地区地方税分享比例的变化

在地方税种类发生变化的同时，民族地区对地方税的分享比例与全国保持了同步调整。本篇整理了1997—2018年我国地方政府对地方税分享比例的变化情况，如表10-3所示。

表10-3　我国地方政府对地方税分享比例变化情况

年份	地方政府对地方税分享比例变化情况
1997	1997年1月1日起，证券交易印花税分享比例调整为地方20%。1997年5月10日，证券交易印花税共享比例调整为中央88%，地方12%
1999	恢复征收储蓄存款利息所得个人所得税，税收划归中央
2000	证券交易印花税分享比例改为地方12%，分三年调整至地方3%
2002	所得税改为中央与地方共享，2002年地方分享50%，2003年地方分享40%，2003年以后视情况再行考虑
2004	从2004年起，以2003年出口退税实退指标为基数，对超基数部分的应退税额，由中央和地方按75：25的比例共同负担
2005	调整中央与地方出口退税分担比例。国务院批准核定的各地出口退税基数不变，超基数部分中央与地方按照92.5：7.5的比例共同负担

续表

年份	地方政府对地方税分享比例变化情况
2015	中央对地方消费税不再实行增量返还，改为以 2014 年消费税返还数为基数，实行定额返还；深化资源税改革，推进煤炭和稀土、钨、钼资源税从价计征；推进清费立税改革；下调铁矿石资源税适用税额标准
2016	将证券交易印花税调整为中央税；增值税地方分享 50%；将中央对地方原体制增值税返还改为以 2015 年为基数实行定额返还
2018	1 月 1 日停征排污费，《中华人民共和国环境保护税法》实施，环境保护税全部作为地方收入

资料来源：1994—2017 年《中国税务年鉴》、中国政府网（http：//www.gov.cn/）发布的信息。

结合表 10-1、表 10-2 和表 10-3 可以看出，我国地方税的分配方式的变化有以下特点：

一是地方税税种不断精简。1994 年分税制改革以来，我国不断简化地方税的税种。为了减轻农民负担，在 2006 年取消农业税、屠宰税，考虑到农业税取消后地方税收入减少的问题，开征烟叶税并将其全部作为地方税收。2002 年，由于固定资产投资方向调节税与经济形势不相适应，对其进行停征。2007 年之前，我国对国内企业和外资企业采取两套并行的所得税征收体制。在相当长的一段时间内，这一制度在鼓励引进外资、规范外资企业税收管理方面起到了重要作用，但这一制度越来越不利于建立公平竞争的税收制度和投资环境，也加重了所得税的征收管理工作。2007 年之后，我国统一了内外资企业所得税法，在 2010 年基本实现内外资企业税制的统一。2008 年，国务院公布《国务院关于废止部分行政法规的决定》，废止筵席税。

二是中央与地方分享税的项目有所增加。2002 年所得税分享方式改革后，所得税改为中央与地方共享，2002 年地方分享 50%，2003 年地方分享 40%。证券交易印花税地方分享比例不断降低，1994 年地方分享比例为 50%，1997 年 1 月 1 日降至 20%，同年 5 月 10 日降至 12%，2002 年降至 3%，2006 年起，证券交易印花税收入全部划归中央。2016 年 5 月 1 日全面推行“营改增”后，在过渡期内，地方政府对增值税的共享比例由 25%暂时提高到 50%。

三是清费立税改革不断推进，税收职能不断强化。为了更好地利用资源，我国不断清理自然资源相关收费项目，推进资源税改革，以更高级别的立法形式规范资源税。为了更好地保护环境，我国于 2018 年开征环境保护税，将原有排污费改为环境保护税，以立法形式制定环境保护税，突出环境保护税的环境保护职能。

第二节　民族地区地方税收入规模的差异性分析

本节对民族地区地方税收入的规模进行了描述性统计，基于统计数据分析了民族地区地方税收入规模的差异性。

一、民族地区与全国地方税收入规模的差异性分析

（一）民族地区地方税收入规模较小

一个地区的税收水平由经济发展水平决定。民族地区在经济发展过程中，受地理、历史、观念、民族等多重因素的影响，经济长期处于不发达的状态。根据人均生产总值指标，民族地区的整体经济发展水平低于全国经济发展水平（见表 10-4）。

表 10-4　民族地区与全国人均生产总值情况

年份	全国/元	民族地区/元	差异率/%
2001	8686.49	6038.64	-30.48
2002	9475.64	6649.10	-29.83
2003	10634.16	7703.95	-27.55
2004	12450.40	9339.31	-24.99
2005	14325.84	11412.94	-20.33
2006	16693.94	13652.67	-18.22
2007	20441.56	16711.11	-18.25
2008	24039.14	20676.81	-13.99
2009	26115.98	22677.63	-13.17
2010	30734.30	28310.23	-7.89
2011	36214.81	34441.37	-4.90

续表

年份	全国/元	民族地区/元	差异率/%
2012	39775.78	38092.00	-4.23
2013	43577.17	41354.92	-5.10
2014	46883.41	44025.31	-6.10
2015	49904.18	44936.29	-9.95
2016	53522.49	46845.79	-12.47

资料来源：国家统计局网站（http://www.stats.gov.cn/）。
注：差异率=（民族地区人均生产总值÷全国人均 GDP-1）×100%。

从表 10-4 中可以看出，民族地区的人均生产总值始终低于全国水平。差异率指标显示，民族地区人均生产总值与全国的差距在 2001—2012 年呈波动缩小趋势，差异率由 2001 年的-30.48%变为 2012 年的-4.23%；而在 2012 年之后，差距逐年扩大，2016 年，民族地区人均生产总值与全国人均 GDP 的差异率达到-12.47%。

民族地区不仅经济规模与全国存在较大差异，产业结构也与全国存在差异，如表 10-5 所示。

表 10-5　民族地区三大产业占比情况　（%）

年份	全国			民族地区		
	第一产业	第二产业	第三产业	第一产业	第二产业	第三产业
2001	13.98	44.79	41.22	21.98	36.38	41.64
2002	13.30	44.45	42.25	20.77	36.13	43.10
2003	12.35	45.62	42.03	20.55	37.70	41.74
2004	12.92	45.90	41.18	20.25	39.33	40.42
2005	11.64	47.02	41.33	18.78	42.21	39.01
2006	10.63	47.56	41.82	16.91	44.68	38.41
2007	10.25	46.89	42.87	16.35	45.92	37.73
2008	10.17	46.97	42.86	15.18	47.94	36.89
2009	9.64	45.96	44.41	14.17	47.62	38.22
2010	9.33	46.50	44.18	14.12	50.09	35.79
2011	9.18	46.53	44.29	13.42	51.42	35.15

续表

年份	全国			民族地区		
	第一产业	第二产业	第三产业	第一产业	第二产业	第三产业
2012	9.11	45.42	45.46	13.23	50.51	36.26
2013	8.94	44.18	46.88	12.95	48.52	38.52
2014	8.67	43.28	48.04	12.69	47.58	39.73
2015	8.42	41.11	50.46	12.69	46.08	41.23
2016	8.13	40.07	51.80	12.77	44.41	42.81

资料来源：国家统计局网站（http://www.stats.gov.cn/）。

由表 10-5 可以看出，2001—2016 年，民族地区产业高级化程度始终低于全国水平。2001—2016 年，全国第一产业比重已经从 2001 年的 13.98%降至 8.13%，而民族地区第一产业比重虽然从 21.98%降至 12.77%，但仍然高于全国水平；全国第三产业比重在 2016 年已经突破 50%，达到 51.8%，比 2001 年提高 10.58%，而民族地区第三产业比重在 2016 年只有 42.81%，只比 2001 年提高 1.17%。

民族地区经济规模小，产业结构高级化程度不高，经济长期处于不发达的状态，直接导致民族地区地方税的收入规模低于全国水平（见表 10-6）。

表 10-6　民族地区与全国地方税人均税收情况

年份	全国/元	民族地区/元	差异率/%
2001	534.80	330.56	-38.19
2002	649.92	373.51	-42.53
2003	709.27	422.54	-40.43
2004	838.11	521.97	-37.72
2005	1078.41	676.92	-37.23
2006	1316.82	836.53	-36.47
2007	1363.14	855.88	-37.21
2008	1642.30	1085.70	-33.89
2009	1795.36	1230.30	-31.47
2010	2208.63	1675.82	-24.12
2011	2779.35	2211.41	-20.43

续表

年份	全国/元	民族地区/元	差异率/%
2012	3496. 57	2774. 36	-20. 65
2013	3950. 30	3089. 33	-21. 79
2014	4316. 04	3286. 98	-23. 84
2015	4548. 56	3349. 53	-26. 36
2016	4714. 06	3368. 33	-28. 55

资料来源：2001—2017 年《中国税务年鉴》及《中国统计年鉴》。

注：差异率=（民族地区人均税收÷全国人均税收-1）×100%。由于《中国税务年鉴》从 2000 年开始明确统计地方级税收收入，为保持数据可比性，数据以 2000 年为基期，从 2001 年开始统计。

由表 10-6 可以看出，2001—2016 年，民族地区地方税人均税收始终低于全国水平，差异率一直低于-20%。2001—2011 年，民族地区地方税人均税收与全国的差距整体呈缩小趋势，差异率从 2001 年的-38. 19%变为 2011 年的-20. 43%；2012—2016 年，民族地区地方税人均税收与全国的差距整体呈扩大趋势，差异率由-20. 65%变为-28. 55%。

（二）中央优惠政策下民族地区财政自给率依然偏低

如前所述，中央对民族地区采取了诸多税收优惠政策。从中央与地方对税收的分享结果来看，民族地区对税收的分享比例高于全国水平（见图 10-1）。

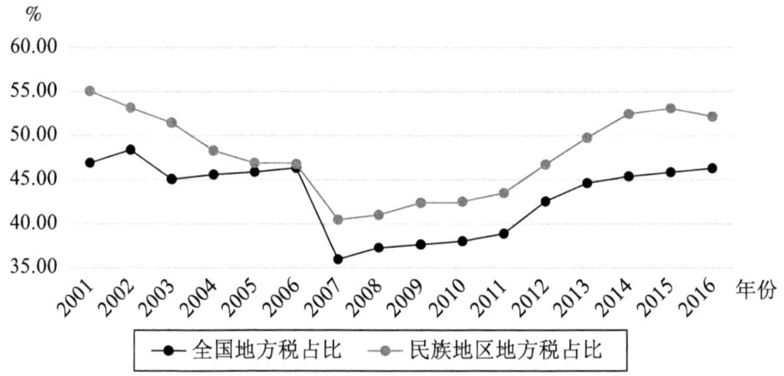

图 10-1　民族地区与全国地方税收入占比情况

资料来源：2002—2017 年《中国税务年鉴》。

由图 10-1 可以看出，2001—2016 年，民族地区地方税收入在民族地区全国税收中的占比始终高于全国水平。在变化趋势上，民族地区和全国地方税收入占比大体上均经历了先降后升的过程，但 2016 年该项占比仍然低于 2001 年水平。具体数据如表 10-7 所示。

表 10-7　民族地区与全国地方税收入占比情况　（%）

年份	全国地方税占比	民族地区地方税占比
2001	46.91	55.08
2002	48.39	53.15
2003	45.08	51.46
2004	45.61	48.31
2005	45.86	46.89
2006	46.32	46.77
2007	35.94	40.49
2008	37.31	41.03
2009	37.68	42.40
2010	38.06	42.54
2011	38.92	43.51
2012	42.55	46.73
2013	44.63	49.76
2014	45.39	52.46
2015	45.84	53.11
2016	46.30	52.16

资料来源：2002—2017 年《中国税务年鉴》。

注：《中国税务年鉴》中 2000 年开始明确中央级收入与地方本级收入，故统计数据以 2000 年为基期，从 2001 年开始统计。

从表 10-7 可以看出，全国地方税收入占比在 2001—2007 年经历了波动下降的过程。从 2001 年的 46.91%，上升至 2002 年的 48.39%，在 2003 年降至 45.08%，随后升至 2006 年的 46.32%，在 2007 年降至最低点 35.94%。2007 年之后，全国地方税收入占比不断上升，至 2016 年，该比例已升至 46.30%。民族地区地方税收入占比在 2001—2007 年始终处于下降的趋势，从

2001 年的 55. 08%降至 2007 年的 40. 49%。2007—2015 年，民族地区地方税收入占比不断上升，从 2007 年的 40. 49%上升至 53. 11%，2016 年，民族地区地方税收入占比略有下降，降至 52. 16%。

在增长率方面，民族地区与全国的地方税收入始终保持增长。2010 年民族地区地方税收入增长率达到最大，之后逐年下降，全国地方税收入增长率则在 2012 年之后开始逐年下降（见图 10-2）。

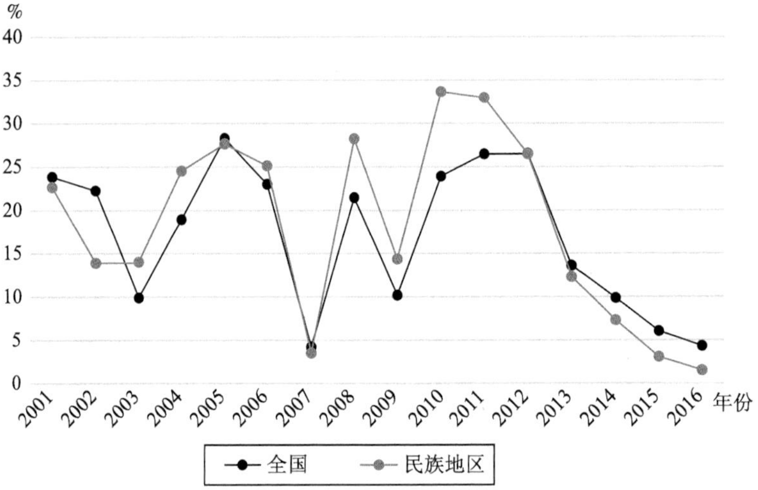

图 10-2　民族地区与全国地方税收入增长情况

资料来源：2001—2017 年《中国税务年鉴》。
注：增长率为同比增长。

在历年增长率方面，民族地区地方税收入的增长率只有 7 个年份高于全国地方税收入增长率，其余年份均低于全国。2012—2016 年，民族地区地方税增长率已经连续 5 年低于全国，如表 10-8 所示。

表 10-8　民族地区与全国地方税收入增长情况表

年份	全国		民族地区	
	地方税收入/亿元	同比增长/%	地方税收入/亿元	同比增长/%
2001	6769. 44	23. 84	326. 33	22. 65
2002	8274. 66	22. 24	371. 68	13. 90

续表

年份	全国		民族地区	
	地方税收入/亿元	同比增长/%	地方税收入/亿元	同比增长/%
2003	9092. 10	9. 88	423. 76	14. 01
2004	10813. 42	18. 93	527. 66	24. 52
2005	13868. 84	28. 26	673. 47	27. 63
2006	17055. 82	22. 98	842. 63	25. 12
2007	17774. 34	4. 21	872. 23	3. 51
2008	21585. 37	21. 44	1118. 38	28. 22
2009	23778. 24	10. 16	1278. 78	14. 34
2010	29459. 86	23. 89	1709. 34	33. 67
2011	37254. 92	26. 46	2272. 89	32. 97
2012	47129. 98	26. 51	2874. 24	26. 46
2013	53532. 87	13. 59	3227. 43	12. 29
2014	58804. 28	9. 85	3463. 49	7. 31
2015	62355. 35	6. 04	3570. 26	3. 08
2016	65046. 50	4. 32	3624. 99	1. 53

资料来源：2001—2017 年《中国税务年鉴》。

注：同比增长 =（当年地方税收入÷上年地方税收入-1）×100%。

虽然民族地区地方税收入在民族地区全国税收中的占比高于全国水平，民族地区的地方税年均增长率也高于全国，但由于民族地区地方税规模较小，事权支出较多，民族地区财权事权不匹配问题依然较为突出。

以地方财政预算收入与预算支出的比值计算财政自给率，通过对比可以发现，民族地区的财政自给率远低于全国水平。2001—2016 年，全国地方财政自给率均超过 50%，而民族地区地方财政自给率始终低于 40%，如表10-9所示。

表 10-9　民族地区与全国地方财政自给率情况　（%）

年份	全国地方财政自给率	民族地区地方财政自给率	差异率
2001	59. 41	35. 93	-39. 52
2002	55. 72	31. 52	-43. 43

续表

年份	全国地方财政自给率	民族地区地方财政自给率	差异率
2003	57.17	33.67	-41.10
2004	57.75	36.45	-36.88
2005	60.03	37.10	-38.21
2006	60.15	37.55	-37.57
2007	61.48	38.37	-37.59
2008	58.17	36.54	-37.20
2009	53.41	34.53	-35.34
2010	54.97	35.73	-35.00
2011	56.66	35.54	-37.27
2012	56.98	36.50	-35.95
2013	57.63	38.41	-33.36
2014	58.72	38.97	-33.64
2015	55.21	36.34	-34.18
2016	54.41	33.98	-37.54

资料来源：国家统计局网站（http：//data.stats.gov.cn/）。

二、各民族地区地方税收入规模的差异性分析

（一）各民族地区地方税人均税收的差异性分析

从地方税人均税收的情况来看，各民族地区的地方税人均税收存在一定的差异性，如表10-10所示。

表10-10 民族地区地方税人均税收情况

年份	内蒙古人均税收/元	广西人均税收/元	西藏人均税收/元	宁夏人均税收/元	新疆人均税收/元	人均税收变异系数
2001	353.07	273.31	220.61	424.65	435.34	0.274
2002	559.19	246.03	225.81	383.74	481.56	0.382
2003	676.16	262.63	253.07	431.07	532.49	0.419
2004	889.26	311.37	284.64	538.32	627.24	0.468
2005	1240.25	388.79	321.82	661.74	725.42	0.545

续表

年份	内蒙古人均税收/元	广西人均税收/元	西藏人均税收/元	宁夏人均税收/元	新疆人均税收/元	人均税收变异系数
2006	1606.62	459.23	360.42	794.85	876.29	0.599
2007	1376.31	541.69	422.21	919.23	1008.95	0.448
2008	1799.59	646.90	516.74	1204.36	1302.18	0.476
2009	2138.04	721.72	616.57	1391.98	1378.09	0.491
2010	2806.09	1001.71	835.08	1880.95	1875.37	0.473
2011	3692.57	1221.03	1498.33	2613.64	2611.20	0.426
2012	4481.77	1639.40	2268.03	3249.40	3182.34	0.365
2013	4823.01	1856.93	2284.53	3675.79	3686.75	0.366
2014	4957.67	2064.45	2691.38	3834.68	3919.56	0.324
2015	5228.18	2149.90	2830.73	3899.07	3704.24	0.327
2016	5320.60	2168.71	3019.65	3727.58	3683.97	0.323

资料来源：2001—2017年《中国税务年鉴》《中国统计年鉴》。

注：变异系数为5个自治区地方税人均税收的标准差与均值之比。

从表10-10可以看出，2001—2016年，各民族地区地方税人均税收整体上实现了较大增长。通过计算，在年均增长率方面，西藏地方税人均税收年均增速最快，为20.87%，广西年均增速最慢，为14.89%，内蒙古、新疆、宁夏的年均增速分别为20.28%、17.20%、16.99%。

利用变异系数来衡量各民族地区地方税人均税收的差异，可以看出，2001—2006年，民族地区之间的变异系数由0.274增加到0.599，表明各地区地方税人均税收差异在增大；2007—2008年，变异系数降至0.476，表明各地区地方税人均税收差异在减小；2009年，变异系数增大到0.491，之后开始波动下降，到2016年变异系数下降至0.323。

（二）各民族地区地方税收入增速的差异性分析

各民族地区的地方税收入增长速度也存在一定的差异性，如表10-11所示。

表 10-11 各民族地区地方税收入增长情况表 (%)

年份	民族地区	内蒙古	广西	西藏	宁夏	新疆
2001	22.65	3.78	39.65	5.09	32.01	20.64
2002	13.90	58.58	-9.34	3.91	-8.19	12.33
2003	14.01	21.02	7.52	13.74	13.91	12.26
2004	24.52	31.90	19.34	14.13	26.60	19.56
2005	27.63	40.05	19.02	14.70	24.60	18.42
2006	25.12	30.19	19.61	13.99	21.73	23.20
2007	3.51	-13.84	19.18	18.79	16.80	17.67
2008	28.22	31.56	20.63	23.66	32.74	31.28
2009	14.34	19.49	12.49	20.95	16.89	7.22
2010	33.67	31.99	31.76	37.27	36.86	37.72
2011	32.97	32.12	22.82	81.22	40.27	40.77
2012	26.46	21.76	35.33	53.87	25.88	23.20
2013	12.29	7.96	14.16	2.04	14.35	17.46
2014	7.31	3.08	12.00	20.07	5.60	7.91
2015	3.08	5.71	5.06	7.16	2.60	-2.94
2016	1.53	2.13	1.76	8.98	-3.40	1.05

资料来源：2001—2017 年《中国税务年鉴》。
注：增长率为同比增长。

由表 10-11 可以看出，2001—2011 年，各民族地区地方税收入的增长率整体呈上升趋势。西藏的地方税收入增长率在 2011 年高达 81.22%，远高于民族地区的 32.97%。2012 年之后，各民族地区地方税收入的增长率趋缓，内蒙古、广西、西藏的地方税收入增速减慢，宁夏和新疆的地方税收入则先后出现了负增长，宁夏的地方税收入在 2016 年比上年减少 3.4%，新疆的地方税收入在 2015 年比上年减少 2.94%。

在地方税收入年均增长率方面，2001—2016 年，内蒙古的增速最快，年均增速为 20.28%，广西的增速最慢，年均增速为 14.89%，西藏、新疆、宁夏的年均增速分别为 20.87%、17.20%、16.99%。

（三）各民族地区财政自给率的差异性分析

从各民族地区对税收的分享结果来看，各民族地区之间存在差异（见表 10-12）。

表 10-12　各民族地区地方税收入占比情况

(%)

年份	民族地区	内蒙古	广西	西藏	宁夏	新疆
2001	59.26	56.05	59.04	66.66	68.45	46.10
2002	55.30	62.28	49.82	61.75	56.44	46.23
2003	54.21	59.87	47.36	63.13	55.73	44.98
2004	51.47	55.78	46.21	63.01	52.45	39.91
2005	49.04	53.30	46.05	58.10	50.34	37.41
2006	48.47	53.02	45.68	56.00	50.36	37.29
2007	43.50	42.11	41.63	52.89	45.23	35.65
2008	43.69	42.33	42.97	51.12	45.98	36.03
2009	44.90	44.36	43.12	53.77	45.80	37.45
2010	44.44	44.59	43.37	49.96	46.80	37.49
2011	45.36	45.83	41.09	47.70	51.72	40.47
2012	47.15	50.23	45.02	46.14	51.71	42.63
2013	49.89	52.78	47.96	49.09	52.58	47.06
2014	52.04	59.76	49.57	50.14	53.26	47.47
2015	51.81	60.60	49.81	47.70	52.27	48.69
2016	49.36	60.66	49.14	39.36	49.73	47.90

资料来源：2002—2017 年《中国税务年鉴》。

从表 10-12 可以看出，2001—2016 年，内蒙古的地方税收入占比始终高于民族地区水平；新疆的地方税收入占比始终低于民族地区水平；广西有 5 个年份高于民族地区水平，其余年份均低于民族地区水平；西藏有 11 个年份高于民族地区水平，其余年份低于民族地区水平；宁夏有 14 个年份高于民族地区水平，其余年份均低于民族地区水平。在地方税收入占比的变化趋势上，与 2001 年相比，内蒙古和新疆的地方税收入占比有所上升，广西、西藏、宁夏的地方税收入占比均有下降，其中西藏的地方税收入占比下降幅度最高，由 66.66%下降至 39.36%。

各民族地区的事权支出也存在差异，如表 10-13 所示。

表 10-13　各民族地区与全国人均财政支出情况

单位：元

年份	全国	内蒙古	广西	西藏	宁夏	新疆
2007	2901.66	4455.77	2067.83	9528.31	3964.83	3795.48
2008	3708.42	5951.61	2693.33	13036.26	5252.53	4971.21
2009	4574.31	7839.06	3339.83	15882.77	6917.76	6238.58
2010	5510.02	9197.01	4354.86	18368.00	8807.74	7775.33
2011	6882.67	12043.55	5479.61	25020.13	11047.10	10341.74
2012	7916.19	13759.00	6375.97	29394.16	13359.51	12181.24
2013	8799.78	14757.89	6799.47	32509.94	14105.20	13547.35
2014	9446.82	15488.94	7319.71	37280.19	15112.54	14437.73
2015	10936.52	16937.32	8476.88	42637.65	17043.26	16122.33
2016	11596.89	17907.58	9180.86	47975.23	18585.78	17257.09

资料来源：2008—2017 年《中国统计年鉴》。

注：人均财政支出＝当年财政预算支出÷当年人口数。

由表 10-13 可以看出，2007—2016 年，内蒙古、西藏、宁夏、新疆的人均财政支出均高于全国水平，广西人均财政支出始终低于全国人均财政支出。2016 年，西藏自治区人均财政支出最多，达到 47975.23 元，宁夏、内蒙古、新疆、广西人均财政支出依次为 18585.78 元、17907.58 元、17257.09 元、9180.86 元。

通过计算得出，民族地区人均财政支出的年均增长速度也存在一定差异。2007—2016 年，全国人均财政支出年均增长率为 16.64%，民族地区人均财政支出年均增长率均高于全国水平，西藏、宁夏、新疆、广西、内蒙古人均财政支出年均增速依次为 19.67%、18.73%、18.33%、18.01%、16.71%。

民族地区的财政状况由地方财力与事权支出共同决定。各民族地区的财力和事权支出存在差异，使得各民族地区之间的财权事权匹配程度存在差异（见表 10-14）。

表 10-14　各民族地区与全国地方财政自给率情况

（%）

年份	全国	内蒙古	广西	西藏	宁夏	新疆
2007	61.48	45.49	42.48	7.31	33.09	35.95

续表

年份	全国	内蒙古	广西	西藏	宁夏	新疆
2008	58.17	44.73	39.97	6.54	29.27	34.08
2009	53.41	44.16	38.29	6.40	25.81	28.86
2010	54.97	47.06	38.45	6.65	27.54	29.46
2011	56.66	45.39	37.23	7.22	31.16	31.54
2012	56.98	45.32	39.06	9.56	30.54	33.42
2013	57.63	46.68	41.06	9.37	33.43	36.79
2014	58.72	47.52	40.87	10.48	33.97	38.65
2015	55.21	46.19	37.27	9.93	32.80	34.98
2016	54.41	44.68	35.04	9.82	30.90	31.39

资料来源：2008—2017 年《中国统计年鉴》。
注：财政自给率 =（财政收入÷财政支出）×100%。

由表 10-14 可以看出，2007—2016 年，各民族地区的财政自给率均不足 50%，显著低于全国水平。2007—2016 年，5 个自治区中，西藏的财政自给率最低，仅在 2014 年超过 10%，其余年份均不足 10%，内蒙古的财政自给率最高，在 2016 年达到 44.68%。2016 年，广西、新疆、宁夏的财政自给率依次为 35.04%、31.39%、30.90%。

第三节　民族地区地方税收入结构的差异性分析

一、民族地区与全国地方税收入结构的差异性分析

截至 2019 年 2 月，我国的地方税收入由城镇土地使用税、城市维护建设税、房产税、车船使用税、印花税、耕地占用税、契税、土地增值税、烟叶税、环境保护税、增值税、资源税、企业所得税、个人所得税共 14 个税种组成。由于 2017 年及 2018 年的完整统计数据暂时无法获取，无法对最新的数据进行分析。限于数据的可得性，本节主要依据 2016 年及以前的统计数据进行分析。

（一）民族地区与全国地方税收入结构的差异性分析

2016 年，民族地区与全国地方税分税种收入情况如表 10-15 所示。

表 10-15　2016 年民族地区与全国地方税分税种收入情况

序号	全国地方税			民族地区地方税		
	税种	税收/亿元	占比/%	税种	税收/亿元	占比/%
1	国内增值税	18762.61	29.00	国内增值税	978.81	27.29
2	营业税	10168.80	15.72	营业税	487.91	13.60
3	企业所得税	10135.58	15.67	耕地占用税	446.34	12.44
4	契税	4300.00	6.65	企业所得税	339.94	9.48
5	土地增值税	4212.19	6.51	资源税	199.53	5.56
6	个人所得税	4034.92	6.24	城镇土地使用税	196.55	5.48
7	城市维护建设税	3880.32	6.00	城市维护建设税	195.95	5.46
8	城镇土地使用税	2255.74	3.49	契税	187.51	5.23
9	房产税	2220.91	3.43	个人所得税	176.93	4.93
10	耕地占用税	2028.89	3.14	土地增值税	153.71	4.29
11	印花税	958.82	1.48	房产税	122.04	3.40
12	资源税	919.40	1.42	印花税	50.91	1.42
13	车船税	682.68	1.06	车船税	49.66	1.38
14	烟叶税	130.54	0.20	烟叶税	1.09	0.03

资料来源：国家统计局网站（http：//data.stats.gov.cn/）。

由表 10-15 可以看出，民族地区地方税收入的构成与全国存在较大的差异性。全国地方税收入中，贡献率较大的前 5 个税种分别为国内增值税、营业税、企业所得税、契税和土地增值税；民族地区地方税收入中，贡献率较大的前 5 个税种分别为国内增值税、营业税、耕地占用税、企业所得税和资源税。

耕地占用税对全国地方税收入的贡献率较低，为 3.14%，在 14 个税种中排名第 10，对民族地区地方税收入的贡献率则高达 12.44%，仅次于国内增值税和营业税。资源税对全国地方税收入的贡献率不高，为 1.42%，在 14 个税种里排名第 12，对民族地区的贡献率较高，达 5.56%，在 14 个税种里排名第 5。

（二）民族地区与全国地方税收入结构变化趋势的差异性分析

1. 民族地区与全国地方税收入结构总体变化

1994—2016 年，我国的地方税种类和分配方式发生了很大变化，导致部分税种的数据前后无法对比。考虑到数据的可比性，本篇首先按照税种的五大分类，整理了 2001—2016 年民族地区与全国地方税收入结构的变化概况，其中财产税和行为税合并计算，如表 10-16 所示。

表 10-16　2001—2016 年民族地区与全国地方税收入结构概况　（%）

年份	地区	流转税	所得税	财产税及行为税	资源税
2001	全国	47.48	34.73	16.80	0.99
	民族地区	52.95	32.09	12.75	2.21
2005	全国	48.86	18.24	31.87	1.03
	民族地区	53.08	12.39	32.27	2.25
2010	全国	55.70	22.92	19.97	1.42
	民族地区	57.53	18.30	19.56	4.61
2015	全国	47.04	19.99	31.38	1.60
	民族地区	43.48	13.41	37.40	5.71
2016	全国	30.06	21.01	47.52	1.41
	民族地区	41.42	13.87	39.20	5.50

资料来源：2002—2017 年《中国税务年鉴》。

注：考虑到数据的可比性，财产税和行为税合并计算。

从表 10-16 可以看出，2001—2016 年，各大税种对民族地区和全国地方税收入的贡献率整体均呈现“两升两降”的态势。财产税及行为税、资源税对地方税收入的贡献率在上升，流转税和所得税对地方税收入的贡献率则在下降。

2001 年，财产税及行为税对全国地方税收入的贡献率为 16.80%，对民族地区地方税收入的贡献率为 12.75%；资源税对全国地方税收入的贡献率为 0.99%，对民族地区地方税收的贡献率为 2.21%。2016 年，财产税及行为税对全国地方税收入的贡献率升至 47.52%，对民族地区地方税收入的贡献率升至 39.2%；资源税对全国地方税收入的贡献率升至 1.41%，对民族地区地方税收入的贡献率升至5.5%。通过比较可以看出，资源税对民族地区地方税收入的贡献率远高于全国水平，2016年资源税对民族地区地方税收入的贡献率是全国的3.9倍。

2001年，流转税对全国地方税收入的贡献率为47.48%，对民族地区地方税收入的贡献率为52.95%；所得税对全国地方税收入的贡献率为34.73%，对民族地区地方税收入的贡献率为32.09%。2016年，流转税对全国地方税收入的贡献率降至30.06%，对民族地区地方税收入的贡献率降至41.32%。

从各大税种对地方税收入贡献率的大小来看，民族地区与全国呈现明显差异。2016年，对全国地方税收入贡献率由大到小的税种依次为财产税及行为税、流转税、所得税和资源税；对民族地区地方税收入贡献率由大到小的税种依次为流转税、财产税及行为税、所得税和资源税。通过对比，可以发现，全国地方税收入对流转税的依赖程度在减弱，贡献率最大的税种为财产税及行为税，而民族地区地方税收入对流转税的依赖程度虽然在减弱，但流转税对税收的贡献率依然最高。

2. 民族地区与全国地方税收入结构的具体变化

在对地方税收入结构总体进行分析的基础上，本篇对民族地区与全国地方税收入结构的具体变化作了分析，如表10-17所示。

从表10-17可以看出，受2016年5月1日全面推行“营改增”的影响，流转税的结构在2015—2016年发生了很大变化。增值税在全国地方税收入的贡献率由16.14%突增至29.00%，对民族地区的贡献率由14.07%突增至27.29%。营业税对全国地方税收入的贡献率从2015年的30.58%骤降至2016年的15.72%，对民族地区的贡献率从29.37%骤降至13.6%。

在贡献率的大小方面，2016年，民族地区地方税只有4个税种的贡献率高于全国，分别为资源税、城镇土地使用税、车船税、耕地占用税，其余10个税种的贡献率均低于全国。

表 10-17　2012—2016 年民族地区与全国地方税收入结构

（%）

税种	2012 年		2013 年		2014 年		2015 年		2016 年	
	全国	民族地区	全国	民族地区	全国	民族地区	全国	民族地区	全国	民族地区
增值税	14.24	14.06	15.36	13.85	16.49	14.81	16.14	14.07	29.00	27.29
营业税	32.85	33.40	31.83	33.99	29.95	31.26	30.58	29.37	15.72	13.60
企业所得税	16.00	13.37	14.81	11.55	14.93	10.30	15.15	9.54	15.67	9.48
个人所得税	4.92	4.83	4.85	4.17	4.99	3.92	5.50	4.28	6.24	4.93
资源税	1.81	5.34	1.78	4.97	1.76	5.04	1.59	5.73	1.42	5.56
城市维护建设税	6.20	5.90	6.02	5.82	5.85	5.38	5.92	5.47	6.00	5.46
房产税	2.90	2.34	2.93	2.49	3.13	2.75	3.27	3.00	3.43	3.40
印花税	1.46	1.43	1.46	1.41	1.51	1.48	1.54	1.39	1.48	1.42
城镇土地使用税	3.26	3.51	3.19	3.80	3.37	3.94	3.42	4.02	3.49	5.48
土地增值税	5.75	4.07	6.11	4.54	6.62	4.61	6.12	3.83	6.51	4.29
车船税	0.83	1.00	0.88	1.06	0.91	1.12	0.98	1.24	1.06	1.38
耕地占用税	3.43	6.21	3.36	6.77	3.48	10.30	3.35	13.27	3.14	12.44
契税	6.07	4.47	7.13	5.50	6.76	5.04	6.22	4.78	6.65	5.23
烟叶税	0.28	0.05	0.28	0.06	0.24	0.05	0.23	0.03	0.20	0.03

资料来源：国家统计局网站（http：//www. stats. gov. cn/）。

在贡献率的变化趋势方面，与2012年相比，2016年全国地方税有6个税种的贡献率有所降低，分别是营业税（下降17.13%）、企业所得税（下降0.33%）、资源税（下降0.39%）、城市维护建设税（下降0.20%）、耕地占用税（下降0.29%）、烟叶税（下降0.78%）；民族地区地方税有5个税种的贡献率有所下降，分别是营业税（下降19.79%）、企业所得税（下降3.89%）、城市维护建设税（下降0.44%）、印花税（下降0.01%）、烟叶税（下降0.02%）。

在各项税收的增速方面，通过计算，2012—2016年，全国地方税收入增长36.71%，民族地区地方税收入增长25.49%，低于全国水平。14项地方税中，民族地区只有5个税种的增速高于全国，分别为资源税（增长30.63%）、房产税（增长82.23%）、城镇土地使用税（增长95.83%）、车船税（增长74.00%）、耕地占用税（增长151.64%）。

二、各民族地区地方税收入结构的差异性分析

（一）各民族地区地方税收入结构的差异性分析

五个自治区之间社会经济发展存在较大的差异性，直接导致各民族地区地方税收入结构存在较大差异。如2016年内蒙古的城镇化率达到61.19%，在民族地区中最高，较高的城镇化水平使得内蒙古的耕地占用税、城镇土地使用税在地方税收入中所占比重较高。西藏的城镇化率在民族地区中最低，耕地占用税、城镇土地使用税的收入占比也相应较低。

虽然民族地区自然资源丰富，且民族地区的资源税收入占比高于全国水平，但由于各民族地区环境承载力存在差异、资源开发程度不同，在中央对资源税税目和税率进行统一规定下，各民族地区资源税对地方税收入的贡献率存在较大差异。2016年西藏的资源税在地方税收入中仅占1.05%，低于其他4个自治区（见表10-18）。

表 10-18　2016 年各民族地区地方税收入结构

（%）

排序	内蒙古		广西		西藏		宁夏		新疆	
1	增值税	22.48	增值税	27.55	增值税	49.24	增值税	34.09	增值税	29.94
2	耕地占用税	19.61	营业税	15.05	营业税	15.89	营业税	18.37	营业税	13.28
3	营业税	11.63	耕地占用税	11.78	个人所得税	13.12	企业所得税	9.92	企业所得税	11.14
4	城镇土地使用税	9.13	企业所得税	11.29	城市维护建设税	8.70	城市维护建设税	7.00	个人所得税	7.04
5	资源税	8.85	契税	8.50	企业所得税	4.68	契税	5.21	耕地占用税	6.12
6	企业所得税	7.26	土地增值税	6.04	印花税	2.74	资源税	4.25	资源税	6.05
7	城市维护建设税	4.28	城市维护建设税	5.90	耕地占用税	1.74	房产税	4.06	城市维护建设税	5.95
8	个人所得税	3.94	个人所得税	3.88	土地增值税	1.64	个人所得税	4.00	土地增值税	4.80
9	房产税	3.68	房产税	2.96	资源税	1.05	城镇土地使用税	3.52	城镇土地使用税	4.54
10	契税	3.63	城镇土地使用税	2.52	车船税	1.00	土地增值税	3.15	契税	4.39
11	土地增值税	3.00	资源税	1.66	城镇土地使用税	0.20	耕地占用税	2.97	房产税	3.69
12	车船税	1.30	车船税	1.41	房产税	—	印花税	1.99	印花税	1.52
13	印花税	1.19	印花税	1.37	契税	—	车船税	1.46	车船税	1.51
14	烟叶税	0.01	烟叶税	0.08	烟叶税	—	烟叶税	0.02	烟叶税	—

资料来源：国家统计局网站（http：//www. stats. gov. cn/）。

（二）各民族地区地方税收入结构变化趋势的差异性分析

2001—2016 年，各民族地区地方税收入结构变化趋势如表 10-19 所示。

表 10-19　2001—2016 年各民族地区地方税收入结构概况　（%）

年份	地区	流转税	所得税	财产税及行为税	资源税
2001	内蒙古	41.15	25.93	30.50	2.41
	广西	43.63	41.29	14.46	0.61
	西藏	58.61	30.29	7.83	3.27
	宁夏	48.20	33.39	18.10	0.31
	新疆	52.83	23.43	18.69	5.04
2005	内蒙古	53.75	19.96	20.99	5.31
	广西	62.02	17.82	18.65	1.51
	西藏	61.70	25.54	10.12	2.64
	宁夏	64.98	16.22	17.19	1.61
	新疆	56.45	16.20	19.42	7.92
2010	内蒙古	53.75	19.96	20.99	5.31
	广西	62.02	17.82	18.65	1.51
	西藏	61.70	25.54	10.12	2.64
	宁夏	64.98	16.22	17.19	1.61
	新疆	56.45	16.20	19.42	7.92
2015	内蒙古	36.79	10.77	44.42	8.02
	广西	44.88	13.51	39.86	1.75
	西藏	64.23	21.43	13.30	1.04
	宁夏	52.44	12.60	29.85	5.11
	新疆	47.01	16.67	28.73	7.59
2016	内蒙古	34.76	10.76	45.66	8.81
	广西	43.29	14.46	40.61	1.64
	西藏	65.69	17.41	15.86	1.05
	宁夏	52.80	13.34	29.69	4.17
	新疆	43.33	17.64	33.08	5.96

资料来源：2002—2017 年《中国税务年鉴》。

注：《中国税务年鉴》与国家统计局网站数据略有出入，但经过分析发现差异较小，不影响基本结论。

根据表 10-19，对比 2016 年和 2011 年各税种对各民族地区地方税的贡献率可以看出，各民族地区地方税收入中所得税收入的贡献率整体上呈下降趋势，财产和行为税的贡献率整体呈上升趋势。

在流转税对地方税收入的贡献率方面，内蒙古、广西、新疆的流转税贡献率在下降，而西藏和宁夏的流转税贡献率在上升。在资源税对地方税收入的贡献率方面，内蒙古、广西、宁夏、新疆的资源税贡献率在上升，而西藏的资源税贡献率在下降。

在各税种对地方税收入的贡献率大小方面，广西、宁夏、新疆贡献率由大到小的税种依次为流转税、财产税及行为税、所得税、资源税；内蒙古贡献率由大到小的税种依次为财产税及行为税、流转税、所得税、资源税；西藏贡献率由大到小的税种依次为流转税、所得税、财产税及行为税、资源税。

第十一章　民族地区政府策略与地方税收入关联分析

本章考察了中央转移支付、国税地税合并以及“营改增”对民族地区地方税体系的影响。第一节在实证分析的基础上，将演化博弈引入中央转移支付与民族地区政府税收努力行为分析中，并提出了提高民族地区税收努力的制度设计；第二节对通过国税地税合并降低民族地区征税成本进行了分析；第三节针对“营改增”对民族地区财力的影响，提出主辅税种共建的设想。

第一节　中央转移支付与民族地区政府税收努力的分析

本节对中央转移支付对民族地区政府税收努力的影响进行了实证分析，考察了中央转移支付对民族地区政府税收努力的影响。在实证分析的基础上，本节对中央转移支付与民族地区政府征税努力进行了演化博弈分析，提出了提高民族地区政府征税努力的政策建议。

一、中央对民族地区转移支付的差异性分析

如前文所述，民族地区财政自给率显著低于全国水平。为了支持民族地区的发展，中央对民族地区的财政转移支付力度较大。实践中，在规模和结构上，中央对民族地区的转移支付与全国其他地区存在差异，同时各民族地区之间也存在差异。

（一）中央对民族地区转移支付规模较大

限于数据的可得性和可比性，本节收集整理了 2007—2016 年中央对民族

地区的转移支付数据。通过对比，可以看出，中央对民族地区转移支付的规模和增速与全国存在差异，同时，各民族地区之间也存在差异（见表 11-1）。

表 11-1　中央对各民族地区人均转移支付情况　　单位：元

年份	全国	内蒙古	广西	西藏	宁夏	新疆
2007	1061.13	2705.80	1304.35	9930.45	3262.51	2632.66
2008	1405.36	3212.54	1642.16	12255.34	3943.39	3217.02
2009	1774.37	4162.72	2049.53	15910.35	5131.35	4297.07
2010	2040.32	4673.95	2487.68	17700.00	5693.68	5150.66
2011	2584.45	6322.56	3433.56	23587.46	7402.03	6800.05
2012	3235.08	7023.05	3816.00	26114.94	8332.92	7701.66
2013	3158.68	5124.34	3863.95	28925.96	8510.55	8180.70
2014	3400.16	7502.12	4091.94	32543.08	9373.72	8733.72
2015	3644.57	8504.54	4601.81	41085.49	10337.43	10036.91
2016	3807.57	9429.40	5021.60	41367.07	11010.81	10489.37

资料来源：2008—2017 年《中国财政年鉴》《中国统计年鉴》。

由表 11-1 可以看出，2007—2016 年，中央对民族地区的转移支付规模始终高于全国水平。2016 年，民族地区中，西藏的人均转移支付最高，达到 41367.07 元，远高于全国的 3807.57 元，广西的人均转移支付最低，为 5021.60 元，依然高出全国 78.86%。

与 2007 年相比，各民族地区的人均转移支付增速也存在差异。2007—2016 年，全国中央对地方人均转移支付增加 2.59 倍。西藏同期增加 3.17 倍，新疆增加 2.98 倍，广西增加 2.85 倍，高于全国水平；内蒙古增加 2.48 倍，宁夏增加 2.27 倍，增速略低于全国水平。

（二）中央对民族地区一般性转移占比存在差异

当前我国的中央对地方转移支付分为一般性转移支付和专项转移支付两大类，两大类下又细分为若干项。地方政府能够自主决定一般性转移支付的分配，对专项转移支付只能按照中央要求在规定范围内使用。由于专项转移覆盖领域较多，行政审批色彩浓重，既不符合中央简政放权的改革要求，又无法提高地方政府的财政自主性，亦容易产生“撒胡椒面”的问题，偏离中央和地方政府的治理目标，故2014年《国务院关于改革和完善中央对地方转移支付制度的意见》明确提出，要逐步将一般性转移支付的占比提高到60%以上。在具体实践中，各民族地区一般性转移支付的占比不尽相同（见表11-2）。

表11-2 中央对各民族地区一般性转移支付占比 （%）

年份	全国	内蒙古	广西	西藏	宁夏	新疆
2007	50.84	57.15	37.51	42.37	55.97	40.26
2008	46.60	54.12	38.40	45.10	57.02	42.47
2009	47.81	52.14	48.29	35.61	54.91	58.91
2010	53.48	54.03	44.43	34.75	56.83	56.76
2011	52.55	50.67	57.33	29.59	56.68	55.19
2012	56.02	52.46	59.85	—	56.91	51.80
2013	56.70	56.86	65.13	—	61.94	55.25
2014	59.27	57.90	68.30	—	60.80	57.34
2015	56.84	53.58	65.10	59.54	61.11	52.26
2016	60.76	53.86	68.21	60.93	65.25	59.37

资料来源：2008—2017年《中国财政年鉴》、财政部预算司网站（http：//yss.mof.gov.cn/）、各民族地区统计年鉴及财政年鉴。

注：西藏2012—2014年一般性转移支付占比数据暂不可得。

由表11-2可以看出，2016年，全国一般性转移支付占比达到60.76%，广西为68.21%，宁夏为65.25%，西藏为60.93%，均超过60%，新疆和内蒙古的一般性转移支付占比则低于60%，其中新疆为59.37%，内蒙古为53.86%。

与2007年相比，全国地方一般性转移支付占比有所提升，广西、西藏、宁夏、新疆均有较大提升，内蒙古的一般性转移支付占比则有所下降。

二、中央转移支付对民族地区政府税收努力影响的实证分析

中央转移支付制度的初衷是补充地方财力，促进财政均等化。在制度执行过程中，地方政府可能会将中央转移支付视为地方税收的替代收入，进而降低税收努力，削弱中央转移支付的效果。本节对中央转移支付对民族地区

政府税收努力的影响进行了实证分析，对民族地区与全国其他地区进行了差异性分析。

（一）建立模型

1. 数据选取

在时间段的选取上，本篇选取 2007—2016 年共 10 年的数据。各省（自治区、直辖市）的地方税收入数据和地区生产总值数据来自国家统计局网站，中央对地方转移支付数据来自《中国财政年鉴》各省（区、市）一般公共预算收支决算总表中“中央补助收入”数据。

2. 测算税收努力指数

税收努力又称征税努力、财政努力，是指地方政府为了增加预算收入而采取的努力，如提高税收征管效率、降低征税成本、扩大地方税源、严查偷税漏税行为等。本节借鉴吕冰洋（2011）的模型，利用地方税期望收入与地方税实际收入的比值来衡量政府税收努力，并将该比值称为税收努力指数，建立模型如下：

第 i 个地方政府的税收努力指数：

$$E_i = \frac{Y_i'}{Y_i} \tag{11-1}$$

其中，Y_i 表示第 i 个地方政府的地方税实际收入，Y_i' 表示第 i 个地方政府的地方税期望收入。Y_i' 通过“税柄法”进行估计，即以第 i 个地方政府的地方税实际收入为被解释变量，利用当地地区生产总值指标作为解释变量，建立回归方程，再将解释变量代入回归方程，得出历年地方税期望收入。测算 Y_i' 的模型如下：

$$Y_i' = \beta_i \times GDP_i + \varepsilon_i \tag{11-2}$$

利用 Eviews 软件，通过最小二乘法，对全国各地区的数据进行回归，根据回归结果，计算各地区地方税期望收入。根据税收努力指数的定义，计算各地区的税收努力指数。2016 年各地区税收努力指数如表 11-3 所示：

表 11-3　2016 年分地区税收努力指数

序号	地区	税收努力指数
1	上海	1.122
2	甘肃	1.096
3	广东	1.082
4	内蒙古	1.057
5	河北	1.056
6	西藏	1.038
7	湖北	1.034
8	河南	1.033
9	浙江	1.029
10	江西	1.017
11	山东	1.008
12	天津	1.005
13	新疆	1.002
14	山西	1
15	安徽	0.998
16	海南	0.998
17	北京	0.995
18	吉林	0.983
19	湖南	0.982
20	广西	0.969
21	江苏	0.968
22	重庆	0.956
23	贵州	0.955
24	四川	0.948
25	辽宁	0.946
26	福建	0.94
27	宁夏	0.926
28	黑龙江	0.922
29	青海	0.897
30	陕西	0.869
31	云南	0.86

3. 估计中央转移支付对地方税收努力的影响

以各地区的税收努力指数 E_i 作为被解释变量，以中央对各地区的转移支付 $Transfer_i$ 作为解释变量，利用最小二乘法估计中央转移支付对地方税收努力的影响，模型如下：

$$E_i = \lambda_i \times \ln Transfer_i + \mu_i \tag{11-3}$$

各地区的回归结果如表 11-4 所示。

表 11-4　中央转移支付对各地区税收努力影响回归结果

序号	地区	λ_i	t 值	R^2
1	天津	0. 165	89. 98	0. 64
2	北京	0. 158	68. 92	0. 62
3	宁夏	0. 155	36. 65	0. 62
4	海南	0. 154	22. 66	0. 56
5	上海	0. 152	45. 51	0. 40
6	福建	0. 147	53. 22	0. 49
7	青海	0. 145	30. 75	0. 60
8	浙江	0. 145	133. 40	0. 84
9	江苏	0. 138	59. 64	0. 67
10	重庆	0. 137	36. 16	0. 63
11	辽宁	0. 137	23. 75	0. 01
12	陕西	0. 135	41. 68	0. 35
13	云南	0. 135	33. 82	0. 09
14	广东	0. 134	45. 35	0. 56
15	吉林	0. 133	35. 49	0. 55
16	广西	0. 133	74. 84	0. 75
17	内蒙古	0. 132	50. 74	0. 70
18	西藏	0. 131	10. 94	0. 35
19	甘肃	0. 130	29. 02	0. 54
20	黑龙江	0. 130	44. 22	0. 52
21	新疆	0. 130	35. 40	0. 66
22	山东	0. 129	46. 51	0. 64
23	贵州	0. 128	36. 21	0. 65

续表

序号	地区	λ_i	t 值	R^2
24	河北	0.128	42.35	0.66
25	安徽	0.127	42.17	0.68
26	湖南	0.127	68.17	0.72
27	江西	0.126	19.75	0.45
28	湖北	0.123	27.16	0.50
29	河南	0.122	39.10	0.60
30	四川	0.121	36.71	0.47

注：各地区 λ 系数的 t 检验值均通过 1%置信度水平下的 t 检验。山西省的回归方程为 $E_{shanxi} = 1.0017 - 0.00024 \times \ln Transfer_{shanxi}$，拟合优度为 0.95，其常数项、系数项的 t 检验值分别为 7136.75、-12.03，均通过置信度水平 1%下的 t 检验。

（二）实证结果分析

1. 民族地区与其他地区的税收努力存在差异

从表 11-3 可以看出，民族地区与全国其他地区的税收努力存在差异。根据测算结果，2016 年内蒙古、西藏的税收努力指数在全国的排名较为靠前，新疆的税收努力排名处于中等水平，广西、宁夏的税收努力指数排名较为靠后。

2. 民族地区税收努力受中央转移支付的影响存在差异

从表 11-4 的回归结果可以看出，中央转移支付对不同地区税收努力的影响程度存在差异。从各地区回归方程的拟合优度来看，各地区的税收努力可以由中央转移支付来解释。从 λ 系数来看，中央转移支付对各地区的影响程度存在一定差异。整体来看，除山西外，中央转移支付对各地区税收努力的影响系数为正，表明中央转移支付提升了地方税收努力。在民族地区中，中央转移支付对宁夏的影响程度较高，λ 系数达到 0.155，仅次于天津和北京，对广西、内蒙古和西藏的影响程度接近，对新疆的影响程度较低，λ 系数为 0.130，在全国排名第 21。

三、中央转移支付与民族地区政府税收努力的演化博弈分析

由实证分析结果可以看出，中央转移支付对各民族地区税收努力的影响

程度存在差异，各民族地区的税收努力程度均有提升的空间。

在分税制财政体制下，在中央转移支付与地方政府税收努力的博弈过程中，中央政府与地方政府的目标不完全一致。中央政府的转移支付是为了平衡各地区财力，努力实现公共服务均等化。地方政府的征税努力则是基于对地方收入最大化、地方征税成本、地方经济发展、争取更多的中央转移支付等多重目标的考量。由于信息的不对称，中央和地方的行为都属于有限理性。基于现实情况，本节构建了一个演化博弈模型，探讨中央政府应如何改进转移支付制度，提高民族地区政府税收努力。

演化博弈论最早由约翰·梅纳德·史密斯（1982）提出，最初应用于解释动物种群的演化，后逐渐应用到其他领域，其思想来源于博弈论和进化论。演化博弈论的基本假设是有限理性，认为博弈参与方不可能在每一次的博弈中都找到最优稳定策略，但是随着博弈参与方在博弈中的不断学习和改进，各参与方会逐渐形成演化稳定策略（ESS），或不断接近达到演化稳定策略。相比于传统的博弈论，演化博弈论的有限理性假设更贴近现实。

（一）模型的基本假设

模型的基本假设如下：

①中央委托民族地区政府对当地征税，中央与民族地区政府对税收进行分成，税率为 τ，民族地区对税收分享的比例为 ∂。

②民族地区政府有努力征税和不努力征税两种选择。努力征税即民族地区政府通过提高税收查实率、严查企业个人偷税漏税行为、改进工作方法等方式扩大税基；不努力征税即民族地区政府瞒报真实税基，以获取更多的中央转移支付。假设民族地区政府努力征税的概率为 x，不努力征税的概率为 $1-x$。民族地区政府选择努力征税时，上报的税基为 B_1，民族地区选择不努力征税时，上报的税基为 B_2。由于民族地区政府不努力征税时，会有部分税基遗漏，故 $B_1>B_2$。

③民族地区政府征税要付出成本。努力征税时的成本为 C_1，不努力征税时的成本为 C_2。

④中央有充足的财力 T，T 能够保证中央对民族地区的转移支付。当民族

地区政府努力征税时，中央对民族地区转移支付为 T_1，当民族地区政府不努力征税时，中央对民族地区转移支付为 T_2。

⑤中央政府对民族地区政府的征税行为选择激励和不激励，激励的概率为 y，不激励的概率为 $1-y$。中央政府选择激励时，如果民族地区政府努力征税，中央会在转移支付 T_1 的基础上，对民族地区政府奖励 R，如果民族地区政府不努力征税，中央会对其不努力征税的行为进行惩罚，即在对其转移支付 T_2 的基础上，惩罚 P；中央政府选择不激励时，在民族地区政府努力征税的情况下，中央政府对其转移支付 T_1，在民族地区政府不努力征税的情况下，中央政府对其转移支付 T_2。

（二）模型的建立

基于以上假设，中央与民族地区政府的收益矩阵如表 11-5 所示。

表 11-5　中央政府与民族地区政府收益博弈矩阵

		中央政府 C	
		激励 y	不激励（$1-y$）
民族地区政府 L	努力 x	$\partial\tau B_1-C_1+T_1+R$，$T+(1-\partial)\tau B_1-T_1-R$	$\partial\tau B_1-C_1+T_1$，$T+(1-\partial)\tau B_1-T_1$
	不努力（$1-x$）	$\partial\tau B_2-C_2+T_2-P$，$T+(1-\partial)\tau B_2-T_2+P$	$\partial\tau B_2-C_2+T_2$，$T+(1-\partial)\tau B_2-T_2$

民族地区政府选择努力征税时的期望收益为：

$$E(L)_x=y(\partial\tau B_1-C_1+T_1+R)+(1-y)(\partial\tau B_1-C_1+T_1)$$
$$=\partial\tau B_1-C_1+T_1+yR \tag{11-4}$$

选择不努力征税时的期望收益为：

$$E(L)_{1-x}=y(\partial\tau B_2-C_2+T_2-P)+(1-y)(\partial\tau B_2-C_2+T_2)$$
$$=\partial\tau B_2-C_2+T_2-yp \tag{11-5}$$

民族地区的混合策略，即选择努力征税和不努力征税的平均收益为：

$$E(L)=xE(L)_x+(1-x)E(L)_{1-x} \tag{11-6}$$

则民族地区政府的复制动态方程为：

$$F(x)=\frac{dx}{dt}=x[E(L)_x-E(L)]=x(1-x)[E(L)_x-E(L)_{1-x}]$$

$$= x(1-x)(\partial\tau B_1 - C_1 + T_1 + yR - \partial\tau B_2 + C_2 - T_2 + yP) \quad (11-7)$$

同理可得到中央政府的复制动态方程为：

$$F(y) = \frac{dy}{dt} = y(1-y)(P - xP - xR) \quad (11-8)$$

（三）模型的分析

1. 民族地区政府税收努力的博弈演化路径分析

由演化稳定策略的性质可知，当 $F(x)=0$ 且 $F'(x)<0$ 时，x 为稳定演化策略。

对民族地区政府的复制动态方程进行求导，得

$$F'(x) = (1-2x)(\partial\tau B_1 - C_1 + T_1 + yR - \partial\tau B_2 + C_2 - T_2 + yR) \quad (11-9)$$

根据式(11 - 7)，当 $y = \frac{\partial\tau B_2 - C_2 + T_2 - (\partial\tau B_1 - C_1 + T_1)}{P+R}$，且 $0 \leqslant \frac{\partial\tau B_2 - C_2 + T_2 - (\partial\tau B_1 - C_1 + T_1)}{P+R} \leqslant 1$ 时，$F(x)=0$，此时 $F'(x)=0$，民族地区政府选择努力征税的概率处于稳定状态；当 $y \neq \frac{\partial\tau B_2 - C_2 + T_2 - (\partial\tau B_1 - C_1 + T_1)}{P+R}$ 时，令 $F(x)=0$，解得 $x=0$ 或 $x=1$，此时应分以下情形讨论：

①当 $\frac{\partial\tau B_2 - C_2 + T_2 - (\partial\tau B_1 - C_1 + T_1)}{P+R} < 0$ 时，y 恒大于 $\frac{\partial\tau B_2 - C_2 + T_2 - (\partial\tau B_1 - C_1 + T_1)}{P+R}$，$F_x(1)=0$，$F_x'(1)=0$，此时 $x=1$ 是演化稳定策略。$\partial\tau B_2 - C_2 + T_2 < \partial\tau B_1 - C_1 + T_1$ 表示民族地区政府努力征税的收益大于不努力征税的收益，民族地区政府会选择努力征税，与中央是否选择激励无关。

②当 $\frac{\partial\tau B_2 - C_2 + T_2 - (\partial\tau B_1 - C_1 + T_1)}{P+R} > 1$ 时，y 恒小于

$\frac{\partial\tau B_2 - C_2 + T_2 - (\partial\tau B_1 - C_1 + T_1)}{P + R}$，此时 $x=0$ 是演化稳定策略。由于 $\partial\tau B_1 - C_1 + T_1 + R < \partial\tau B_2 - C_2 + T_2 - P$，中央激励力度不够，民族地区政府选择努力征税的收益依然小于不努力征税的收益，因此民族地区选择不努力征税。

③当 $\partial\tau B_1 - C_2 + T_2 = \partial\tau B_1 - C_1 + T_1$ 时，$F_x(1)=0$，$F'_x(1)=-y(P+R)$，此时民族地区政府努力征税与不努力征税时的收益相同，若中央选择激励，则民族地区政府会选择努力征税，$x=1$ 是演化稳定策略，如果中央政府选择不激励，则民族地区会选择不努力征税，民族地区政府不存在演化稳定策略。

④当 $0 < y < \frac{\partial\tau B_2 - C_2 + T_2 - (\partial\tau B_1 - C_1 + T_1)}{P + R}$ 时，$F_x(0) = 0$，$F'_x(0) < 0$，$F_x(1) = 0$，$F_x(1) > 0$，即中央的奖励 R 低于 $\frac{\partial\tau B_2 - C_2 + T_2 - (\partial\tau B_1 - C_1 + T_1)}{y} - P$ 时，民族地区政府不努力征税是其最优选择。

⑤当 $0 < \frac{\partial\tau B_2 - C_2 + T_2 - (\partial\tau B_1 - C_1 + T_1)}{P + R} < y < 1$ 时，$F_x(0) = 0$，$F'_x(0) > 0$，$F_x(1) = 0$，$F_x(1) < 0$，即中央的奖励 R 高于 $\frac{\partial\tau B_2 - C_2 + T_2 - (\partial\tau B_1 - C_1 + T_1)}{y} - P$ 时，民族地区努力征税是其最优选择。

2. 中央政府的博弈演化路径分析

对中央政府的复制动态方程进行求导，得

$$F'(y) = (1 - 2y)(P - xP - xR) \tag{11-10}$$

令 $F(y)=0$，解得 $y_1 = 0$，$y_2 = 1$，$x^* = \frac{P}{P + R}$，可以分以下情形进行讨论：

①当 $x = \frac{P}{P + R}$ 时，$F_y(0) = 0$，$F'(y) = 0$，此时中央政府选择不激励。

②当 $x < \frac{P}{P + R}$ 时，$F_y(0) = 0$，$F'_y(0) > 0$，$F_y(1) = 0$，$F'_y(1) < 0$，此

时 $y=1$ 是中央政府的演化稳定策略。由于民族地区政府的税收努力降低到一定程度，既影响了民族地区政府的财政收入，又影响到中央宏观调控，中央政府会对民族地区努力征税的行为进行激励，对民族地区政府不努力征税的行为进行处罚。

③当 $x>\frac{P}{P+R}$ 时，$F_y(0)=0$，$F'_y(0)<0$，$F_y(1)=0$，$F'_y(1)>0$，此时 $y=0$ 是中央政府的演化稳定策略。由于民族地区政府税收努力程度较高，中央不会对民族地区政府进行激励。

3. 中央与民族地区政府的演化博弈分析

式（11-7）和式（11-8）在平面区域 $\Omega=\{(x,y);0\leqslant x\leqslant 1,0\leqslant y\leqslant 1\}$ 构成一个动态系统：

$$\begin{cases}F(x)=x(1-x)(\partial\tau B_1-C_1+T_1+yR-\partial\tau B_2+C_2-T_2+yP)\\F(y)=y(1-y)(P-xP-xR)\end{cases}\tag{11-11}$$

对系统进行求解，得到5个解，分别为（0，0）（0，1）（1，0）（1，1）$\left[\frac{P}{P+R},\frac{(\partial\tau B_2-C_2+T_2)-(\partial\tau B_1-C_1+T_1)}{P+R}\right]$，其中 $\left[\frac{P}{P+R},\frac{(\partial\tau B_2-C_2+T_2)-(\partial\tau B_1-C_1+T_1)}{P+R}\right]$ 仅在 $0\leqslant\frac{P}{P+R}\leqslant 1$ 且 $0\leqslant\frac{(\partial\tau B_2-C_2+T_2)-(\partial\tau B_1-C_1+T_1)}{P+R}\leqslant 1$ 时有意义。

系统对应的雅克比矩阵为：

$$\boldsymbol{J}=\begin{bmatrix}(1-2x)(\partial\tau B_1-C_1+T_1+yR-\partial\tau B_2+C_2-T_2+yP) & x(1-x)(P+R)\\-y(1-y)(P+R) & (1-2y)(P-xP-xP)\end{bmatrix}\tag{11-12}$$

雅克比矩阵的行列式值为：

$$\begin{aligned}\mathrm{Det}(\boldsymbol{J})=&(1-2x)(1-2y)(\partial\tau B_1-C_1+T_1+yR-\partial\tau B_2+C_2-T_2+yP)\\&(P-xP-xR)+xy(1-x)(1-y)(p+R)^2\end{aligned}\tag{11-13}$$

矩阵的迹为：

$$\mathrm{Tr}\ (\boldsymbol{J}) = (1-2x)\ (\partial\tau B_1-C_1+T_1+yR-\partial\tau B_2+C_2-T_2+yP) + (1-2y)\ (P-xP-XR) \quad (11-14)$$

令 $R_1=\partial\tau B_1-C_1+T_1$，$R_2=\partial\tau B_2-C_2+T_2$，将上述 5 个解分别代入雅克比矩阵，求矩阵对应的行列式值、迹的值如表 11-6 所示：

表 11-6　中央—民族地区政府系统雅克比矩阵 Det（J）、Tr（J）情况

系统解	Det（J）	Tr（J）
（0，0）	$P\ (R_1-R_2)$	$R-R_2+P$
（0，1）	$-P\ [\ (R_1+R)\ -\ (R_2-P)\ ]$	R_1-R_2+R
（1，0）	$R\ (R_1-R_2)$	$-\ (R_1-R_2)\ -R$
（1，1）	$-R\ [\ (R_1+R)\ -\ (R_2-P)\ ]$	$-\ (R_1-R_2)\ -P$
$\left(\frac{P}{P+R},\ \frac{R_2-R_1}{P+R}\right)$	$\frac{PR\ (R_2-R_1)\ [\ (R_1+R)\ -\ (R_2-P)\ ]}{(P+R)^2}$	0

结合表 11-6，分以下情形对系统的解进行讨论：

①当 $\frac{R_2-R_1}{P+R}<0$，即 $R_1>R_2$ 时，则（1，0）是系统的稳定点，如表 11-7 所示：

表 11-7　系统解的稳定性分析

系统解	Det（J）	Tr（J）	性质
（0，0）	+	+	不稳定
（0，1）	+	+	不稳定
（1，0）	+	−	ESS
（1，1）	−	−	不稳定

此时民族地区政府努力征税的收益大于不努力征税的收益，民族地区政府选择努力征税，中央选择不激励。

②当 $\frac{R_2-R_1}{P+R}>1$，即 $(R_1+R)<(R_2-P)$ 时，（0，1）是系统的稳定点，

如表 11-8 所示：

表 11-8　系统解的稳定性分析

系统解	Det（J）	Tr（J）	性质
（0，0）	-	-	不稳定
（0，1）	+	-	ESS
（1，0）	-	+	不稳定
（1，1）	+	+	不稳定

此时，中央选择激励后，由于对民族地区政府努力征税的行为奖励程度不够，对不努力征税的行为惩处力度较小，民族地区政府会选择不努力征税。

③如果 $0<\frac{R_2-R_1}{P+R}<1$，此时 $R_1<R_2$，$(R_1+R)>(R_2-P)$，即在没有中央激励时，民族地区政府努力征税的收益低于不努力征税的收益，在中央选择激励时，民族地区努力征税的收益高于不努力征税的收益。这时又可以分以下情形讨论：

a. 当 $x<\frac{P}{P+R}$时，由于民族地区政府的税收努力降低到一定程度，既影响了民族地区政府的财政收入，又影响到中央宏观调控，中央政府会对民族地区政府努力征税的行为进行激励，对地方政府不努力征税的行为进行大力处罚，因此系统的均衡点为（1，1）。

b. 当 $x>\frac{P}{P+R}$时，由于民族地区政府税收努力程度较高，中央不会对民族地区政府进行激励，民族地区政府在没有激励的情况下，不努力征税的收益更高，会选择不努力征税，此时系统的均衡点为（0，0）。

c. 当 $y<\frac{R_2-R_1}{P+R}$时，中央对民族地区政府努力征税的激励不足，民族地区政府会选择不努力征税，此时系统的均衡点为（0，0）。

d. 当 $y>\frac{R_2-R_1}{P+R}$时，中央对民族地区政府努力征税的激励政策力度较大，民族地区政府会选择努力征税，此时系统的均衡点为（1，1）。

由于 $0<\frac{R_2-R_1}{P+R}<1$ 时，中央与民族地区政府的策略存在不确定性，因此（0，0）（1，1）均不是系统的演化稳定策略。

（三）提高民族地区政府征税努力的制度设计

中央与民族地区政府博弈的最优结果是（民族地区政府努力征税，中央不激励）。在演化博弈分析中，演化稳定策略（0，1）显然不符合中央与民族地区政府治理目标，演化稳定策略（1，0）表示，在中央没有激励政策的情况下，民族地区政府努力征税的收益 R_1 大于不努力征税的收益 R_2。由民族地区税收努力指数的测算结果可以看出，民族地区的税收努力指数仍有一定的提升空间，当前中央与民族地区政府博弈的状态并非最优结果。

在前文分析中，只有在 $0<\frac{R_2-R_1}{P+R}<1$，$y>\frac{R_2-R_1}{P+R}$ 的情况下，民族地区政府在长期演化过程中，会选择努力征税。此时，若要达到最优结果，则需要努力降低 $\frac{R_2-R_1}{P+R}$ 的值。通过分析可知，$R_2-R_1=\partial\tau B_2-C_2+T_2-(\partial\tau B_1-C_1+T_1)$，结合实际政策，可以通过以下措施激励民族地区努力征税：

一是降低民族地区政府征税成本。如果改变民族地区政府的税收分享比例 ∂ 或提高税率 τ，则在新的税收分享比例下或税率下，依然会存在民族地区政府不努力征税的情况。民族地区不努力征税意味着不努力征税的收益大于努力征税的收益，即 $R_2-R_1=\partial\tau B_2-C_2+T_2-(\partial\tau B_1-C_1+T_1)>0$。由于 $\partial\tau B_1>\partial\tau B_2$，要缩小差异，必须努力降低民族地区政府征税成本，使民族地区努力征税付出的成本 C_1 接近甚至低于不努力征税付出的成本 C_2。民族地区地域辽阔，税基较为零散，征税成本较高，中央应积极支持民族地区政府结合国税、地税合并的契机，改革征税机制，提高征税效率，降低征税成本。

二是完善中央转移支付制度。在中央转移支付制度执行过程中，如果民族地区政府能够选择不努力征税，隐瞒税基，扩大财政缺口，进而争取到更多的中央转移支付，即使得 $T_2>T_1$，这种制度漏洞实际上是在变相激励民族地区不努力征税。对此，中央政府应积极推进转移支付公式化进程，严格按照公式计算民族地区的标准财政收入和标准财政支出，排查民族地区政府通过不努力征税来争取更多中央转移支付的制度漏洞，不断完善中央转移支付制度。

三是强化对民族地区政府征税行为的考核。国税、地税机构合并之后，中央与民族地区政府信息不对称的情况会有所改变。中央应主动构建对民族地区政府征税主观积极性的考核机制，建立对努力征税行为的奖励机制，加强对不努力征税行为的惩戒制度，引导民族地区政府努力征税，改善当地财政状况。

第二节　通过国税、地税合并降低民族地区政府征税成本

由前一节的分析可知，要提高民族地区政府税收征收积极性，就需要降低民族地区政府征税成本。2018 年，我国的税收征管机构进行了较大的改革。2018 年 3 月 13 日，根据《国务院机构改革方案》，我国国税、地税机构实行合并。2018 年 6 月 15 日，全国各省（自治区、直辖市）以及计划单列市国税局、地税局合并且统一挂牌。民族地区应结合国税、地税合并的契机，努力降低征税成本，提高征税效率。

一、整合业务，降本增效

从征管范围来看，国税、地税分设时期，国税局征管的不仅包含中央税，也包括地方税，地税局征管的除了地方税，也包括中央税，国税、地税职能存在严重交叉。以 2016 年为例，在典型税种上，国家税务局和地方税务局组织收入中，国税、地税同时征收的项目较多，如表 11-9 所示。

表 11-9 2016 年国税地税同时征收的项目

地区	国税地税同时征收的项目
全国	增值税、营业税、所得税、资源税、城市维护建设税、房产税、印花税、城镇土地使用税、耕地占用税、契税等
内蒙古	增值税、所得税等
广西	增值税、所得税、城市维护建设税、印花税等
宁夏	增值税、营业税、所得税、资源税、城市维护建设税、房产税、印花税、城镇土地使用税、耕地占用税、契税等
新疆	增值税、营业税、所得税、资源税、城市维护建设税、房产税、印花税、城镇土地使用税、耕地占用税、契税等

资料来源：2017 年《中国税务年鉴》。

注：1. 由于国税地税组织收入情况表中，均有“其他税收”项目，故在表格中有“等”字。

2. 西藏自治区长期只设立国税局，国税、地税合并对其影响较小，故此处未列西藏。

在国税、地税机构对于某项税种同时征税时，从征税机构的角度来看，国税机构需要运行一套征税流程，地税机构需要运行一套类似的征税流程，如此不仅会增加征税成本，也会增大税务稽查的难度。从纳税人的角度来看，在国税、地税机构对申报材料要求不同时，纳税人需要分别准备国税机构和地税机构的纳税申报材料，如果材料不符合其中一个征税机构的要求，纳税人需要重新制作申报材料。考虑到纳税人内部对纳税工作的管理流程，在国税、地税机构分设的情况下，纳税人花费的时间成本和其他隐性成本较高。

民族地区国税、地税机构要实现实质上的合并，就需要对原国税、地税机构的业务进行整合优化，降低征税成本，提高征税效率。首先，要合并国税、地税的办事服务大厅，简化纳税人的办事流程。其次，要对原国税、地税重叠的业务进行整合，根据民族地区国税、地税征收的比重来看，增值税、消费税、出口退税、车辆购置税等数额较大的业务可以由原国税机构办理，而零星税种依然由原地税机构办理，以此提高征税效率。最后，要整合内部机构，原国税、地税机构功能类似的机构如培训机构、出版机构、财务系统、核算系统等要及时统一，降低征税成本。

二、平稳衔接，逐步过渡

民族地区国税、地税机构长期运行过程中，积累了很多历史遗留问题，如与各个单位的对接，原有税收优惠政策的变更，纳税人拖欠的税款，各类资产、印章、文件、数据库的管理，等等。为了维护法律权威，保证税收工作的稳定进行，合并后的税务机构应平稳承接原国税、地税机构的各项基本工作，逐步清理各类遗留问题，实现向新税务机构的过渡。

原国税、地税机构干部任职和职工考核也是国税、地税合并后需要考虑的问题。在国税、地税分设的时期，我国积累了对地方国税局进行双重领导的经验，可以借鉴已有的成功经验进行改革。在新税务局领导的任命上，部分省份的省级税务局采取了“双首长”制，即原国税局的一把手担任党委书记、原地税局的一把手担任局长。民族地区的省级干部可以借鉴此类做法。对于省级以下的税务机构，可由原国税局一把手担任新税务局的“一把手”，原地税局一把手转为新税务局的“二把手”。

关于新税务局工作人员的考核，对于工龄达到一定年限的工作人员，可以沿用原有的考核方式；对于新入职人员，可以采用新的考核方式；对于工作年限居中的人员，可以逐步过渡到新的考核方式。通过这种逐步过渡的方式，保证新税务系统的平稳运行。

三、规范管理，加强考核

国税、地税机构分设期间，国税、地税信息不对称，地税机构很容易瞒报税收，影响中央与地方的税收分配格局。地方政府为了吸引投资，可能会通过地方税务局，人为降低税收稽查力度，造成地方税收入流失。国税、地税合并后，新税务局必须规范税务稽查制度，加强税务稽查力度；同时，应统一税收核算系统，精准识别中央与地方的税收；此外，要规范中央与地方对税收的分配，进而为中央地方财力划分提供坚实的基础。

在规范管理的基础上，新税务局应加强对征税行为的考核。新税务局对地方税收掌握的信息会更加完备，对征税行为会有进一步的了解。新税务局应通过对征税行为的分析，加强对征税行为的考核。对于努力征税的机构和个人，应进行奖励；对于不努力征税的行为，应进行惩罚。

第三节　“营改增”后民族地区主体税种缺失

“营改增”即将原有缴纳营业税的项目改缴增值税。2012 年 1 月 1 日我国开始推行“营改增”试点；2016 年 5 月 1 日起，我国全面推行“营改增”；2017 年 11 月 19 日，营业税被正式废止。从民族地区地方税体系构建的角度来看，一方面，“营改增”会对民族地区地方税体系带来冲击，造成地方税主体税种缺失，影响地方财力；另一方面，“营改增”会倒逼民族地区主动寻找新的主体税种，重新构建地方税体系。

一、“营改增”对民族地区地方税收入的影响分析

1994 年分税制改革之后，营业税长期以来都是民族地区的主体税种，如表 11-10 所示：

表 11-10　民族地区地方税收入中营业税历年占比　（%）

地区	2001 年	2005 年	2010 年	2015 年	2016 年
全国	27. 34	29. 58	37. 36	30. 73	1. 73
民族地区	30. 93	32. 69	36. 92	30. 33	14. 85
内蒙古	33. 96	32. 01	38. 70	29. 31	12. 79
广西	23. 33	26. 27	33. 82	24. 21	16. 50
西藏	25. 12	37. 74	44. 92	31. 22	16. 89
宁夏	44. 03	60. 87	47. 72	45. 37	20. 07
新疆	31. 45	39. 95	47. 23	38. 33	14. 30

资料来源：2002—2017 年《中国税务年鉴》。

由表 11-10 可以看出，2001—2015 年，营业税作为地方的主体税种，在全国地方税收入中的占比常年保持在 25%以上，在民族地区地方税中的占比保持在 30%以上。与全国相比，民族地区对营业税的依赖程度更高。2001 年，

3个自治区的营业税占比高于全国水平；2005年和2010年，4个自治区地方税收入中营业税占比高于全国水平；2015年，3个自治区的营业税占比高于全国水平；2016年，5个自治区的营业税占比均高于全国水平。2016年"营改增"全面推行之后，营业税在全国地方税收入中的占比骤降至1.73%，在民族地区地方税收入中的占比降至14.85%。

虽然全国和民族地区的地方税收入在全面推行"营改增"之后都实现了增长，但实际上地方政府的财力却在下降。根据汪彤（2018）的测算，全面"营改增"之后，与2015年相比，5个自治区的财力的降幅均在8.5%以上，宁夏的财力降幅达到了12.18%①。

由于2016年5月1日"营改增"开始全面实施，2016年的税收统计数据难以区分"营改增"前后的数据。本节以2015年的税收数据为基础，简单测算了全面推行"营改增"对民族地区增值税和营业税收入的影响，如表11-11所示。

表11-11 全面"营改增"后民族地区两税收入缺口测算

指标		全国	内蒙古	广西	西藏	宁夏	新疆
2015年地方级两税收入/亿元	增值税	10167.21	165.13	140.87	17.30	36.76	145.88
	营业税	19163.86	317.89	321.90	41.61	99.83	265.12
	小计	29331.08	483.02	462.78	58.91	136.59	410.99
2015年全国两税收入/亿元	增值税	43092.11	621.11	614.66	51.76	125.56	528.54
	营业税	19314.59	317.89	321.90	41.61	99.83	265.12
"营改增"后理论收入/亿元	增值税	31203.35	469.50	468.28	46.69	112.69	396.83
两税收入缺口/亿元		1872.28	-13.52	5.50	-12.22	-23.90	-14.16
保证原收入水平的比例		0.47	0.51	0.49	0.63	0.61	0.52

资料来源：2016年《中国税务年鉴》。

注：新比例下地方两税收入=0.5×（全国增值税收入+全国营业税收入）；两税收入缺口="营改增"后理论收入-2015年地方级两税实际收入小计；保证原收入水平的比例=（全国增值税收入+全国营业税收入）÷地方级两税实际收入小计。

① 汪彤．"营改增"后民族地区健全地方税体系现实困境与差异化探索［J］．地方财政研究，2018（8）：56.

全面推行“营改增”之后，我国在过渡期采取了对增值税“五五分成”的方式，即中央与地方对改革后的增值税各分享50%。由表11-11可以看出，如果按照新的共享比例计算地方收入，广西的两税收入比实际收入高了5.5亿元，除此之外，其余4个自治区“营改增”后的两税收入均低于实际收入，内蒙古的理论收入比实际收入减少13.5亿元，西藏减少12.2亿元，宁夏减少23.9亿元，新疆减少14.2亿元。

测算结果显示，中央“五五分成”这种“一刀切”的比例降低了民族地区财力。根据测算结果，如果要保证2015年地方政府原两税收入水平，地方对全面“营改增”后的增值税理论共享比例为0.47，低于0.5的实际水平。而民族地区的理论共享比例均高于全国地方平均的理论共享比例，虽然广西的理论分享比例略低于0.5的实际分享比例，但其余4个自治区的理论分享比例均高于0.5。

二、关于民族地区地方税主辅税种共建的设想

地方税主体税种即在地方税收入中占据主要地位的税种，与其他地方税种相比，地方税主体税种具备税基宽广、税基流动性低、便于征管、与地方经济发展水平相适应的特点。地方税辅助税种即地方税主体税种之外的地方税种。

很多学者在选择地方税主体税种时，局限于寻找对地方税收入贡献率最大的税种。本节认为，地方税主体税种并不是静态的、绝对不变的，而是不断变化的。第二章的分析已经表明，民族地区各税种对地方税收入的贡献率在逐年变化。研究地方税主体税种，目的在于选择与地方社会经济相匹配的地方税体系发展路径，如果仅局限于研究地方税主体税种，忽略研究辅助税种，既不符合地方税体系的发展趋势，也会偏离研究的初衷。因此，本节分析了民族地区增长潜力较大的税种，并对部分典型税种作为主体税种的可行性进行了分析，提出了关于民族地区地方税主辅税种共建的设想。

（一）民族地区增长潜力较大的税种分析

在分析潜在主体税种时，既要考察当前税收结构，又要考虑各项税种的

税收增长潜力。2016 年各民族地区地方税结构及相对于 2012 年的增速情况如表11-12所示。

表 11-12　2016 年民族地区地方税结构及增速　（%）

税种	内蒙古		广西		西藏		宁夏		新疆	
	占比	增速	占比	增速	占比	增速	占比	增速	占比	增速
增值税	22. 48	64. 39	27. 55	236. 59	49. 24	534. 2	34. 09	220. 40	29. 94	158. 77
营业税	11. 63	-51. 39	15. 05	-40. 53	15. 89	-24. 14	18. 37	-51. 04	13. 28	-55. 47
企业所得税	7. 26	-46. 11	11. 29	36. 16	4. 68	-57. 47	9. 92	-3. 62	11. 14	21. 10
个人所得税	3. 94	10. 67	3. 88	66. 02	13. 12	-45. 38	4. 00	47. 46	7. 04	70. 60
资源税	8. 85	73. 51	1. 66	68. 99	1. 05	4. 00	4. 25	155. 85	6. 05	-24. 12
城市维护建设税	4. 28	-11. 92	5. 90	45. 42	8. 70	138. 78	7. 00	31. 88	5. 95	14. 98
房产税	3. 68	84. 89	2. 96	77. 00	—	—	4. 06	139. 14	3. 69	70. 62
印花税	1. 19	0. 82	1. 37	41. 86	2. 74	271. 23	1. 99	37. 64	1. 52	20. 97
城镇土地使用税	9. 13	80. 87	2. 52	102. 79	0. 2	-65. 52	3. 52	12. 73	4. 54	236. 74
土地增值税	3. 00	14. 46	6. 04	5. 53	1. 64	376. 47	3. 15	31. 30	4. 80	164. 36
车船税	1. 30	57. 96	1. 41	94. 93	1. 00	98. 00	1. 46	75. 98	1. 51	74. 43
耕地占用税	19. 61	298. 01	11. 78	34. 62	1. 74	1046. 67	2. 97	134. 19	6. 12	202. 67
契税	3. 63	38. 48	8. 50	62. 81	—	—	5. 21	2. 64	4. 39	45. 69
烟叶税	0. 01	-32. 14	0. 08	-25. 44	—	—	0. 02	150. 00	—	-100. 00

资料来源：国家统计局网站（http：//www. stats. gov. cn/）。
注：占比指 2016 年各项税种对地方税收入的贡献率，增速表示 2016 年相对于 2012 年的增速。

判断某项地方税是否适合作为地方税主体税种时，首先应该考虑该项税种对地方税收入的贡献率，其次应判断该项税种的增长情况。故排除增值税和营业税之后，对贡献率前 5 位的税种进行具体分析。分析结果如表 11-13 所示。

表 11-13　2016 年各民族地区部分税种占比及近 5 年增速　（%）

	税种	耕地占用税	城镇土地使用税	资源税	企业所得税	城市维护建设税
内蒙古	占比	19. 61	9. 13	8. 85	7. 26	4. 28
	增速	298. 01	80. 87	73. 51	-46. 11	-11. 92

续表

广西	税种	耕地占用税	企业所得税	契税	土地增值税	城市维护建设税
	占比	11.78	11.29	8.50	6.04	5.90
	增速	34.62	36.16	62.81	5.53	45.42
西藏	税种	个人所得税	城市维护建设税	企业所得税	印花税	耕地占用税
	占比	13.12	8.70	4.68	2.74	1.74
	增速	-45.38	138.78	-57.47	271.23	1046.67
宁夏	税种	企业所得税	城市维护建设税	契税	资源税	房产税
	占比	9.92	7.00	5.21	4.25	4.06
	增速	-3.62	31.88	2.64	155.85	139.14
新疆	税种	企业所得税	个人所得税	耕地占用税	资源税	城市维护建设税
	占比	11.14	7.04	6.12	6.05	5.95
	增速	21.10	70.60	202.67	-24.12	14.98

资料来源：国家统计局网站（http：//www.stats.gov.cn/）。

由表11-13可以看出，在排除增值税和营业税后，综合考虑贡献率和增速的情况下，内蒙古潜力较大的有耕地占用税、城镇土地使用税、资源税3个税种；广西潜力较大的有耕地占用税、企业所得税、契税、土地增值税、城市维护建设税5个税种；西藏潜力较大的有城市维护建设税、印花税、耕地占用税3个税种；宁夏潜力较大的有城市维护建设税、契税、资源税、房产税4个税种；新疆潜力较大的税种有企业所得税、个人所得税、耕地占用税、城市维护建设税4个税种。

（二）民族地区主辅税种共建的设想

1. 民族地区主辅税种共建的可行性分析

（1）培育房产税作为地方税主体税种

房产税是财产税的一种，以房产为征收对象，按照房屋计税价格或租金收入向房屋所有人或经营管理人征收。我国的房产税虽然立法较早，但目前仅对房屋建造和交易环节征税，对房屋保有环节尚未征税，税收收入也一直较低。即便如此，房产税依然具有成为民族地区地方税主体税种的潜力。

房产税符合地方税主体税种的基本特征。首先，房产税的征税对象是房产，我国具有安土重迁的文化传统，房产对于大多数人来说属于刚性需求。其次，房产税征收较为便利。虽然目前学界认为房产税在征收细节上存在很多要解决的问题，但是长远来看，民族地区政府能够充分掌握辖区内的房产信息，征收成本较低，征收效率较高。最后，房产的价值与民族地区经济发展具有很强的相关性。如果民族地区经济发展水平较高，民族地区政府提供更高水平的公共服务，辖区内的房产也会有更高的价值，房产税也会因此增加。

从民族地区的城镇化水平来看，2017 年，内蒙古、广西、西藏、宁夏、新疆的城镇化率分别达到 62.0%、49.21%、30.9%、57.98%、49.38%，预计民族地区未来的城镇化率还会更高，这也就意味着房产税未来会有更宽的税基。

考虑到我国暂时没有对房屋保有环节开征房产税的明确时间表，因此民族地区应积极培育与房产税相关的税种。由前文的分析可知，5 个自治区除去增值税和营业税之外，潜力较大的税种均包括城市维护建设税，因此可以将城市维护建设税作为重要的辅助税种。内蒙古、广西、新疆的城镇化水平较高，耕地占用税也具有较大的增长潜力，因此也可以将耕地占用税作为民族地区地方税的重要辅助税种。

（2）改革消费税作为地方税主体税种

本节认为改革消费税作为地方税主体税种具有可行性。目前消费税属于中央税，改革消费税只需要将消费税改为中央与地方共享税，或完全改为地方税。这一过程只涉及地方对消费税分享比例的调整，不需要设立新税种，不会增加税务机关的征税成本，也不会增加居民的负担。近年来，民族地区的消费税无论从规模，还是从增速来看，都具有成为地方税主体税种的潜力，如表 11-14 所示。

表 11-14　2012—2016 年民族地区消费税收入　　单位：亿元

年份	全国	内蒙古	广西	西藏	宁夏	新疆
2012	8876.18	65.43	208.31	1.17	44.09	187.88

续表

年份	全国	内蒙古	广西	西藏	宁夏	新疆
2013	9095.31	102.74	214.23	1.40	51.40	174.08
2014	9816.24	94.06	238.85	1.56	49.69	197.02
2015	11389.99	130.15	287.45	3.75	77.74	256.99
2016	11033.34	144.00	301.00	4.40	75.47	254.10

资料来源：2013—2017年《中国税务年鉴》。

从表11-14中可以看出，内蒙古、广西、西藏、宁夏、新疆的消费税收入在2015年分别为130.15亿元、287.45亿元、3.75亿元、77.74亿元、256.99亿元（由于西藏目前只对烟卷批发环节征收消费税，西藏的消费税收入较少）。如果将消费税改为地方税、西藏地区拓宽消费税征收范围，则以2015年消费税的收入规模，完全可以填补前文测算的“营改增”之后民族地区两税收入缺口。通过计算，2012—2016年，全国消费税收入的年均增长率为5.59%，内蒙古、广西、西藏、宁夏、新疆的消费税收入年均增速分别为21.80%、9.64%、39.16%、14.38%、7.84%，均高于全国水平，具有较大的增长潜力。

从消费税的特点来看，消费税符合主体税种的特征。首先，民族地区的消费水平在提升。2017年，内蒙古的居民人均消费为18946元，广西的居民人均消费为13424元，西藏的居民人均消费为10320元，宁夏的居民人均消费为15350元，新疆的居民人均消费为15087元，各民族地区的消费支出均呈增长趋势，为消费税提供了丰富的税源。其次，消费税的征管效率较高。消费税的征收环节主要在生产和零售环节，便于地方政府管理。最后，消费税对地区经济具有很强的调节作用。

相比于中央，地方政府对当地居民的消费行为、消费习惯更加了解，将消费税改革为共享税或地方税，有助于地方政府合理调节和引导居民的消费行为，从而更好地适应当地经济发展。综上，中央将消费税改革为共享税或地方税后，民族地区可以将改革后的消费税作为地方税主体税种。

（3）将资源税作为地方税重要辅助税种

从资源税的特点来看，自然资源流动性低，可以使民族地区受益，而民族地区自然资源丰富，资源税的税基宽广、税源稳定。随着国家近年来资源税清费立税、资源税扩围的推进，民族地区对本地区资源税的征管会更加便利。

但是从资源税的规模来看，资源税短期内并不具备成为民族地区主体税种的特征，如表 11-15 所示。

表 11-15　民族地区和全国历年资源税收入

年份	指标	全国	民族地区	内蒙古	广西	西藏	宁夏	新疆
2001	收入/亿元	67. 11	7. 21	2. 02	0. 80	0. 19	0. 07	4. 11
	占比/%	0. 99	2. 21	2. 41	0. 61	3. 27	0. 31	5. 04
2005	收入/亿元	142. 20	15. 16	6. 64	1. 97	0. 24	0. 23	6. 08
	占比/%	1. 03	2. 25	2. 23	1. 09	2. 67	0. 58	4. 17
2010	收入/亿元	417. 55	78. 84	36. 82	6. 97	0. 66	1. 92	32. 47
	占比/%	1. 42	4. 61	5. 31	1. 51	2. 64	1. 61	7. 92
2015	收入/亿元	997. 08	203. 99	105. 30	18. 06	0. 96	13. 31	66. 36
	占比/%	1. 60	5. 71	8. 02	1. 75	1. 04	5. 11	7. 59
2016	收入/亿元	919. 38	199. 54	118. 16	17. 22	1. 05	10. 49	52. 63
	占比/%	1. 41	5. 50	8. 81	1. 64	1. 05	4. 17	5. 96

资料来源：2002—2017 年《中国税务年鉴》。

从表 11-15 中可以看出，民族地区资源税的收入占比始终高于全国。2016 年资源税在民族地区地方税收入的占比达到 5. 5%，远高于全国的 1. 41%，但是资源税在民族地区地方税种中依然不足以占据主导地位。

从资源税的收入总量来看，2015—2016 年，民族地区资源税收入总量在下降，虽然内蒙古和西藏的资源税收入在上升，但是广西、西藏、新疆 3 个自治区的资源税收入在下降，这种下降的迹象表明将资源税作为当地主体税种具有一定的风险。从民族地区经济发展和环境保护的角度来看，民族地区自然环境相对恶劣、环境承载力较低，自然资源的大规模开发不利于民族地区产业结构升级，也不利于当地环境保护。

综上，将资源税作为民族地区地方税主体税种不具有可行性，但可以将资源税作为民族地区地方税的重要辅助税种。

2. 探索中央与地方对共享税的分享方式

2016 年“营改增”之后，中央提高了地方对增值税的分享比例，目的在于保证地方财力。2019 年制造业、建筑业、交通运输业的增值税税率下调之后，地方政府的财力会有所下降。按照 2019 年 1 月 9 日国务院常务会议精神，“为弥补因大规模减税降费形成的地方财力缺口，中央财政将加大对地方一般性转移支付”①。

共享税分享比例的调整需要时间，故而中央在短期内选择增加转移支付的方式弥补地方政府财力缺口。按照 2018 年财政部提出的“构建以共享税为主的中央地方收入分配格局”②，长期内中央与地方对共享税的分享方式需要作出调整。

目前我国的共享税里，中央与地方对增值税、所得税采用按收入分成的方式，对资源税、印花税、城市维护建设税则是提前划分中央与地方的征收范围，之后中央与地方各自征税。根据第二章的分析，共享税中增值税、所得税收入在地方税收入中的比重较高，在分享比例上具有较大的调整空间；资源税、印花税、城市维护建设税的分享比例几乎没有调整空间。因此，中央应适当提高地方对增值税和所得税的分享比例。在新的增值税和所得税分享比例下，民族地区因减税降费造成的地方税收入缺口会得到弥补。

---

① 1 月 9 日的国务院常务会定了这三件大事［EB/OL］. 中国政府网，［2019-01-10］. http：//www.gov.cn/xinwen/2019-01/10/content_5356449.htm.

② 中共财政部党组. 建立支撑国家治理体系和治理能力现代化的财政制度［J］. 预算管理与会计，2019（2）：2-4.

第十二章　典型发达国家地方税体系构建的总结与借鉴

如第八章所述，本篇的理论基础包含财政分权理论，而财政分权理论基本上是由学者们对世界发达国家的治理经验研究得来的。因此，在对民族地区地方税体系进行差异性构建时，有必要吸收和借鉴相关国际经验。本章介绍了美国、加拿大、英国、德国、法国5个典型发达国家的地方税体系。其中美国、加拿大的地方税体系属于分权型的地方税体系，英国、德国、法国的地方税体系则属于中央集权型的地方税体系。各国在地方税体系构建过程中，积累了一些值得借鉴的治理经验。

第一节　美国的地方税体系及地方税权配置

一、美国联邦政府与州政府的税权划分

美国的政府包括联邦、州和地方三个层级。联邦政府和州政府享有宪法赋予的税收立法权，地方政府的税收立法权则由州政府授权取得。联邦政府、州政府、地方政府根据自身管辖范围，开征了各自的税种。三级政府根据权责划分，对税收实行彻底的分税制。美国联邦税法由国会制定和修改，由财政部颁布实施细则，由税务局解释执行；各州和地方议会可自主制定各州或地方征收的税种和征收办法。美国联邦、州、地方三套税务机构分属各级政府，各司其职，不存在领导与被领导关系。在税收权益划分方面，美国的共享税分享方式和我国不同。美国采取的是分征法，即针对同一税源，联邦政府、州政府和地

方政府分别征收。我国则主要采用分成法对共享税进行分配。

在税种设置方面，美国联邦、州和地方政府的收入之间相对独立，各级政府都有作为主要税源的主体税种。联邦政府主要征收个人所得税、公司所得税、社会保障税、国内消费税、关税、遗产与赠与税，其中个人所得税和公司所得税为其主要收入来源。州政府主要征收销售税、州个人所得税、州公司所得税、州消费税等，其中销售税为其主要收入来源。地方政府则主要征收财产税、地方销售税、地方个人所得税等，其中财产税为其主要收入来源。美国各级政府均有各自的主体税种：联邦税以个人所得税和公司所得税为其主要收入来源，州税以销售与使用税为其主要收入来源，地方税以财产税为其主要收入来源①。由于各级政府均有主体税种，美国各级政府的财政收入具有较好的稳定性。从 2007—2016 年美国各级政府税收收入数据来看，美国各级政府形成了较为稳定的税收分配格局，如表 12-1 所示：

表 12-1　2007—2016 年美国各级政府税收收入

年份	美国联邦政府		美国州政府		美国地方政府	
	税收收入/亿美元	占比/%	税收收入/亿美元	占比/%	税收收入/亿美元	占比/%
2007	25679.9	66.68	7574.7	19.67	5257.9	13.65
2008	25239.9	65.51	7797.2	20.24	5492.2	14.25
2009	21049.9	62.37	7139.8	21.16	5558.6	16.47
2010	21627.1	62.92	7059.3	20.54	5686.4	16.54
2011	23034.7	63.16	7618.4	20.89	5817.9	15.95
2012	24499.9	63.84	7977.4	20.79	5898.9	15.37
2013	27751.1	65.67	8462.1	20.02	6045.4	14.31
2014	30214.9	66.93	8657.5	19.18	6273.1	13.90
2015	32498.9	67.37	9183.6	19.04	6559.8	13.60
2016	32679.6	67.18	9298.9	19.12	6666.7	13.70

资料来源：Wind。

注：因美国联邦政府税收收入数据暂不可得，以财政收入数据代替税收收入数据。

① 国家税务总局国际税务司国别投资税收指南课题组．中国居民赴美国投资税收指南［R/OL］．国家税务总局，［2018-11-30］：12. http://www.chinatax.gov.cn/n810219/n810744/n1671176/n1671206/c2069914/5116156/files/d8790dd940b24aaf9ed6b0d3cac510b9.pdf.

由表 12-1 可知，美国联邦政府的税收在全国税收中的比重基本维持在 2/3。在对税收进行分享的同时，美国联邦政府建立了一套较为完备的转移支付制度，经过转移支付后，州政府和地方政府的财力得到增强，如表12-2 所示。

表 12-2 2007—2016 年美国各级政府财政收入

年份	美国联邦政府		美国州政府		美国地方政府	
	财政收入/亿美元	占比/%	财政收入/亿美元	占比/%	财政收入/亿美元	占比/%
2007	25679.9	45.53	19951.6	35.37	10774.8	19.10
2008	25239.9	48.74	16130.0	31.15	10411.3	20.11
2009	21049.9	50.13	11232.3	26.75	9709.6	23.12
2010	21627.1	40.55	20362.4	38.17	11351.4	21.28
2011	23034.7	40.15	22652.1	39.48	11683.2	20.36
2012	24499.9	44.78	19070.3	34.85	11144.7	20.37
2013	27751.1	44.96	21944.8	35.55	12027.8	19.49
2014	30214.9	45.28	23647.6	35.44	12868.3	19.28
2015	32498.9	48.77	22029.3	33.06	12110.8	18.17
2016	32679.6	49.00	21364.5	32.03	12653.3	18.97

资料来源：Wind。

注：美国州政府财政收入=州和地方政府财政收入-50 个州政府本级财政收入。

在事权划分方面，美国各级政府基于受益原则对事权进行合理划分。联邦政府承担军事、外交、国家安全等受益范围为全国的事权，州政府承担州内基础设施建设、医疗、教育等受益范围为本州的事权，地方政府则承担地区治安、城市维护等受益范围仅限于本地区的事权。从事权支出的规模来看，美国各级政府的事权支出与财政收入匹配程度较高，如表 12-3 所示。

表 12-3 2007—2016 年美国各级政府财政支出

年份	美国联邦政府		美国州政府		美国地方政府	
	财政支出/亿美元	占比/%	财政支出/亿美元	占比/%	财政支出/亿美元	占比/%
2007	27286.9	50.63	16348.1	30.33	10264.0	19.04
2008	29825.4	51.29	17342.5	29.83	10978.4	18.88

续表

年份	美国联邦政府		美国州政府		美国地方政府	
	财政支出/亿美元	占比/%	财政支出/亿美元	占比/%	财政支出/亿美元	占比/%
2009	35176.8	54.06	18271.3	28.08	11624.1	17.86
2010	34570.8	52.64	19439.6	29.60	11665.4	17.76
2011	36030.7	53.29	20043.3	29.64	11540.1	17.07
2012	35369.5	52.89	19815.1	29.63	11682.7	17.47
2013	34546.5	52.09	20059.0	30.25	11715.8	17.67
2014	35060.9	51.81	20489.1	30.28	12118.3	17.91
2015	36883.8	52.05	21920.9	30.93	12058.3	17.02
2016	38526.1	52.35	22251.1	30.24	12815.5	17.41

资料来源：Wind。

注：美国州政府财政支出=州和地方政府财政支出-50个州政府本级财政支出。

对比表12-2和表12-3可以看出，得益于明确的税收分配机制、转移支付制度和合理的事权划分，美国地方政府的财政收入和财政支出基本得到匹配。

二、美国各州政府差异性的税权行使

美国的州政府在不与宪法抵触的情况下，有权根据本州的具体情况制定相应的税收法律。在实践中，美国各州根据当地的实际情况，进行了差异性的税权行使。

以消费税为例，美国有俄勒冈州、阿拉斯加州、德拉维州、蒙塔纳州、新罕布什尔州5个州的州政府不对商品征收消费税，新泽西州部分征收消费税，其余44个州均征收消费税。在各州政府对商品征收消费税的同时，地方政府也对商品征收消费税，设立的税率不尽相同。如在阿拉斯加州，州政府对商品免征消费税，阿拉斯加州各地的地方政府则对商品征收0～7.5%不等的消费税。

以个人所得税为例，美国各州的个人所得税率也存在较大差异，如表12-4所示：

表 12-4　美国部分州个人所得税率

州名	税率/%	起征点/美元
亚拉巴马州	2. 00	—
	4. 00	500
	5. 00	3000
阿拉斯加州	免征个人所得税	
加利福尼亚州	1. 00	—
	2. 00	8223
	3. 00	19495
	4. 00	30769
	8. 00	42711
	9. 30	53980
	10. 30	275738
	11. 30	330884
	12. 30	551473
	13. 30	1000000

资料来源：https：//taxfoundation. org。

美国有 7 个州没有征收个人所得税，在个人所得税税率设定上，各州的税率不尽相同。阿拉斯加州自然资源丰富，资源税能为州政府提供稳定的税收；出于吸引移民的需要，亚拉巴马州选择了免征个人所得税。与其他州相比，阿肯色州的经济不够发达，居民人均收入较低，相应地，州政府将个人所得税划分为 3 档，最高税率为 5%。加利福尼亚州在美国各州中经济较为发达，个人所得税的税率划分为 10 档，最高税率达 13. 3%。

第二节　其他发达国家的地方税体系及地方税权配置

一、加拿大的地方税体系及地方税权配置

加拿大的政府分为联邦、省和地方三个层级，加拿大宪法对联邦政府和

省政府分别赋予了税收立法权，地方政府的税收立法权通过省级政府授权取得。相应地，按照收入归属划分，加拿大税收种类分为联邦税、省税和地方税，如表 12-5 所示：

表 12-5 加拿大税收种类

类型	具体税种
联邦税	关税、联邦所得税、联邦销售税、货物劳务税、消费税、资本税、社会保障税等
省税	省所得税、省销售税、资源税、货物劳务税、社会保障税、资本税、土地转让税等
地方税	地方所得税、财产税、商业税等

资料来源：国际司：美国加拿大流转及地方税制［EB/OL］. 中华人民共和国财政部，［2014-06-06］. http：//gjs. mof. gov. cn/pindaoliebiao/cjgj/201406/t20140605_ 1088075. html.

由于加拿大省级政府享有税收立法权，在宪法授权范围内，加拿大各省在税种设立和税率确定上存在一定差异，如加拿大埃布尔达省免征省销售税。此外，各省的所得税率也存在差异，如表 12-6 所示：

表 12-6 加拿大部分省份个人所得税税率情况表

省份	税率/%	课税金额
安大略省	5. 05	42201 加元以下
	9. 15	42201～84404 加元
	11. 16	84404～150000 加元
	12. 16	150000～220000 加元
	13. 16	220000 加元以上
魁北克省	16	42705 加元以下
	20	42705～85405 加元
	24	85405～103915 加元
	25. 75	103915 加元以上
卑诗省	5. 06	38898 加元以下
	7. 70	38899～77798 加元
	10. 50	77798～89321 加元
	12. 29	89321～108460 加元
	14. 70	108460 加元以上

资料来源：加拿大高税高福利概况［EB/OL］. 中华人民共和国商务部，［2018-05-14］. http：//www. mofcom. gov. cn/article/i/dxfw/nbgz/201805/20180502743480. shtml.

二、德国的地方税体系及地方税权配置

德国政府分为联邦、州和地方三个层级，税种主要分为联邦税、州税、地方税、共享税。按照德国税收基本法的规定，联邦政府拥有设立税种的权力，在联邦政府规定的范围内，州和地方政府有权确定州税和地方税的税率，共享税的分享比例可根据情况，由法律确定或由联邦政府和地方政府协商确定。德国的税种设立如表 12-7 所示：

表 12-7 德国税收种类

类型	具体税种
联邦税	关税、资本转移税、保险税、票据印花税、消费税、统一附加税、团结互助附加税等
州税	遗产与赠与税、不动产购买税、地产购买税、土地收益税、财产购买税、机动车辆税、赌场税、抽奖税、彩票税、赛马税、消防税、啤酒税
地方税	土地税、企业资本利得税、货物税、地区贸易税、营业税、娱乐税、渔猎税、狗税、饮料税、零售酒许可税等
共享税	工资税、固定所得税、非固定所得税、公司所得税、增值税

资料来源：储敏伟，孙敏，财政部《税收制度国际比较》课题组．德国税制［M］．北京：中国财政经济出版社，2004：38-40.

在实践中，德国地方政府在联邦政府的规定范围内，充分行使了调整地方税税率这一权力。以营业税为例，德国地方营业税的基本计算公式为：营业税=企业盈利×3.5%×稽征率①，其中 3.5%由联邦政府制定，稽征率则由地方政府确定，由公式可以看出，地方政府可以通过稽征率来调整当地的营业税税率。

三、英国的地方税体系及地方税权配置

英国的税收立法权高度集中于中央，地方政府对地方税享有一定的税率调整权和税收减免权。

英国的地方税种类极少，地方财政收入主要来自市政税。英国的市政税

① 资料来源：中华人民共和国商务部。

属于财产税，征税对象为居民的住宅房地产。在征税过程中，各地方政府依据房地产价值将房地产分为若干等级，不同等级采用不同税率。目前苏格兰和英格兰以 1991 年房地产价值为基础，将房地产分为从 A 至 H 共 8 个等级，威尔士则以 2003 年房地产价值为基础，将房地产分为从 A 到 I 共 9 个等级，如表 12-8 所示：

表 12-8　英国各地区市政税等级

等级	苏格兰	英格兰	威尔士
A	27000 英镑及以下	40000 英镑及以下	44000 英镑及以下
B	27001～35000 英镑	40001～52000 英镑	44001～65000 英镑
C	35001～45000 英镑	52001～68000 英镑	65001～91000 英镑
D	45001～58000 英镑	68001～88000 英镑	91001～123000 英镑
E	58001～80000 英镑	88001～120000 英镑	123001～162000 英镑
F	80001～106000 英镑	120001～160000 英镑	162001～223000 英镑
G	106001～212000 英镑	160001～320000 英镑	223001～324000 英镑
H	212000 英镑以上	320000 英镑以上	324001～424000 英镑
I	—	—	424000 英镑以上

资料来源：英国政府网站（https：//www. gov. uk/council-tax）。

英国各地方政府对地方税享有一定的税率调整权，由于各地实际情况存在差异，地方政府出于治理的需要，在市政税税率的制定上存在一定的差异。以邮编为“SW1A 2AA”地段应缴纳的市政税为例，按照英国政府网站测算结果，该地段既需要向西敏市缴纳市政税，也需要向伦敦市缴纳市政税，两项市政税存在一定差异，如表 12-9 所示：

表 12-9　邮编为“SW1A 2AA”地段应缴纳的市政税　　单位：英镑

等级	西敏市政府	伦敦市政府	合计
A	277. 51	196. 15	473. 66
B	323. 77	228. 85	552. 62
C	370. 02	261. 54	631. 56
D	416. 27	294. 23	710. 50

续表

等级	西敏市政府	伦敦市政府	合计
E	508.77	359.61	868.38
F	601.28	425.00	1026.28
G	693.78	490.38	1184.16
H	832.54	588.46	1421.00

资料来源：英国政府网站（https://www.gov.uk/pay-council-tax）。

四、法国的地方税体系及地方税权配置

法国政府分为中央、区、省、市镇四级，法国宪法规定，税收立法权归中央所有，地方政府在中央规定的范围内，有权调整地方税税率。法国的主要税种如表 12-10 所示：

表 12-10　法国税收种类

类型	具体税种
中央税	关税、所得税、工资税、增值税、消费税、财富税、股份转让税、金融交易税、登记税、印花税等
地方税	土地税、居住税、房产税、地方经济捐税、垃圾清理税、特别发展税等

资料来源：法国税收制度介绍［EB/OL］. 中华人民共和国财政部，［2013-09-27］. http://gjs.mof.gov.cn/pindaoliebiao/cjgj/201309/t20130927_994351.html.

由于法国地方政府对地方税税率调整具有一定的权限，实践中法国各地的地方税税率存在较大差异。以居住税为例，2014 年，法国巴黎的居住税税率为 16%，布洛涅—毕扬古市的居住税税率为 10%，南锡市为 11%，里尔市为 33%①。

① 法国各城市地方税比拼：巴黎相对低 里尔很可怕［EB/OL］. 中国新闻网，［2014-10-09］. http://www.chinanews.com/gj/2014/10-09/6659526.shtml.

第三节　典型发达国家地方税体系构建的总结

通过对以上 5 个发达国家的地方税体系及地方税权配置进行分析，发达国家的地方税体系对中国的借鉴意义如下。

一是严格遵守宪法和法律规定。各国地方税的法律渊源均来自宪法，税收立法、税收划分也严格按照宪法和法律的规定执行。

二是与国家治理层级相匹配。美国和加拿大属于分权型国家，宪法对地方政府赋予了较大的权限，地方政府也相应地享有一定的税收立法权。德国、英国、法国属于中央集权型国家，税收立法权高度集中于中央，地方几乎不享有税收立法权。

三是对地方政府进行适当赋权。整体来看，美国、加拿大、德国、英国、法国的地方政府均享有一定的税收权限。美国、加拿大的地方政府权限较高，可以制定税法、选择税目、设定税率；德国、英国、法国的地方政府权限较低，但在中央规定的范围内，对地方税的税率享有一定的调整权限。

第十三章　民族地区地方税体系差异性构建的设想与建议

民族地区地方税体系的差异性构建需要良好的制度环境。良好的正式制度和非正式制度，不仅有利于民族地区地方税体系的差异性构建，也能够降低中央和民族地区政府对地方税体系的治理成本。在正式制度方面，中央应健全地方税法律体系，优化相关政策，支持民族地区的发展；民族地区应在中央规定的范围内，充分行使财政自治权，发挥自身优势，构建充分体现自身差异性特色的地方税体系。在非正式制度方面，中央、民族地区、社会应形成良性互动，尊重和理解民族地区的差异性，对民族地区地方税体系进行共同治理，逐渐缩小民族地区与非民族地区的差距。

第一节　中央简政放权背景下发挥民族地区财政自治权的设想与建议

一、中央简政放权对加强地方税权的启示

2019 年政府工作报告明确提出，要“深入推进简政放权”①。从中央与地方税权配置角度来看，简政放权改革意味着中央对地方税权要进行一定的调整。实际上，近年来国务院政府工作报告以及财政部部长在不同场合的发言中均提及了要加强地方税权。2016 年政府工作报告明确提出，“在税政管理权

① （两会受权发布）政府工作报告［EB/OL］. 新华网，［2019-03-16］. http：//www. xinhuanet. com/politics/2019-03/16/c_ 1124242390. htm.

限方面给地方适当放权”①。2017 年 7 月 5 日，财政部前部长肖捷提出，“在中央统一立法和税种开征权的前提下，根据税种特点，通过立法授权，适当扩大地方税收管理权限，地方税收管理权限主要集中在省级”②。2018 年 3 月 25 日，财政部部长刘昆提出，“积极稳妥推进健全地方税体系改革，调整税制结构，培育地方税源，加强地方税权”③。

本节认为，我国加强地方税权并不意味着将税收立法权完全下放给地方政府，而应根据我国的具体情况，将税种设立、税率制定、税目选择的部分权限适度下放给地方。从世界主要发达国家的做法来看，美国和加拿大赋予了地方政府税收立法权，而德国、英国、法国则是对地方政府赋予了一定的税率调整权。我国在对地方进行放权时，可以考虑在中央规定的范围内，允许地方政府因地制宜地选择地方税的税目和税率。中央对地方的放权应遵循以下原则。

第一，放权要依宪依法。

第二，放权要适度。根据我国中央与地方治理权限的划分，将部分税收权限由中央下放到省级政府较为合适，不宜再下放到省级以下政府。从税种划分来看，对全国经济具有宏观调控作用的中央税不宜下放给地方，对于能充分体现地区特色、发挥地方政府治理特长的地方税种，中央可以考虑适度下放部分权限。

第三，放权要稳步推进。为了确保放权能够达到增强地方政府财力的效果，根据我国“营改增”试点、水资源税试点的改革经验，可以先在某一地区对某一行业的某一税种进行试点，根据试点情况，逐步扩大试点范围。

---

① 政府工作报告（全文）[EB/OL]. 中华人民共和国中央人民政府，[2016-03-17]. http://www.gov.cn/guowuyuan/2016-03/17/content_ 5054901.htm.

② 肖捷. 加快建立现代财政制度（认真学习宣传贯彻党的十九大精神）[N]. 人民日报，2017-12-20（7）.

③ 全球视角下的中国财税体制改革——刘昆部长在中国发展高层论坛 2018 年会上的演讲 [EB/OL]. 中华人民共和国财政部，[2018-03-25]. http://www.mof.gov.cn/zhengwuxinxi/caizhengxinwen/201803/t20180325_ 2850796.htm.

二、发挥民族地区财政自治权的设想与建议

（一）全国统一财政体制下民族地区财政自治权的内涵

民族地区财政自治权源于宪法和民族区域自治法的明确规定。宪法第一百一十七条规定，“民族自治地方的自治机关有管理地方财政的自治权。凡是依照国家财政体制属于民族自治地方的财政收入，都应当由民族自治地方的自治机关自主地安排使用”①。民族区域自治法规定，“民族自治地方的财政是一级财政，是国家财政的组成部分。民族自治地方的自治机关有管理地方财政的自治权。凡是依照国家财政体制属于民族自治地方的财政收入，都应当由民族自治地方的自治机关自主地安排使用”②。

从民族地区财政自治权的法律条文来看，民族地区在全国统一的财政体制下享有财政自治权，民族地区财政自治权必须在宪法、民族区域自治法等法律法规以及中央规定的范围内行使。民族地区按照企业所得税法的明确授权，对当地符合条件的企业实行减免所得税的做法，便是民族地区行使财政自治权过程中较为典型的实践。

（二）中央加强地方税权后发挥民族地区财政自治权的设想与建议

2018 年中央经济工作会议明确提出，要实施更大规模的减税降费。根据 2019 年政府工作报告，中央进一步下调了增值税税率。由前文的分析可知，“营改增”造成民族地区地方财力下降，增值税税率下调之后，民族地区地方税体系的处境更加艰难。一方面，民族地区政府需要响应国家政策，对当地企业和居民进行减税；另一方面，民族地区政府需要增加地方税收入来满足地方治理需要。

在中央税权高度集中和税收法定的约束下，地方政府增加地方财力的选择十分有限，民族地区亦是如此。企业所得税法里只赋予了民族地区减免地方所得税的权限，其他税收法律条文中对地方提高税率、拓宽税目几乎没有

① 《中华人民共和国宪法》第一百一十七条。

② 《中华人民共和国民族区域自治法》第三十二条。

明确授权。从前文关于民族地区地方税结构的分析可知，民族地区地方税体系并没有充分发挥民族地区特色。民族地区自然资源丰富，但资源税在民族地区地方税收入中的占比并没有充分体现这一特色；民族地区环境承载力较低，除了企业的排污行为，个人行为也会对民族地区环境保护带来压力，然而民族地区环境保护税的税目与全国其他地区基本一致，即只对企业排污行为征税，并没有充分配合民族地区政府的治理。

如果中央对地方下放税权，地方政府将在税种设立、税目选择和税率调整等方面享有一定权限。在中央规定的范围内，民族地区可以充分发挥财政自治权，因地制宜地选择地方税的税目和税率。以环境保护税为例，我国目前只对企业的排污行为进行征税，如果中央允许地方适当拓宽环境保护税的税率，调整相关税率，那么民族地区在中央规定的范围内行使财政自治权，调整当地的环境保护税政策，会显著提高地方税收入。2016 年西藏地区旅游总收入为 330. 75 亿元①，如果按照西藏当年宏观经济税负 13. 55%的固定比例对旅游业的各个环节加征环保税，那么经过简单测算，西藏地区的地方税收入将增加 44. 81 亿元，地方税收入将会增加 45. 24%。再以资源税为例，中央允许地方政府适当拓展税目之后，民族地区能够充分发挥自身特色。民族地区拥有丰富的地热、风能、太阳能、湿地、滩涂、森林等自然资源，将这些自然资源纳入资源税的征收范围后，民族地区既能增加地方税收入，又能推动资源的保护性开发。

我国目前推行的是结构性减税，并非大水漫灌式的减税，这意味着，对于符合我国经济结构优化的经济行为应予以税收政策支持，对于不利于我国产业结构调整的经济行为应通过税收政策进行调整。因此，对地方适度放权以增加其税收的做法与国家减税降费的政策并不矛盾，民族地区在中央授权范围内充分行使财政自治权，亦符合中央的改革思路。

---

① 资料来源：西藏自治区人民政府网站（http：//www. xizang. gov. cn/）。

第二节　民族地区地方税体系差异性构建的设想与建议

一、中央继续加大力度支持民族地区发展

民族地区经济基础较为薄弱，中央需要继续加大力度支持民族地区发展，这既是现实治理需要，也是宪法和民族区域自治法规定的原则。宪法和民族区域自治法对照顾民族地区进行了原则性的规定，中央也针对民族地区的差异性出台了配套的政策。根据统计，在民族区域自治法的配套政策文件《国务院实施〈中华人民共和国民族区域自治法〉若干规定》中，共出现 5 次"照顾"、10 次"鼓励"、10 次"帮助"、11 次"加大"和 24 次"支持"。

中央在制定对民族地区的照顾政策时，在原则性的"赋权"基础上，应进一步进行"确权"，将政策的实施主体落实到具体的单位和部门，保障政策的有效实施。在政策实施过程中，中央应与民族地区进行良性互动，及时调整政策，对民族地区进行更加精准的照顾，保证政策能够收到良好的治理效果。在中央和民族地区共同治理下，民族地区社会经济的充分发展，必然会为民族地区地方税的差异性构建提供坚实的经济基础。

二、民族地区根据中央对地方放权情况积极行使财政自治权

民族地区应根据中央对地方放权情况，在中央规定的范围内，积极行使财政自治权。按照立法法的规定，地方政府无权制定税法，因此短期内中央应主要从税目和税率着手，对地方进行授权。如在部分地方税种上，允许地方政府在中央授权范围内，自主选择适合当地经济发展水平的税目和税率。结合我国减税降费的背景，允许地方政府对企业加征所得税并不合适，降低个人所得税起征点也不符合我国个税改革的思路，较为可行的做法是在印花税、环境保护税和资源税上对地方政府赋予一定的权限。

中央对全国地方政府统一放权之后，民族地区在新的税权配置下，能够更加充分地行使财政自治权，增加地方税收入。由于印花税税率较低，不会引起纳税人的强烈抵触，民族地区对当地纳税人的行为特征更加了解，可以有针对性设置印花税的税率、拓宽印花税的税目。当前社会对环境保护的意识在逐渐增强，加征环境保护税也有利于民族地区环境保护，不会引起纳税人的反感。民族地区自然资源丰富，如果允许民族地区拓宽资源税税目，将民族地区丰富的地热、风力、草场、林场等自然资源纳入资源税征收范围，同时适当提高资源税的税率，则既能充分发挥民族地区的自主性和积极性，又能提高民族地区地方税收入。

中长期内，结合我国税制改革情况，民族地区应相机调整地方税体系的构建思路。中央和地方应通过不断互动，逐步构建起一套地方税体系构建的评价机制。根据评价结果，按照宪法和相关法律规定，对有利于充分发挥地方积极性、能显著改善地方税收状况的税种，中央可以适度放权，对放权效果不理想的税种，中央应及时调整，各方在持续互动中寻求最优的地方税权配置。民族地区应积极参与到中央与地方的互动中，及时调整地方税体系构建的思路。

第三节　各民族地区地方税体系差异性构建的设想与建议

民族地区之间也存在较大差异性，各民族地区需要基于各自地方税体系的特色，选择地方税体系的差异性构建路径。

一、西藏地方税体系差异性构建的设想与建议

（一）中央继续加大对西藏的支持力度

在5个自治区中，西藏地区的经济基础最薄弱、地方税收入规模最小、财政自给率最低，因此中央需要继续加大对西藏的支持力度。

首先，中央应对西藏继续实行现有的优惠政策。在“税收全留”的政策下，西藏地区更有动力积极征税。通过税收努力指数可以看出，西藏的税收努力程度在全国的排名较为靠前。其次，中央应通过加大转移支付力度支持西藏地区的发展。最后，中央应积极分担西藏地区政府的事权支出。西藏地区的事权支出兼具中央事权支出的特点，如贫困人口脱贫、水资源保护、基础设施建设等，中央应主动分担西藏地区的事权支出。

（二）西藏自治区积极开拓新税源

目前，西藏地区的契税、房产税还没有开征，消费税只对烟卷批发环节征税。2017 年，西藏地区的城镇化水平已经达到 30.9%，税源较为充足，因此西藏地区可以开征契税和房产税。由于消费税具备成为民族地区主体税种的潜力，因此西藏也应适当拓宽消费税的征收范围，为消费税改革为地方税作准备。

西藏地区环境承载力较低，旅游业发展迅速，个人行为给环境保护带来的压力较大。因此中央对地方放权后，西藏地区可以因地制宜地对部分经济行为加征环境保护税。

二、其他四个自治区地方税体系差异性构建的设想与建议

中央对内蒙古、广西、宁夏、新疆没有实行“税收全留”的政策，这 4 个自治区的地方税体系与西藏地区存在较为明显的差异，因此在地方税体系构建时，应采取与西藏地区不同的思路。

（一）各方共同提高地方税收努力

财政体制的正常运转需要地方努力征税，确保税收能够如实入库。由中央转移支付与民族地区政府税收努力的演化博弈分析结果可知，激励民族地区政府提高税收努力的关键在于降低民族地区的征税成本。从治理的角度来看，征税成本的降低需要中央、地方、社会的共同参与，而不是仅仅通过完善中央转移支付制度就能达到的。

首先，中央应采取多种措施降低民族地区政府在税收征管环节的成本。

金税系统的优化、民族地区地方基础设施的改善、信息化程度的提高、网上政务大厅的推行、税制的精简优化、征税体制的改革均能影响征税成本，中央应多项措施共举，不断降低民族地区政府的征税成本，激励民族地区政府努力征税。

其次，民族地区政府应主动提高征税效率。民族地区政府对当地的税收情况较为了解，在长期的征税过程中积累了大量的经验，应积极总结先进的征税经验，改进工作方法，主动提高征税效率。

最后，各方应努力构建征税成本较低的良性互动机制。降低征税成本需要多方的主动参与，中央政府、民族地区政府、纳税人、中介机构在互动过程中，需要及时沟通，努力形成征税成本较低的机制。根据制度变迁理论，高效的组织会不断自我强化，在各方良性互动的机制下，征税成本必然会越来越低。

（二）各民族地区在中央授权范围内充分行使财政自治权

中央对地方放权后，内蒙古、广西、宁夏、新疆应根据自身特色，积极制定相关税收政策的实施细则。结合各自治区在地方税规模、结构以及社会经济发展状况等方面的差异性，各自治区的地方税体系构建应各有侧重。

由前文的分析可知，与 2001 年相比，2016 年民族地区财产税和行为税、资源税的比重呈上升趋势，民族地区恰恰对当地居民的财产状况、行为特质、自然资源更加了解，因此民族地区应从财产税、行为税、资源税上充分挖掘自身潜力。4 个自治区的旅游业收入较高，应积极探索最优的印花税、环境保护税税目和税率。内蒙古、新疆、宁夏矿产资源较为丰富，应在中央授权范围内，做好资源税的改革工作。

第四节　民族地区地方税主辅税种共建的设想与建议

一、相机选择地方税主体税种

短期内，民族地区地方税主体税种的可选项包括增值税、所得税、耕地占用税和消费税。由于“营改增”过渡期之后民族地区对增值税的分享比例存在较大的不确定性，而2019年我国制造业、交通运输业、建筑业的增值税税率下调之后，地方的增值税收入会进一步下降，因此民族地区对将增值税作为主体税种的选择应持谨慎态度。在国家减税降费的背景下，所得税的综合税率预计会有一定的下降，民族地区对将所得税作为主体税种的选择也应持谨慎态度。

民族地区耕地资源相对丰富，由前文的分析可知，在中央下放部分税权后，民族地区可以适当提高耕地占用税的综合税率，将其作为地方税重要的辅助税种。由于消费税税基广泛，税源丰富，对全国经济具有调节作用，将其改革为地方独享的税种不太现实，改革为中央与地方共享税的做法更具可行性，因此民族地区可以将改革之后的消费税作为地方税主体税种。

长期内，如果房地产税立法后，允许地方政府对房地产持有行为进行征税，那么房产税将会成为民族地区地方税的主体税种。届时，民族地区城镇化水平的提升会给房产税带来宽广的税基，经济发展水平的提高会带来房地产价值的提升，进而为民族地区提供可观的地方税收入。

二、重视地方税辅助税种建设

从地方税收入的结构来看，民族地区地方税辅助税种虽然税基较为零散，但加总起来在地方税收入中的比例依然很高。从地方税的功能来看，地方税辅助税种是民族地区政府对地方社会经济发展进行治理的重要手段，在法律上与主体税种具有同等地位。所以，民族地区不仅要相机选择地方税的主体税种，也应重视地方税辅助税种的建设。

第五节　总结

本章基于中央发布的具体政策，对发挥民族地区财政自治权进行了合理设想，并提出了相应的政策建议。在中央统一的财政体制下，民族地区地方税体系应积极配合中央的各项改革，在中央授权范围内充分行使财政自治权，发挥民族地区的特色。

民族地区与非民族地区的地方税体系存在差异，各民族地区之间的地方税体系也存在差异。中央、民族地区、社会各界应形成尊重差异、理解差异的制度氛围，共同努力，缩小民族地区与非民族地区的差距。各方在民族地区地方税体系的共同治理过程中，应严格遵守宪法和法律规定，充分考虑当地的基本情况，因地制宜地选择地方税体系的构建路径。

面对地方税主体税种缺失的情况，民族地区应选择主辅税种共建的思路，不仅要选好主体税种，也要加强辅助税种的建设，不断优化民族地区的地方税体系。

下篇　支出篇

民生视域下优化
民族地区财政支出结构

第十四章　本篇导论

一、研究背景及研究意义

（一）研究背景

民生财政是具有中国特色社会主义的财政模式，其根本目的是改善和保障民生，增加民众福祉。党的十七大和十七届五中全会报告指出，必须在经济发展的基础上，着力保障和改善民生，扩大公共服务，完善社会管理，促进社会公平正义。“十二五”规划提出了完善社会保障、教育、医疗卫生、就业和住房保障的制度安排。党的十八大进一步强调了“民生建设”的重要性。2016年、2017年全国“两会”召开，全社会聚焦民生，针对社保、扶贫、住房、就业等关乎民生的问题进行了讨论，并提出了切实可行的解决方案。

改革开放40多年来，我国的财政支出结构也发生了很大变化，财政支出结构根据政府职能的重新定位作出了突破性的改革，财政支出逐渐偏向民生建设。但由于“民生财政”提出时间不长，加之民族地区受历史、民族文化、地理环境等因素的影响，经济发展整体相对滞后，自治区政府财政更加倾向于经济建设支出，而缩减了民生支出规模，且保障民生的财政支出结构亦不够合理。民族地区民生财政支出结构是否合理关系到民族地区能否长期稳定发展，所以，优化民族地区民生财政支出结构至关重要。

（二）研究意义

1. 理论意义

尽管国内学者对于民生财政的研究趋热，但研究成果趋向于“对策论”，民生财政的理论研究依然欠缺，其中争议最大的就是民生财政的概念及其范围。本篇从民生财政的本质和目标职能入手，界定民生财政的内涵，同时确定民生财政的支出范围，一定意义上充实了民生财政的理论研究。

以往的民生财政研究缺乏实证研究和检验，本篇选用 1998—2015 年 5 个自治区和全国的面板数据，通过对比全国民生财政支出结构和民族地区民生财政支出结构的经济增长效应，针对民族地区民生财政支出结构具体地提出优化建议。民生财政支出有利于缩小贫富差距，实现社会公平正义，本篇选用民族地区数据，以城乡居民收入差距为衡量指标，检验民生财政支出缩小贫富差距的效应。

2. 现实意义

第一，通过优化民生财政支出结构改善民生，有利于实现社会公平正义，构建社会主义和谐社会。“民为邦本，本固邦宁”，古往今来，民生问题都与社会稳定紧密相连，妥善并及时地解决民生问题是构建社会主义和谐社会的主要任务。政府通过财政的收入再分配作用，达成调整居民收入差距，为每一个公民创造公平公正的社会环境的目的。然而目前，我国依然存在严重的贫富差距问题，尤其是民族地区，收入差距极大。优化民族地区民生财政支出结构能够改善民生，使民族地区内部区域经济发展更加均衡，同时缩小民族地区与中东部发达区域之间的差距，有效实现民族地区公平正义，消除社会不稳定因素，进一步建设社会主义和谐社会。因此，民生视域下的财政支出结构优化不仅改善了民生，更为实现社会公平正义、构建和谐社会奠定了基石。

第二，民生问题是百姓生存之根本，是政府理应解决的头等大事。民族地区的民生建设是我国民生建设的一部分，其民生问题亟待解决。科学合理的财政支出结构是国家调节地区间经济协同发展的重要杠杆。目前我国民生视角下的民族地区财政支出结构还不是最优的，仍存在进一步调整的空间。财政支出结构该如何调整、哪些支出需要进一步调高、如何调整民生项目内部结构等均对民族地区的经济发展与社会稳定、民族地区人民生活水平的提高、满足人民的民生需求、保障和完善民族地区民生发展具有重要意义。

二、相关文献综述

（一）“民生财政”及“民生财政支出”相关文献

目前我国还未有统一的民生财政概念，理论界对于民生财政内涵的理解可以分为以下三种观点。第一，民生财政是指在财政支出中民生支出占主导地位。安体富（2008）、嵇明（2011）等学者认为，如果在总的财政支出中，教育、医疗、社保和就业等民生方面的支出比例相当高，且处于主导地位，这样的财政模式被称为民生财政。第二，民生财政是否等同于公共财政。张馨（2009）认为，民生财政本质上属于公共财政，只要财政活动是服务于民众的都可以划作民生财政。但公共财政和民生财政在职能上存在差别：民生财政的主要职能是缩小贫富差距，缓解社会矛盾，着眼于社会不公问题；而公共财政的职能不仅仅是收入分配，还有宏观经济稳定和资源配置。崔惠民等（2011）、闫婷（2012）认为，民生财政不等于公共财政，民生财政才是实现基本公共服务均等化的根本途径。贾康等（2011）、刘志生等（2013）则认为两者并无差别，只是同一事物的两种称谓。第三，从“以人为本”的角度界定民生财政。刘尚希（2008）认为，能够改善民生的财政才是民生财政。他提出之前的财政是经济学意义上的“物本财政”，而民生财政是“民主财政”“人本财政”，其内涵更加丰富。孙春雷（2015）从人的全面发展的角度定义了民生财政。

国外对于民生财政支出未有专门的理论研究，但是在亚当·斯密的《国富论》中提到财政支出应主要用于国防、王室和基础建设，要减少行政支出，财政支出要严格符合国家职能范围。由于民生财政内涵的界定不同，民生财政支出存在狭义和广义之分。纪明明（2012）、汤红美（2013）、马喆（2014）、孙春雷（2015）等学者认为和民生相关的财政支出都应算作民生财政支出；但是，广义的民生财政支出范围过于宽泛，要分析的项目太多，不易操作和把握，改善民生的具体政策和措施也难以同民生问题相对应，一定程度上不利于民生问题的解决，从狭义的民生财政支出范围出发提出解决民生问题的方案更有研究意义（吕白羽，2008；肖宇亮，2013；郑霜等，2014）。

民生财政支出应该有层次性、梯度性。刘尚希（2008）、马海涛（2010）认为民生财政支出并不等于民生支出，仅仅数字化地统计出含“民生性”的财政支出比重，远不是真正的民生财政，而且民生财政支出项目要层级化。张馨（2009）认为民生财政支出应呈现梯度性，满足民生基础性需求的支出，诸如就业、社保、医疗卫生等为第一阶梯；能够增加人们知识、技能和培养民众素质的教育支出是第二阶梯；文化等精神文明的培养为第三阶梯；环境保护和生态建设属第四阶梯。时至今日，我国已经进入全面建成小康社会阶段，张馨的民生财政支出梯度性并不符合时代需求。贾康等（2011）认为政府通过民生财政支出保障和改进民生的顺序是：首先通过制度安排、法治环境、产权保护等政策导向服务稳定经济，然后由政府介入就业、教育、科技、文化、住房、社会保障等民生事项，作为“托底”保障。

（二）基于民生视角的财政支出结构相关研究

第一，通过优化财政支出结构来保障和改善民生。李永友（2007）指出，财政支出结构的不同偏向会影响社会相对贫困水平，偏向低收入人群的财政支出结构更利于降低社会相对贫困水平。Kotakorpi et al.（2010）通过实证分析确定了政府财政支出的结构和效率会影响居民的幸福感，黄淑玲（2007）也佐证了这个问题。当财政支出倾向于教育、医疗卫生等民生项目时，国民幸福感会明显增强；当政府财政支出减少公共物品的供给而增加国防军队等有较强寻租机会的项目支出时，国民幸福感会骤然降低。李普亮（2007）、汤跃跃等（2012）、吴飞（2014）、李霞（2015）等通过建立模型分析出民生财政支出短期内对经济增长有促进作用，但民生财政支出对居民消费影响有限，制约了产业结构化升级。周柏春等（2010）指出政府在调节市场失灵时，财政充当着十分重要的角色，面对群众生存、生活的难题，需用民生财政，财政支出结构向民生方向倾斜，使民众能够享受教育、医疗资源，居有定所，有实现自身价值的工作。

第二，我国民生型财政支出结构不合理的现状分析。从民生财政支出整体分析，罗明华（2010）选取 5 个少数民族自治区外加云南、贵州、青海作为民族地区，研究了民族地区财政支出结构存在的问题，如行政管理支出费用偏高，教育卫生、社会保障等支出不足。另外，民族地区基础建设水平低，财政不应过快退出经济建设领域。罗志红等（2012）认为应合理利用财政资源，通过加大教育、社保、医疗等民生方面的支出比重来优化财政支出结构。对单个民生项目支出方面的研究的文献集中于社会保障、医疗卫生、教育等公共服务。何春玲（2010）认为需要通过构建和完善民生财政来促进养老保障制度的建设。满忠坤等（2014）指出，通过教育增强民族群众自主改善民生的积极性，是教育民生功能的实质要求，是民族教育发展中的文化差异和民族群众民生状况改善的需求。根据民族地区发展教育的自身发展条件和文化特殊性来实现教育民生功能是民族地区发展教育和改善民生共赢的基本思路。郑尚植（2014）认为，分税制以来，地方财政支出结构存在着系统性的偏向，究其原因是中国式标尺竞争机制导致私人理性放大，公共理性丧失，财政支出结构趋于固化。李斌等（2015）通过实证分析论证了民生财政支出能够促进公共服务均等化，但由于地方政府的财政支出具有城市偏向性，将扩大城乡居民收入差距，侧面加重农村居民的生活和心理负担。张冬梅（2016）实证分析民族地区财政支出结构偏向“经济建设”与“行政管理”两类，呈现出重政府与经济、轻民生建设的现状。

（三）以民生为基调的财政支出结构优化路径的相关文献

朱青（2008）提出，财政支出结构的调整途径无疑只有两种：存量调整与增量调整。所谓存量调整，即调整各项支出规模，使各项支出均发生增减变化。增量调整，即在不改变存量支出结构的前提下，通过增加某项财政支出额，来提高该类支出的占比。刘晔（2008）认为，优化民生型财政支出结构的途径就是要压缩经济建设和行政管理支出，让更多的财政最先用于教育医疗、社会保障、住房就业等民生项目。陈治（2012）提出了民生财政在实践中基于观念基础、表现内容和权限配置的不同，形成了四种模式——行政主导式、民主参与式、市场激励式和法律保障式，但要想达成民生财政有效的发展路径，需要在兼收并蓄的基础上构建一种混合兼容式的新模式，强调《中华人民共和国预算法》的法律基础效应，从参与式预算制度、弹性预算制度、多元化支出方式制度、绩效预算制度等入手，为民生财政发展新模式提供强而有效的法律体系。

完善财政体制，财权事权相匹配。安体富（2008）指出，在目前的分税制下，教育、社会保障、就业方面的支出主要靠地方政府，但地方政府更倾向于经济建设支出。要实现民生财政，不能只靠中央财政投入，更要激发地方财政积极性，并给予地方政府充足的财力保障。健全财权与事权相匹配的财政体制，使其有财力自发、积极地搞民生建设。闫婷（2012）、明巧玲（2015）认为转移支付制度、预算透明制度、民生财政支出监管体制的完善均是优化民生财政支出结构的必经之路。

（四）对现有文献的总结和评价

学者关于民生财政的观点诸多，尽管对民生财政的内涵界定、民生财政支出范围及层次划分意见不一，但民生财政支出包括教育、医疗、社保、就业、住房等方面是毋庸置疑的。民生财政支出结构对提高当地经济发展水平、保障和改善民生以及维护社会稳定有一定的影响，得到了学者们的认可，而且学者普遍认为应该通过增加教育、医疗、社会保障、就业等民生项目的支出比重来优化财政支出结构。

现有文献分别从民生支出占比、公共财政与民生财政的关系、以人为本三个视角研究民生财政，从民生财政的职能——缩小贫富差距、维护社会稳定、实现公平正义的角度出发看民生财政支出结构合理性，忽略了民生财政职能这个视角。目前分析民生财政支出结构和城乡居民收入差距之间关系的理论研究和实证研究尚处于欠缺状态。

现有文献关于民生财政支出层次仅限于提出“民生财政支出需要划分层次”，少有文献按照民生财政支出层次统计数据。如此则难以知晓民生项目内部支出结构是否均衡。只有按照基本保障类、改善生活类、发展机会类的层次划分标准，将教育、医疗卫生、社会保障等民生项目依次划分，各民生项目支出总量、每一层次的支出数量才能一目了然，这对于分析民生项目内部支出结构有重要意义。

民族地区多是经济欠发达地区，关注少数民族地区的民生建设，有利于促进民族关系、社会和谐稳定。但现有关注民族地区民生财政发展状况的文献、研究资料少之又少，研究民族地区民生财政支出结构的学者更是凤毛麟角。要想从根本上处理好民族关系，实现社会稳定发展，就应该关注并解决民族地区的民生问题，让民族地区的人民群众安居乐业，拥有能够过上自己所珍视的生活的能力，实现实质自由。因此，研究民族地区的民生财政支出结构情况并采取优化措施，对民族地区的长久发展有深刻的意义。

三、主要的研究内容与方法

（一）研究内容

本篇由导论和 5 章组成。导论介绍了民生视域下优化民族地区财政支出的研究背景和研究意义，对现有相关文献进行梳理、综述和分析，介绍了本篇的研究内容、所使用的研究方法以及创新与不足之处，为下文的展开打好基石。

第一章，民生财政支出结构理论基础及相关概念界定。本章在探讨公共物品理论、公平正义原则、福利经济学思想、人的全面发展理论与民生财政的关系的基础上，阐述了民生财政的丰富内涵，界定了民生财政的支出范围、层次，明确了民生财政支出结构的最优标准，为下文民生支出结构问题的阐述提供了理论基础。

第二章，民族地区民生财政支出结构的历史回顾与进展。描述了民族地区民生建设历史以及民生财政支出结构变迁和现状。以内蒙古自治区为例，重点分析教育、医疗、社保等民生项目内部支出结构，为下文问题分析提供背景资料。

第三章，民族地区民生财政支出结构的效应分析。选用 1998—2015 年 5 个自治区和全国财政支出面板数据，用地区生产总值、城乡居民收入差距等指标实证分析论证民生财政支出结构的经济增长效应，检验了民族地区民生财政支出结构对民族地区贫富差距的影响效应。

第四章，民族地区民生财政支出结构困境及其根源解释。针对上两章的民生财政支出结构的现状分析和效应分析，总结民族地区民生财政支出结构存在的问题，深度挖掘民族地区财政支出结构存在问题的原因。

第五章，针对上述问题及原因提出保障民生的民族地区财政支出结构制度建设。在前文分析的基础上，针对民生视域下民族地区财政支出结构中存在的问题，提出具体的优化建议。

（二）研究方法

财政支出结构不合理问题一直制约着我国民生事业的发展，阻碍经济社会进步。民生财政能否有效实现、民族地区居民的福利水平能否提升、政府职能能否有效发挥都取决于财政支出结构是否最优。优化财政支出结构是改善民生的关键，本篇通过以下方法分析问题，致力于探索一条民族地区财政支出结构优化之路。

1. 文献研究法

在撰写论文前期，查阅相关文献，收集民生财政、财政支出结构的相关研究成果，在此基础上进行分类整理，归纳不同学者的研究观点。

2. 历史与逻辑的统一

计划经济时期，国家注重经济职能的实现，推崇“生产型财政”，到十六届三中全会，提出“公共财政”，财政支出结构也相应地发生变化，经济建设支出的占比在减小，满足社会公共需要的项目支出在增长。通过对民生建设历史的梳理，为优化民族地区的财政支出结构提供依托。

3. 实证分析、规范分析相结合法

实证分析通过分析民族地区目前的民生支出状况、支出结构及各类民生支出按层次划分后的内部结构情况，解决“是什么”的问题。而规范分析在理论基础之上，提出财政支出结构优化的标准以及优化路径，解决“应该如何”的问题。两种方法有机结合，深度分析民族地区财政支出结构存在的问题及原因，并且对此提出优化建议。

四、创新点以及存在的困难与不足

（一）创新点

第一，从不同的视角界定了民生财政的内涵以及民生财政支出的范围。

第二，重点研究民族地区民生财政支出结构和民生各项目内部结构，整体和局部相结合，更全面有效地得出财政支出结构存在问题的根本缘由，从而提出解决方案。

第三，选用民族地区的面板数据，实证检验民生财政支出结构对城乡居民收入差距的影响效应。

（二）存在的困难与不足

数据搜集困难。由于本篇对民生项目划分了层次，根据层次统计数据可能会存在一定困难。由于民生财政界定不同，已公布的民生数据总额可能并非笔者所需，贸然使用会对模型结果造成影响，因此可能要根据情况对数据“抽丝剥茧”。

理论不足。由于作者自身学术水平有限，相关理论积累不足，故本篇在界定民生财政时缺乏一定的深度，原因分析以及提出的民族地区财政支出结构优化建议亦存在局限性，仍需要进一步的学习和改进。

第十五章　民生财政支出结构理论基础及相关概念界定

民生财政的内涵与外延是研究民生财政支出结构的逻辑起点，只有明确民生财政的概念以及民生财政的支出范围和层次，并且在人的全面发展等理论的支撑下，才有可能深入地研究民生财政支出结构和运行问题。因此，本章主要对民生的发展由来、民生财政的深层内涵、民生财政支出范围以及民生财政的理论基础进行了详细的论述。

第一节　民生财政的理论基础

由于西方并没有专门的民生财政理论成果，国内民生财政又兴起于实践，理论研究相对较少，为了补充民生财政的理论体系，本节讨论了公共产品理论、公平正义原则和人的全面发展理论同民生财政的内在联系，为本章提供理论基础。

一、公共物品理论与民生财政

（一）公共物品的内涵和分类

不同学派对公共物品的定义存在差异。萨缪尔森（1954）将其定义为“所有成员集体享用的集体消费品，每个人对该产品的消费都不会减少其他社会成员对产品的消费"①。萨缪尔森明确了公共物品非竞争性的基本属性，同时也强调了其不可分割性。马斯格雷夫在萨缪尔森的基础上强调了非排他性，他将其阐述为"任何人都同等地消费，不管他是否为此付费。换言之，这里必须将联合消费与排他性原则的不实用性结合起来"②。布坎南则提出俱乐部物品理论，指特定群体提供的物品，只有俱乐部成员可以消费。奥斯特罗姆提出公共池塘资源概念，其具有非排他性且能被消费者共同消费的特性，是一种特殊的公共物品。

公共物品一般分为纯公共物品和准公共物品两类。马斯格雷夫根据公共物品的非排他性和非竞争性两大特性提出，严格符合非排他性和非竞争性的公共物品为纯公共物品。布坎南则根据物品的提供方式来判断其是否为纯公共物品，他认为"纯公共物品的提供应该是非市场化方式"，只要是市场提供的，就不是纯公共物品。

市场通过市场交易提供物品和服务，在市场机制中，资本起决定性作用，换言之，市场机制是存在竞争性的。而公共物品具有非竞争性和非排他性，决定了市场不能够提供纯公共物品。换一个角度来看，非竞争性体现在每新增一名消费者，其成本不会增加，即边际成本为零，以此边际成本来定价，私人投资者得不到他期望的收益，故不会主动提供纯公共物品。同样，纯公共物品的非排他性会产生"搭便车"现象，每个人都会等待他人购买公共物品，因此，没有私人投资者自愿提供纯公共物品，纯公共物品只能由政府提供。

政府能够提供纯公共产品是由政府自身特性及其运行机制决定的。一方面，政府作为国家机关，理应满足全体社会成员共同需求，为社会成员提供社会福利，这是政府的职责；另一方面，政府有向社会成员征税的权力。政府主要通过法律强制征税来提供纯公共物品，实现资源的有效配置，并合理

---

① SAMUELSON P A. The pure theory of Public expenditure [J]. Review of Economies and Statistics, 1954 (36): 387-389.

② 贾晓璇. 简论公共产品理论的演变 [J]. 山西师范大学学报（社会科学版），2011 (5): 31-33.

地确定提供公共物品的范围和财政支出规模。

准公共物品具有不完全的非排他性和非竞争性，根据公共物品的性质分类，将准公共物品划分为近似于纯公共物品的准公共物品、一般准公共物品和近似于私人物品的准公共物品三类，比较有代表性的物品分别为义务教育，公路、文化建设，成人教育，等等。准公共物品又分为公共资源和俱乐部物品。海洋中的鱼是公共资源的代表，任何人都可以去海洋捕鱼，具有非排他性，但是海洋中的鱼是有限的，一个人对它的捕捞就会减少其他人的受益，边际成本不为零，具有竞争性。俱乐部物品只能由俱乐部成员共同消费，具有对外排他性和非竞争性，电影院、游泳池等均属于俱乐部物品。

准公共物品可以由政府或者由市场提供，也可以采取混合提供方式①。从实践情况来看，供给方式有三种：一是政府授权经营。政府部门通过公开招标的方式选择民间企业经营，政府管制。二是政府参股。对于一些较大投资额的基建项目，如高速公路、铁路等，政府通过控股参与建设。三是政府政策补贴。对于提供医疗、教育等公共产品的民间机构，政府给予一定的补贴。

（二）公共物品与民生财政之关系

民生建设主要包括政府向教育、医疗、社会保障等方面的投入，尤其是基础教育、公共设施等，均是和民众息息相关的公共物品。可以说，政府向社会、公众提供公共物品的力度就是其改善和保障民生的决心。公共物品的提供能够更多地惠及平民百姓，保障每一个公民的生存权利，一定程度上打破了阶层固化，消除了贫穷。

民生财政是“以人为本”的财政模式，其内在要求政府在经济建设的同时，加大民生建设方面的投入。因此在改善和保障民生的背景下，政府和社会必须承担起相应的责任，为民众提供更多、更有利的公共物品，减少扰民及无关紧要的建设，为社会主义建设添砖加瓦，实现真正的以人为本。

二、公平正义的原则与民生财政

正义是社会的一种基本观念和准则。西方对正义的探讨主要集中在政治

---

① 陈共．财政学［M］．北京：中国人民大学出版社，2012：34.

法律正义和分配正义层面。其中以罗尔斯为代表的分配正义和中国特色的民生财政均反映了资源配置方向，关系到是否能够冲破阶层固化的禁锢，缩小居民贫富差距。

（一）古典主义的正义思想

西方最早关于正义的探讨是在柏拉图的《理想国》中。苏格拉底通过同色拉叙马霍斯、格劳孔等辩论的方式，提出了正义的本质和原则。柏拉图认为个人的幸福只有在城邦中获得，所谓城邦，是这里的每个人为了各种需要，招来各种各样的人，作为伙伴和助手住在一起，组成的公共住宅区。苏格拉底认为，每个人在恰当的时候干适合他性格的工作，专搞一行，生产效率就会提高，所以正义的原则就是“每个人必须执行一种最适合他天性的职务”。拥有智慧之德的统治者，就负责治理国家；拥有勇敢之德的护卫者，就担任保卫国家和对外御敌；而生产者要有节制之德，安分守己，努力劳动。只有当这三个阶层都在城邦里执行最适合其天性的职务，彼此互不干扰，各司其职，各居其位，不互相僭越，城邦才会成为正义的城邦。一言以蔽之：“正义就是只做自己的事而不兼做别人的事。”亚里士多德认为正义是法律上的正义，法律的实际意义应该是促进全邦人民都能进入正义和善德的制度。“正义是城邦中的人们所达成的约定，因为司法或实施正义——它决定何为正义——乃是政治社会中的秩序原则。”亚里士多德把“脱离了法律和正义”的人视为一种最坏的动物①。

斯密在《道德情操论》中提出“中立的旁观者”来评判个人行为是否正义。近代功利主义将功利视作正义的基础，法律和政府行为是否合乎正义的评判标准是这一行为能否促进最大多数人的最大幸福。英国政治思想家边沁作为功利主义的代表，认为“快乐即善，痛苦即恶”。由于每个人都生活在社会共同体之中，都和他人存在关系，因此，个人利益和幸福自始至终与他人利益和幸福分不开，社会利益是个人利益的加总，每个人的个人利益最大化，就能实现全社会利益最大化。

---

① 邓正来，郝雨凡．转型中国的社会正义问题［M］．桂林：广西师范大学出版社，2013：34.

（二）近现代分配正义观

分配正义主要关系到人们从国家和社会能获取多少荣誉、权利和经济利益等，并对居民贫富差距和人际收入差别进行合理调整。分配正义主张人们理应平等地享有权力和经济利益，并对享有多大范围的权利以及怎样保障这些权利作了讨论。

20 世纪中期以后，美国、英国等西方国家涌现了一大批研究分配正义的哲学家，如约翰·罗尔斯（John Rawls）、罗伯特·诺齐克（Robert Nozick）、沃尔泽（Michael Walzer）、罗纳德·德沃金（Ronald Dworkin）等均提出了分配正义理论。在这些当代西方哲学家中，最有影响力的是约翰·罗尔斯。罗尔斯从“作为公平的正义”这个逻辑起点出发，提出了正义二原则：“每一个人对于一种平等的基本自由之完全适当体制都有相同的不可剥夺的权利，这一体制与适于所有的同样自由体制是相容的；社会和经济的不平等应该满足两个条件：（1）它们的所从属的工作和职位应该在公平的机会平等的条件下对所有人开放；（2）它们应该有利于社会之最不利成员的最大利益。”其第一个正义原则是平等的自由原则，第二个原则包括两个部分，即公平的机会平等原则和差别原则①。他认为使社会中最穷者的福利最大化，收入的财富分配才是最正义的。

诺齐克则主张极端自由主义，以“持有正义”反对罗尔斯的分配正义论。在他看来，肯定和维护个人权利就是正义的，对个人权利的任何干涉与侵犯都是非正义的。诺齐克反对罗尔斯为了满足弱势群体的需要而要求再分配，他认为，穷人并不是再分配的最终受益者，再分配的主要受益者是中产阶级。

阿玛蒂亚·森在《正义的理念》中对罗尔斯、功利主义进行了批判。阿玛蒂亚·森指出，罗尔斯的正义理论中，几乎只关注“公正制度”含义，并未明确“公正社会”具体是怎样。同时，阿玛蒂亚·森认为功利主义的缺陷主要有两方面：一方面，幸福的考量忽视了能力的责任和义务，而且幸福也不是唯一值得追求的价值。功利主义忽视了人与人之间的比较，狭隘的信息

① 罗尔斯．正义论［M］．何怀宏，何包钢，译．北京：中国社会科学出版社，2015：61.

基础会导致不平等。另一方面，功利主义的效用并不足够作为首要价值，“幸福是合理的，但这里不一定愿意做幸福的奴隶或快乐的陪臣”①。阿玛蒂亚·森明确指出，正义问题应当关注实际的生活状态，而不只是探讨一个抽象的制度；应关注怎样减少明显的不公正，而不是希冀绝对的公正；应当追求全球正义，而不是只局限于某个国家或地区。

正义要求保持理智，借用亚当·斯密“中立的旁观者”的概念，阿玛蒂亚·森认为减少不正义就是要尽可能客观、中立地去看待问题。阿玛蒂亚·森指出，“自由是人们能够过上他们有理由珍视的生活的可行能力”②，主张政府、社会应该尽可能地提供给每个人能实现自身可行能力的机会和资源。

（三）公平正义与民生财政的关系

古典主义公平正义观注重法律正义、行为正义，每个人都有追求权力和经济利益的自由，民生财政的目的就是帮助人们能够过上他们所珍视的生活。每一个公民都有受教育的权利，民生财政作为公平正义实现的助推者，让人们享受义务教育；同时，公平正义又作为民生财政实施的保卫者，民生财政支出必须保证其目的是促进社会公平、缩小贫富差距，而非只在发达地区搞民生建设。

民生财政和分配正义目的都是确保全体社会成员的协同发展。民生财政通过政府征税的方式来为全体社会成员提供公共物品，并着重保障社会底层民众的公共需求。可以说，在财政领域，公平正义是对民生财政最基本的要求，而民生财政的灵魂就是公平正义。

三、福利经济学思想与民生财政

时代变迁，“民生”含义已从“温饱”到“幸福”、从“民众生计”到“发展诉求”不断延伸，福利经济学理论成为诠释民生问题的重要学理依据③。改善民生从某种程度上就是增加民众的幸福感，福利经济学思想为民生财政的优化提供了理论基础。

---

① 森．以自由看待发展［M］．于真，译．北京：中国人民大学出版社，2012：51.

② 森．以自由看待发展［M］．于真，译．北京：中国人民大学出版社，2012：3.

③ 张冬梅．民生财政的福利经济学诠释［N］．光明日报，2015-9-2（15）.

（一）福利经济学的发展

福利经济学是西方经济学的一个重要分支，很多国家将福利思想作为评价政府政策优劣的基础。“福利经济学之父”庇古认为，效用在本质上是物质的，是可以加减的，所以整个社会的福利是所有个人效用的累加。在此基础上，庇古提出了两个福利的基本命题：一是国民收入水平越高，社会福利越高；二是国民收入分配越平均，社会福利越高①。依据庇古的理论，国家可以通过征收税收的方式进行收入再分配，将收入水平高的人的部分收入转移给穷人，从而提高社会整体福利水平。

20 世纪 30 年代，在“效用理论”和“帕累托最优”的根基上，新福利经济学拉开了序幕。新福利经济学的思想离不开帕累托，但帕累托最优标准是在序数效用的基础上提出的，不涉及价值判断，也不涉及分配问题，所以并不适用于社会常态。为了弥补这一缺陷，先后出现了一系列检验标准，但均未解决效率与分配之间的矛盾。

另一个尝试修正帕累托标准的是社会福利函数。它试图分析影响社会福利的因素，通过建立福利函数模型，来处理不同人的利益和选择。但 1951 年，阿罗提出了著名的阿罗不可能定理，证明了在某些情况下，社会选择机制是不存在的。福利经济学陷入困顿中。

20 世纪 70 年代，阿玛蒂亚·森等人的研究成果指明了序数效用是阿罗不可能定理产生的原因，因为采用序数效用就无法进行人际的效用比较，无法进行社会排序。随后，福利经济学开始逐渐关注个人权利、自由、正义等伦理方面，为福利财政的出现奠定了基础。

（二）福利思想和民生财政的关系

福利财政同民生财政有共同之处，两者着力于社会保障方面，其目的也都是缩小贫富差距，实现社会公平正义，为民众的生存和发展提供有力保障。但是由于福利陷阱，福利财政实施效果不尽如人意，部分民众只依赖于政府救济生活，国家财政沉重，经济发展缓慢，说明福利财政是不可持续的。反

---

① 庇古．福利经济学［M］．金镝，译．北京：华夏出版社，2007：11.

观民生财政，民生财政不像福利财政只追求公平不讲效率，而是在保障经济效率的基础上，追求公平正义。

四、人的全面发展理论与民生财政

人的全面发展理论是人的体力、智能的充分、自由、和谐的发展，是马克思主义的基本原理之一。在马克思看来，人是有需要的，但单纯地对物质的需要并不是全面发展的本质需要。人的全面发展既有物质需求，又有实现全面发展的本质力量，是对狭隘的“物的占有”的一种超越。阿玛蒂亚·森在马克思关于人的自由、全面发展的影响下，更加注重人的平等、自由、权利等，尤其是贫穷者。他认为除了物质贫穷，还应该看重权利贫穷、能力贫穷。人的发展的本质就是拥有发展的权利，拥有可行能力，自由地发展。

人的全面发展要求了解人们的“需求层次”，不同的人在不同阶段需求不同。面临生存危机时，人会更注重生活资料，在人际交往中，会更注重“被尊重，被需要”，抑或“成就感”。当一个人觉得“实现自我价值”更重要时，他会更加需要自身才能得以发挥、价值得以实现的机会。相反，一个食不果腹的人，你不给予他温饱，反而让他去追求民主、自由，这无疑是雾里看花。中国古话亦有言，“仓廪实而知礼节，衣食足而知荣辱”。就业作为民生之本，就在于每个人都需要实现自身价值的工作，是对本质的追求。环境污染的原因也离不开人们对物质的需求和占有，这需要政府加以引导和治理。因此，这里既要搞清楚人的需要处于哪一个层次，然后采取相应的合理方法给予满足，又要不断地丰富、充实和完善自己的需要①。

本章界定的民生财政是公共财政的基础，是为了缩小贫富差距，实现社会公平正义，并最终实现人的全面发展，通过法律制度保障民众基本生存、权益和发展的财政。因此，民生财政的生命力和优越性不仅体现在其追求经济效率，其最终目的是人的全面发展，这与马克思主义追求的根本价值目标不谋而合。

---

① 韩庆祥．人的全面发展理论及其当代意义［J］．科学社会主义，2004（1）：35-40.

第二节　民生财政支出相关范畴界定

一、民生的演变

民生是历史的追求，现实的选择。“民生”一词最早出现在《左传·宣公十二年》，“民生在勤，勤则不匮”。这里的“民生”意指“民众的生计、生活”。最早改善民生，是为了维护统治者的利益，保证国家长治久安。“民唯邦本，本固邦宁”“人为本，本治则国固”以及“民贵君轻”等民生思想一直是历朝历代统治者的执政方针。与民生相关的财政支出在史料中同样有所记载。唐朝的“贞观之治”贯彻轻徭薄赋的执政理念，宋代改革家李觏提出“安民养民”思想，清朝正是因为“减捐减租”“永不加赋”才出现“康乾盛世”。兴盛的朝代均强调“富国养民”“藏富于民”，富国先富民，人民的富裕是“礼”发展的基础。“山海者，财用之宝路也。铁器者，农夫之死士也。死士用则仇雠灭，仇雠灭则田野辟，田野辟而五谷熟。宝路开则百姓赡而民用给，民用给则国富。”（《盐铁论·禁耕》）① 纵观史料，民生思想贯穿了整个封建时代的执政理念。

民生思想并未随着封建时代的终结而消失。清末民初，孙中山先生指出，民生即“人民的生活，社会的生存，国民的生计，群众的生命”。继“三民主义”之后，中国共产党人一直在追求人民共同利益的路上奋斗。1949 年中华人民共和国成立至今，民生问题始终是党和国家关注的重点，2016 年和 2017 年的全国“两会”上更是要求在经济发展的基础上，着力保障和改善民生，扩大公共服务，促进社会公平正义，使全体社会成员“学有所教、劳有所得、病有所医、老有所养、住有所居”。

时至今日，民生的内涵愈加丰富，大致分为狭义和广义两种，其中狭义

① 王贞珉．盐铁论译注［M］．长春：吉林文史出版社，1995：45.

的民生内涵主要是从社会学意义上讲，民生即人民之幸福，包括人民的基本生存和生活状态，以及民众的基本发展机会、基本发展能力和基本权益保护的状况等。具体来说，民生就是人民生计，包括与民众生活密切相关的衣、食、住、行、生、老、病、死等事项①。广义的民生则包括社会、经济、政治和文化等各领域。

民生具有动态性，不同的时代，民众有不同的需求，同时也赋予民生不同的内涵。概括讲，在温饱难以保障的年代，民生主要解决的是民众生存问题；而如今的小康社会，民生所要解决的是改善生活质量和提供发展机会的问题。不管民生在哪个阶段，或者要解决什么问题，都和民众息息相关。

本章选用民生的狭义内涵，主要研究和民众生存、生活、发展相关的民生项目。

二、民生财政的内涵

关于民生财政的内涵，学术界各执一词，没有统一的定义。目前大致分为三种：第一种是从民生支出占总财政支出的比重来定义民生财政。民生财政是指在总财政支出中，教育、医疗、社保等民生方面的支出占比较高，甚至处于主导地位。第二种是民生财政与公共财政是同一种财政模式的不同名称。第三种认为民生财政是“人本财政”，其核心是“人”，是“民主”②。

第一种民生财政的定义，意指民生支出即民生财政。民生财政包括财政收支两方面，显然，民生支出是民生财政的必然条件，而非等同关系。第二种定义，民生财政不等同于公共财政，两者在具体意义上存在差别。民生财政要解决的是阶段性的特殊问题，而公共财政要解决的是一般性的公共服务问题。第三种定义更加注重民生财政的最终目的价值。民生财政要实现“以人为本”以及“全面发展”的目的，严格地讲，它只是民生内涵的一部分，不能算民生财政的全部内涵。

在上述三种民生财政概念界定的基础上，本章将民生财政定义为：民生

① 嵇明．关于民生财政的若干思考［J］．经济研究参考，2011（4）：21-26.

② 寇明风．民生财政的内涵与体系构建：一个文献综述［J］．地方财政研究，2011（8）：20-25.

财政是公共财政的基础，其目标是保障和改善民生，实现社会公平正义，最终实现人的全面发展，是有利于经济增长和缩小贫富差距的财政模式。

三、民生财政支出的范围和层次

民生财政支出是政府为了增进民生福祉所进行的以民生为前提的财政活动。无论是国内还是国外，财政支出中民生支出的比重和规模都被视作衡量民生优劣的主要指标，所以有必要界定民生财政支出的范围和层次。

（一）民生财政支出范围

2007年，我国政府参照国际经验，按照支出功能确立了新的财政收支科目，主要包括一般公共服务、外交、国防、教育、科学技术、社会保障和就业、文化体育与传媒、社会保障基金支出、医疗卫生、交通运输、农林水事务、住房保障支出、地震灾后恢复重建等①。

民生财政的主要职能是缩小贫富差距，实现社会公平正义，改善民生领域发展的落后状况，实现人的全面发展。民生财政支出包括百姓的衣、食、住、行等生活领域，而政府办公楼以及“三公”经费等项目和民生相关性比较弱，因此，本章认为诸如一般公共服务、外交、国防、公共安全等支出均不属于民生财政支出。

根据财政支出职能的表现方式将民生财政支出范围界定为：①直接增加个人收入（直接能感受到）：财政补贴性支出；②相对直接增加个人收入，缩小贫富差距（相对直接能感受到）：教育、医疗、社保、就业、住房；③为当地人民生产生活提供便利条件（感受不强烈）：环境保护、公共交通、科技文化等支出。由于数据采集的现实约束问题，本章选取能相对直接增加个人收入的民生财政支出作为研究对象，即教育、医疗、社保、就业、住房五项支出。“学有所教、劳有所得、病有所医、老有所养、住有所居”是民生问题中最迫切需要解决的问题。

---

① 陈共．财政学［M］．北京：中国人民大学出版社，2012：58.

（二）民生财政支出层次

民生财政支出应在不同阶段遵循不同的层次要求。尽管政府提供的公共服务都与民生相关，但各项服务与民生的直接关联度并不相同。根据财政支出与民生问题的关系密切程度，可以认为民生财政支出是按“层级化”分布的①。在民生财政资金有限的情况下，应按照民生重要程度，分级别安排相应的资金。

在众多层次性划分中，本章认为按需求层次划分民生财政支出的层次更符合现实情况。第一层次是基本生存类支出，包括人们的衣、食、住、用、行等生活必需开支，如基础教育、社会保险、医疗卫生等基础性的民生支出。第二层次是在满足第一层次的基础上，足以改善生活质量的支出。第三层次是发展机会类支出，即人在满足生存需求的基础上，要活得有尊严、有颜面，追求更高层次的人生价值，比如高层次的就业、升学、享有应该有的权利、消除歧视、获得幸福感等。具体的层级划分如图 15-1 所示。

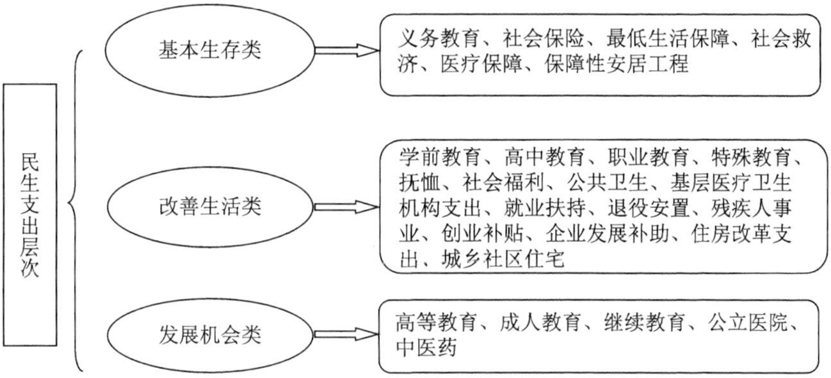

图 15-1　民生财政支出层次

如图 15-1 所示，本章需要研究的五项民生支出，每一类按照不同需求划分为三个层次。由于就业、住房等均未发展到第三层次，“幸福感”“权利”等不容易量化，所以暂不研究发展机会类。财政保障应视各地情况不同，针

① 寇明风．民生财政的内涵与体系构建：一个文献综述［J］．地方财政研究，2011（8）：20-25.

对性地解决不同地区不同层次的民生问题。鉴于民族地区经济相对落后，民生建设初步发展，所以财政应首先保障第一需求层次的五项支出。

在民生项目中，某些项目或者某一层级的项目是通过市场提供的，其运行是通过向私人收费和其他市场化运作模式，其中对私人收费占很大的比例。这种项目的基本经费由政府财政投入来保障，民间企业进行市场和产业化运营，其很大一部分收入又来自向民众的收费①。所以，这些领域的性质非常模糊，难以判断是否是民生财政支出，本章暂且将这部分财政支出纳入民生财政支出，列入发展机会类。

四、民生视域下财政支出结构的优化标准

随着我国经济社会体制改革不断深化，财政支出结构也发生很大变化。财政支出逐渐偏向于民生建设，但民生财政支出结构依然不甚合理，需要进一步优化。对此，需要确定民生财政支出的优化标准或者优化目标。优化标准是检测民生建设是否“合格”、是否真正满足民众需求的标尺。

从财政理论上讲，最优的财政支出结构要求各项财政支出的边际收益等于零，从而财政支出的总收益最大化。但实际上，由于财政支出结构含多个变量，且受到地方政府偏好的影响，对财政支出项目定量的效益评估并不符合实际情况。从实践来看，民生视域下最优财政支出结构应符合地方政府的实际发展情况，兼顾经济效益与社会效益，政府财政支出应尽可能满足民众不同层次的公共需求，实现缩小贫富差距、实现社会公平正义的效果。针对民族地区，民生财政支出结构最优的标准还应该考虑民族地区特有的历史文化，让民族地区发挥其自主性，创造出适应本地经济发展和民生建设协同发展的支出结构。

优化民生财政支出结构的标准，首先要兼顾效率与公平正义。财政支出结构实质上是资源优化配置问题，代表政府的政策选择和宏观调控方向。在财政支出结构中，还要考虑公平正义问题，尤其是在重点民生项目和对社会

① 闫宇光，寇明风．财政民生支出指标框架体系研究［J］．财政研究，2011（10）：53-57.

底层民众的财政扶持上，需要权衡城乡之间、区域之间、人口资源与社会环境之间、经济与社会之间的差距，实现均衡发展。其次，要满足公众需要，体现公众偏好。随着经济社会的发展，民众民主意识逐渐提升，对涉及自身利益的公共产品的供给要求越来越多，质量也不断提高，如医疗、社保、教育、就业等。加大民生支出是优化财政支出结构的方式之一，实质上就是通过这种方式满足公众的民生偏好。受“GDP 主义”的影响，政府官员更注重经济增长，忽视民生建设支出数量和质量，甚至出现公共产品和服务提供“缺位”现象，民生也一直未得到有效改善。公众需求和公众偏好是衡量财政支出结构是否最优的标准之一，应引起政府重视。最后，要统筹经济发展和民生建设。优化民生财政支出结构要求政府加大财政支出规模和对民生工程的扶持力度，这必须以经济存量为基础，即经济的平稳增长是民生建设和完善的基础，是满足日益增长的民生性需求的前提。

第十六章　民族地区财政支出结构的历史回顾与进展

本章主要通过考察民族地区财政支出结构的历史演变和现实进展，从整体分析民族地区民生财政支出结构在改善民生方面存在的问题，为进一步探究其存在问题的原因并提出优化对策提供数据基础。

第一节　民族地区民生发展回顾

财政支出结构的变动受到经济发展阶段和财政管理体制的制约。计划经济时期实行“生产建设性财政”，经济建设支出在财政支出中占相当大的比例，最高达到60%。改革开放以后，我国政府继续深化财政体制改革，实现市场经济下的“公共财政”。主要包括四个阶段：1978—1979年的中央统收统支阶段；1980—1992年的中央和地方按隶属关系划分收支，分级包干阶段；1994—1998年的按事权划分中央和地方的收支，分税制财政管理体制阶段；1998年开始的税费改革和构建公共财政框架。前三个阶段主要侧重于收入和税制的改革，第四个阶段实现了财政管理体制由收入改革向支出改革的制度变迁，政府职能由生产建设向公共服务转型，公共服务类支出占比上升，经济建设支出占比有所下降。党的十八大以来，政府为了积极建设医疗卫生、教育、社保、就业、住房等与民众息息相关的民生事业，不断加大民生项目的投入，以促进社会公平正义、增加社会福利，民生支出占比进一步提高。

财政支出结构总体呈现出向民生倾斜的态势，民族地区也着力于改善民生，医疗、教育、社会保障等民生项目也不断发展，财政支出结构逐渐偏向民生事业。中华人民共和国成立前，有些少数民族地区的政治制度还是封建农奴制，社会经济形态与之适应，牧区的封建主对牧民进行了残酷的剥削，经济社会发展极度落后，少数民族群众连基本生活都难以保障，教育、医疗卫生等民生事业更是落后于发达地区。中华人民共和国成立以后，民族地区经历了社会主义改造，经济有了飞跃式的发展。国家在民族地区大力建设重点项目，并配套建设了一批新能源、交通项目。但经过“人民公社化运动”以及“文化大革命”，民族工作趋于停滞状态，生活生产水平极速下降。

改革开放以来，民族地区全力投入经济建设中，并制定了一系列发展民族经济的政策，在国家的帮助下，民族地区的经济和各项社会事业迅速恢复并发展，人民生活水平和生活质量得到提高。1979 年，国家民委在委员会议上提出了新时期民族工作的内容：坚持贯彻党的民族政策，国家在实现现代化的过程中，要大力帮助少数民族加速发展经济和文化建设，使各少数民族能够赶上或接近汉族的发展水平。自国家实施“西部大开发”战略以来，西部少数民族地区的经济和民生建设均有了迅猛的发展，2000—2009 年西部地区生产总值的平均增长速度为 11.6%①。2014 年，广西壮族自治区贯彻落实全国教育发展大会精神，投入 660.53 亿元，同比增加 8.3%；西藏自治区财政支出结构不断优化，不断完善社会保障体系，建立统一的城乡居民养老保险制度，推动城乡居民大额医疗费补充商业保险和人身意外伤害保险机制建设；宁夏回族自治区筹集财政资金积极支持城乡劳动力职业培训和创业培训工作，支持鼓励高校毕业生自主创业；新疆维吾尔自治区重点支持保障性安居工程，农村公路建设等重大民生项目，并安排资金 58.8 亿元，支持安居富民和定居兴牧工程建设；内蒙古安排民生支出 2440 亿元，占一般公共预算支出的 63%。近些年，民族地区经济实现了跨越式发展，医疗、教育、社保等民生支出也不断增加，民生得到显著改善。

① 常文静．民族地区的民生建设探析［D］．北京：中央民族大学，2011：21.

第二节　民族地区民生财政支出结构现状分析

一、民生财政支出总量分析

根据本章研究内容，选用内蒙古、新疆、宁夏、广西、西藏 5 个民族自治区的各项财政支出数据加总作为研究对象，选用 1998—2014 年共 17 年的面板数据，全面把握民族地区民生财政支出规模和结构状况。在分析民族地区民生财政支出规模现状之前，有必要确定其衡量指标。本节选用学术界普遍认可的民生财政支出规模指标，其中包括：①民生财政支出规模的绝对值。②民生财政支出总量占当地财政支出总量的比重。③民生财政支出增长边际倾向，即民生财政支出增长额与国内生产总值增长额之比，表示每增加一个单位的 GDP 时所增加的民生财政支出的数额。④民生财政支出增长弹性，即民生财政支出增长率与国内生产总值增长率之比，反映了在预算年度内，财政支出变化率对国内生产总值变化率反应的敏感程度。当弹性大于 1 时，说明民生财政支出规模增长速度快于国内生产总值增长速度。

从民生财政支出总量上来看，民族地区民生支出呈现出逐年增长的态势，增长幅度明显。同时，行政管理费用等非民生支出总量在不断下降，政府职能正在发生实质性的转变，财政支出越来越倾斜于民生领域，资源配置也越来越趋向于民生事业方面。具体来看，民族地区民生支出从 1998 年的 178. 36 亿元增长至 2014 年的 4292. 02 亿元，增幅高达 23 倍左右（见表 16-1）。从民生支出占民族地区生产总值比重的情况来看，主要呈现出逐步上升的趋势，但增幅不甚明显，尤其是 2011—2014 年平均每年以 2%的增速增长，2014 年达到了 9. 25%。这反映出民族地区财政开始倾向于建设民生事业，积极响应全国保障和改善民生的理念（见图 16-1）。

表 16-1　民族地区民生财政支出规模　　单位：亿元

年份	民生支出额	财政支出额	地区生产总值
1998	178.36	605.10	4617.73
1999	212.48	693.84	4884.45
2000	253.94	817.51	5395.54
2001	343.43	1132.38	5961.35
2002	441.76	1427.01	6616.52
2003	485.46	1511.03	7726.29
2004	591.72	1749.48	9441.11
2005	643.36	2158.08	11354.73
2006	795.34	2613.53	13752.33
2007	1132.03	3380.63	17030.29
2008	1483.17	4516.31	21299.18
2009	1990.97	5798.07	23571.13
2010	2343.86	7088.57	28876.43
2011	2980.38	9282.99	35398.84
2012	3463.92	10900.98	39463.31
2013	3834.22	11899.10	43203.48
2014	4292.00	12863.52	46389.47

资料来源：1999—2015 年《中国财政年鉴》。
注：民生支出额由 5 个自治区的教育、医疗、社会保障、就业、住房保障支出加总计算所得。

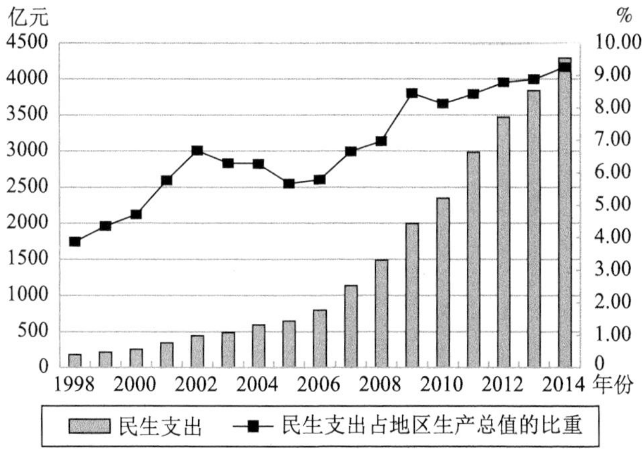

图 16-1　民族地区民生财政支出规模及其占地区生产总值的比重

从民生支出增长率方面来看，年均增长率为22%，其中，2007年增长达到历年最高值42%，但从整体来看，民族地区民生财政支出增长率变化趋势并不稳定，个别年份呈现骤变的态势。比如2001—2005年，民生财政支出增长率骤减，到2005年，出现历年最低值8.72%，2007—2009年，增长率一直维持在30%以上，民族地区民生支出迅速增加，这与“建设型财政”向“公共型财政”转变不无关系。2011年以后，民生财政支出增长率有所下降，维持在10%左右，但在2014年有所回升，说明民族地区民生财政支出额仍然有进一步扩大的需求。在民生支出占财政支出的比重的变化情况方面，2004—2005年小幅度波动后，整体呈现缓慢增长的态势。财政支出额一直是民生支出额的3倍左右，说明民生支出规模与财政支出规模之间的差距很稳定，民生事业一直是政府财政的重要项目（见图16-2）。

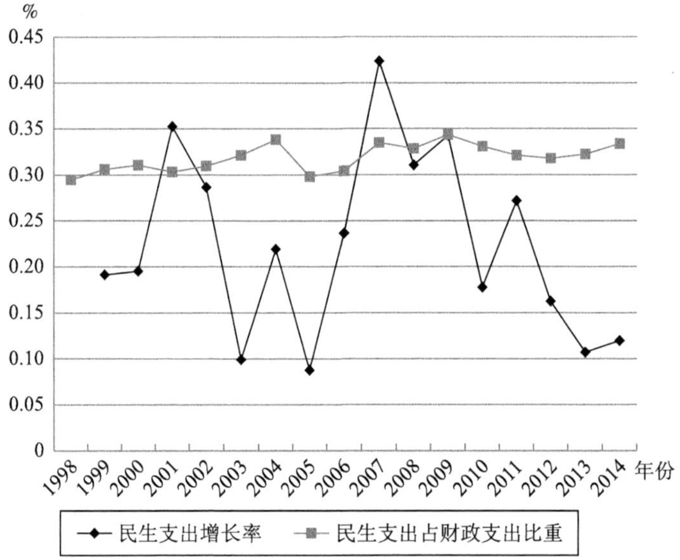

图16-2　民族地区民生财政支出增长率及民生支出占财政支出比重

从民生支出增长边际倾向和民生支出增长弹性方面看，1998年，我国开始实施积极的财政政策，全国范围致力于经济发展，对民生事业并无重点投入，民族地区亦然。民生财政支出随财政支出一同增长，民生支出增长边际倾向和民生支出增长弹性分别为 12.79%和 3.31，即地区生产总值每增加 100 元，民生财政支出增加 12.79 元，同时，民生支出增长速度是地区生产总值增长速度的 3.31 倍。在此基础上，到 2002 年，弹性和边际倾向都有相应的提升。2007 年，国家加大了对民生事业的建设，民生财政支出规模和增长率大幅度增加，边际倾向和弹性系数分别增至 10.27%和 1.78。此后的几年，民生支出增长弹性基本上都大于 1，说明民生支出的增长速度一直是快于地区生产总值增长速度的，侧面说明了民族地区在民生事业建设方面作出了巨大努力。民生支出增长边际倾向一直增减不定，2009 年增至历年最高点 22.35%，这意味着，教育、医疗、社保、住房和就业等民生项目支出已经占到地区生产总值的 1/5，但 2010—2014 年，边际倾向在 6%~14%浮动，比率不甚稳定，但整体来看，2007 年之后的数年是高于 2007 年之前的（见表 16-2）。

表 16-2　1999—2014 年民族地区财政民生支出增长弹性系数和增长边际倾向

年份	1999	2000	2001	2002	2003	2004	2005	2006
弹性系数	3.31	1.86	3.36	2.61	0.59	0.99	0.43	1.12
边际倾向	12.79%	8.11%	15.82%	15.01%	3.94%	6.20%	2.70%	6.34%
年份	2007	2008	2009	2010	2011	2012	2013	2014
弹性系数	1.78	1.24	3.21	0.79	1.20	1.41	1.13	1.62
边际倾向	10.27%	8.23%	22.35%	6.65%	9.76%	11.90%	9.90%	14.37%

资料来源：2000—2015 年《内蒙古财政年鉴》《宁夏财政年鉴》《西藏财政年鉴》《广西财政年鉴》《新疆财政年鉴》。

注：相应年份民生支出求和后，运算求得弹性系数和边际倾向。

二、民生财政支出结构状况

长期以来，我国的财政支出结构的优化调整方向都取决于政府职能的变化。随着经济的发展和社会的变化，政府的主要职能由“促进经济发展”逐渐转变为“提供公共产品和服务”，财政支出也越来越倾向于民生事业。民生财政支出结构即民生项目支出占财政支出的比重情况，根据第十五章对民生财政的定义以及民生财政支出范围，本章选用教育、医疗、社保、就业、住房五项与民众息息相关，也是当前首要解决的民生项目作为民生财政支出的指标。本节将逐一考察五项民生项目的支出情况。

（一）各民生项目支出趋势特点

表 16-3 是民族地区各民生项目历年的支出规模。可以看出，各类项目均呈现出逐年增长的态势，其中，教育支出规模最大，1998—2014 年，教育支出由 95.06 亿元增至 1970.26 亿元，差距高达 20 多倍。其次是社会保障支出，截至 2014 年，已经有 1422.2 亿元。就业保障和住房保障是新兴起的民生项目，近几年也高速度增长，其在民生项目中的重要程度越来越凸显。增长率较大的是社会保障和医疗卫生支出，总体属于波折上升曲线，年均增长率分别为 23.65%和 25.23%。教育支出年平均增长率仅次于社会保障支出增长率，为 21.4%，但其增长率波动比较大，最低的是 2013 年 6.78%，最高的是 2007 年 55.23%，相差甚大；而且，近几年增长率急速下降，反映了民族地区教育支出规模不甚理想。住房保障支出方面，2011 年增长率达到 88.76%，但在 2013 年却出现了负增长。就业支出增长率相对稳定，年均增长率为 16.68%。

（二）各民生项目占财政支出及地区生产总值比重特点

在各民生项目中，教育支出占财政支出比重最大，占到 15%左右，趋势比较稳定。其次是社会保障支出，占比 10%左右，但变化趋势不定。就业支出占财政支出比重较小，平均为 0.7%，医疗卫生支出和住房保障支出占财政支出比重相对稳定，随财政支出的增加而相应增加（见图 16-3）。整体来看，虽然各项民生项目支出占财政支出的比重相对合理，但是其占地区生产总值的比重普遍偏低，支出规模最大的教育支出，也仅占地区生产总值的 2%，说明民族地区的民生支出规模还需增加，民生事业建设还需要更进一步加强（见图 16-4）。

表 16-3　1998—2014 年各项民生支出总量及增长率

年份	教育支出/亿元	教育支出增长率/%	社会保障支出/亿元	社会保障支出增长率/%	就业保障支出/亿元	就业保障支出增长率/%	医疗卫生支出/亿元	医疗卫生支出增长率/%	住房保障支出/亿元	住房保障支出增长率/%
1998	95.06	11.2	52.31	35.6	—	—	30.99	8.5	—	—
1999	107.63	13.2	71.29	36.3	—	—	33.55	8.3	—	—
2000	120.88	12.3	96.07	34.7	—	—	36.98	10.2	—	—
2001	164.43	36.0	130.5	35.8	—	—	48.49	31.1	—	—
2002	195.59	18.9	191.58	46.8	—	—	54.59	12.6	—	—
2003	213.33	9.1	206.05	7.5	—	—	66.08	21.1	—	—
2004	249.37	16.9	233.53	13.3	—	—	108.81	64.6	—	—
2005	296.47	18.9	261.61	12.1	—	—	85.27	-21.6	—	—
2006	364.99	23.1	323.65	23.7	—	—	106.69	25.1	—	—
2007	566.59	55.2	396.42	22.5	25.19	—	169.02	58.4	—	—
2008	757.97	33.8	494.50	24.7	29.91	18.8	230.69	36.5	—	—
2009	904.77	19.4	737.18	49.1	38.85	29.9	349.03	51.3	—	—
2010	1145.2	26.6	742.85	0.8	49.29	26.8	455.83	30.6	271.18	—
2011	1428.21	24.7	945.88	27.3	56.96	15.6	606.29	33.0	511.89	88.8
2012	1704	19.3	1100.73	16.3	61.26	7.5	659.19	8.7	596.05	16.4
2013	1819.6	6.8	1278.01	16.1	67.11	9.5	736.61	11.7	586.16	-1.7
2014	1970.26	8.2	1422.2	11.3	72.89	8.6	899.56	22.1	623.47	6.4

资料来源：1999—2015 年《中国财政年鉴》。

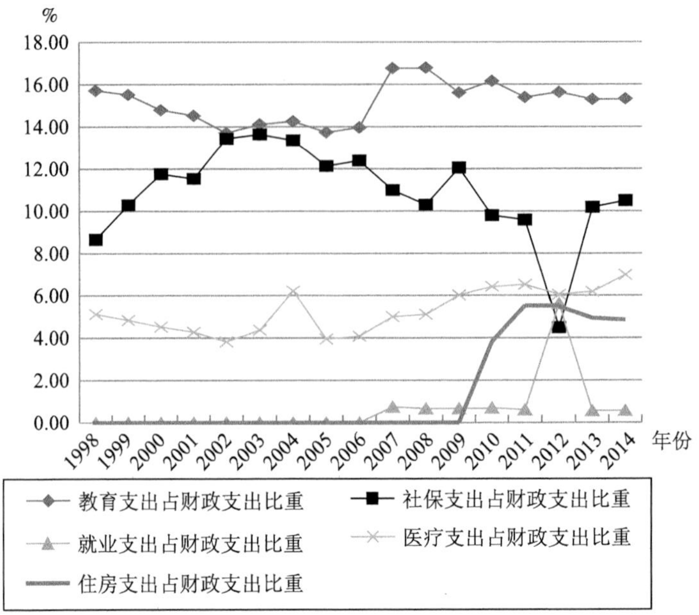

图 16-3 各项民生支出占财政支出的比重

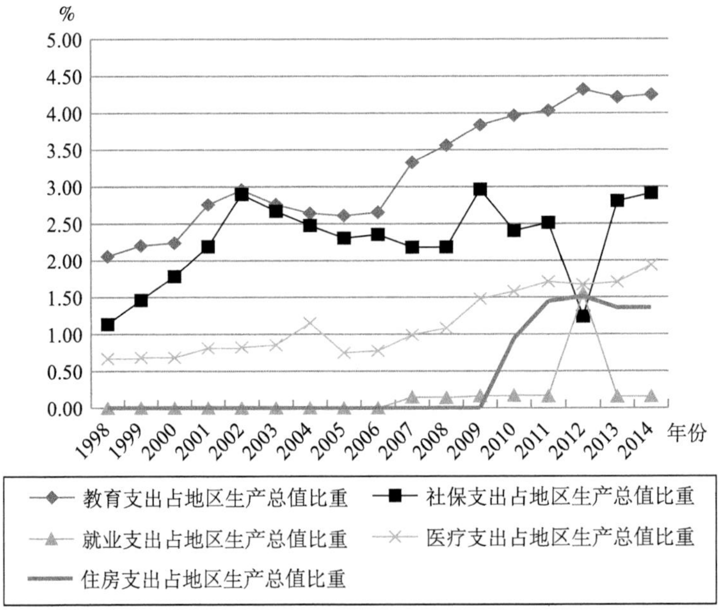

图 16-4 各项民生支出占地区生产总值的比重

第三节　民生项目层级分析——以内蒙古自治区为例

在上一节考察各项民生支出情况的基础上，本节根据民生项目层级划分，分别针对各项民生项目，探讨其三个层次的支出情况，为下文分析民生财政支出结构产生问题的原因提供基础。考虑到数据获取的难易程度，本节选用经济发展比较迅速、相对有代表性的民族地区——内蒙古（在教育支出、医疗卫生支出、社会保障支出、就业保障支出、住房保障支出五项极具代表性的民生支出项目中，内蒙古自治区均排名居中，低于广西和新疆，高于宁夏和西藏）作为研究对象。因为涉及民生项目的第三层次支出情况，故选取2007年之后我国重点建设民生事业的数据更加准确。按照需求层次，将民生财政支出层次划分为：第一层次基本生存类支出，第二层次改善生活类支出，第三层次发展机会类支出。

一、教育三层次的支出情况

地区发展，以教育为先。义务教育作为第一层次基础生存类，对民族地区的长远发展有着至关重要的作用。2009年，中央财政和内蒙古自治区本级财政共安排义务教育保障经费19.4亿元，比2008年增加2.1亿元。其中安排义务教育阶段家庭经济困难寄宿生活费补助3.64亿元，补助标准每年达到小学500元/生、初中750元/生以上，全区82.4万名寄宿制中小学生受益。还安排9060万元免除农村牧区寄宿制学生的住宿费。安排免费教科书资金3.76亿元，为全区243.21万名学生提供免费教材。统筹义务教育阶段标准化学校建设资金2.5亿元，共计9.1亿元。至2013年，自治区下达农牧村义务教育经费29.7亿元，比2009年增加了10.3亿元。其中义务教育公用经费18.2亿元，校舍维修改造资金5亿元，贫困学生生活补助资金5.2亿元，共资助54万名学生。

教育的第二层次改善生活类包括学前教育、高中教育、职业教育、特殊教育。2009 年，自治区安排中职教育基础能力建设资金 2. 75 亿元，打造了 31 所跨区域、跨行业、跨所有制的中等职业学校。针对高等职业院校建设整体不强的现状，及时拨付资金 1900 万元，并重点扶持内蒙古建筑职业技术学院和包头职业技术学院的建设。2012 年，下达补助建设资金 1. 8 亿元，支持 30 所示范幼儿园建设。为了加速发展学前教育，还下达学前教育校舍改建类项目专项资金 1. 6 亿元，积极争取中央专项资金 1200 万元，提高幼儿园师资水平。至 2013 年，中职教育保障资金 2 亿元，有所下降，但国家补贴 4370 万元，支持 7 所中职示范校建设和 5 所职业教育教学基地建设，提高了职业教育学校办学规模和质量。

第三层次发展机会类包括高等教育、成人教育、广电教育、继续教育。高等教育院校根据每个学校的不同学科规定差别拨款定额，保证财政资金分配的公平性。2014 年，自治区下达高校生均定额奖补资金 4. 95 亿元，并支持高校重点学科重点实验室建设，投放资金 2. 7 亿元，改善并提高内蒙古自治区高校办学质量。

二、社保三层次的支出情况

社会保障支出三层次可分为基础生存类（社会保险、最低生活保障、社会救济）、改善生活类（抚恤、社会福利等）。通过表 16-4 详细具体地展示 2007—2014 年的社会保障项目的支出情况。

表 16-4　2007—2013 年内蒙古全区财政社会保障支出

项目	分类	2007 年	2008 年	2009 年	2010 年	2011 年	2012 年	2013 年	年均递增/%
社会保障支出金额/亿元	总支出	152.02	191.51	274.97	292.43	363.97	435.47	491.01	21.58
	社会保险基金	36.2	50.07	54.74	72.39	87.38	112.93	121.52	22.36
	行政事业单位离退休	65.46	81.45	96.11	115.6	141.35	169.05	182.25	18.64
	城市居民最低生活保障	11.57	16.8	23.29	25.93	33.32	35.23	39.36	22.64
	自然灾害生活救助	1.97	1.95	2.78	4.31	3.01	5.46	4.06	13.46
占财政总支出比重/%	社会保险基金	3.35	3.44	2.84	3.18	2.92	3.30	3.30	—
	行政事业单位离退休	6.05	5.60	4.99	5.08	4.73	4.93	4.95	—
	城市居民最低生活保障	1.07	1.16	1.21	1.14	1.11	1.03	1.07	—
	自然灾害生活救助	14.05	0.13	0.14	0.19	0.10	0.16	0.11	—

由表 16-4 可以看出，在社会保障支出中，行政事业单位离退休支出规模最大，占财政总支出比重的 5%左右，年均递增 18.64%，原因可能是内蒙古地区上调了行政事业单位人员的退休金和相关补助，或退休人员数量大幅增长。社会保险基金和城市居民最低生活保障占财政总支出的 3%和 1%，但其年均增长率却达到 22.36%和 22.64%，财政补贴刚性上升，需要警惕。

三、就业三层次的支出情况

就业支出仅有第二层次改善生活类，包括就业扶持、退役安置、残疾人事业、创业补贴、企业发展补助。生活在基本生存状态的民众所需资金扶持由社会保障等提供，并未涉及就业支出。从另一个角度看，就业扶持、创业补贴等确实能将一个人从困顿的环境中解救，从而有了自食其力的能力和有希望的生活。

内蒙古自治区近几年在城乡就业领域不断地努力，积极落实就业政策，稳定就业形势。2010 年，中央财政补助自治区就业资金 11.54 亿元，比上年增加 30%，自治区本级财政安排就业补助资金 1.56 亿元，全年拨付就业补助资金 13 亿元，实现了全年城镇新增就业 23.13 万人，农牧区劳动力转移总数达到 246.53 万人，城乡劳动者职业技能培训 17.39 万人的目标。2012 年，推进社会再就业工程资金投入 1.83 亿元。2013 年，内蒙古自治区不断强化创业就业资金整合，建立健全"以奖代补"机制，安排支出 1.13 亿元，比上年增加 4300 万元，增加 61.43%。围绕产业结构和产业优化升级，重点支出 26 个公共培训、实训基地、定岗式培训等提高就业质量，先后培训实现就业 13.3 万人。重点支出 27 个创业（孵化）基地，培训创业成功 4.4 万人，带动创业 15.4 万人。

四、医疗三层次的支出情况

医疗保障作为基本生存类支出，其支出规模呈现逐年递增的态势，2009 年，自治区党委财政拨付医疗救助资金 2.79 亿元。2010 年，安排新型农村牧区合作医疗和城镇居民基本医疗补助资金 5.11 亿元，中央财政和自治区本级财政总计拨付资金 14.11 亿元。帮助困难群众解决超出个人负担能力的大病医疗费用。2012 年，安排城乡补助资金 4.15 亿元，安排“以奖代补”资金 1 亿元，专项用于解决“老工伤”人员纳入工伤保险统筹管理问题。政府支出 0.4 亿元，对破产国有企业退休人员等医疗保险给予补贴。

改善生活类的有公共卫生、基层医疗卫生机构支出。其中，2009 年拨付基层医疗机构设备补助资金 6122 万元，帮助基层医疗购置必要的设备；为了促进基本公共卫生服务均等化，中央和自治区两级财政安排重大公共服务项目资金 1.32 亿元，实施为 15 岁以下人群补种乙肝疫苗、预防出生缺陷、贫困白内障患者复明、农村改水改厕等项目。2014 年改革财政补助方式，实行“以奖代补”推动基本药物制度，中央和自治区共拨付资金 3.72 亿元。全区城乡居民规范化电子健康档案建档率 79.54%。

五、住房三层次的支出情况

基本生存类的住房支出是保障性安居工程，主要是对农村牧区危房改造项目支出。2009 年，自治区首次列入国家农村危房改造试点范围。中央财政补助内蒙古自治区 1.94 亿元进行农村危房改造。自治区本级安排资金 1.45 亿元，平均每户补助 3888 元。2010 年，自治区本级安排资金 1.45 亿元。2012 年，保障性安居工程建设新开工 27.77 万套，资金投入 48.2 亿元，比上年增加 4 亿元。2013 年，实施农村牧区危房改造 12.8 万户，安排支出 25.2 亿元，贫困地区补贴在中央补贴标准的基础上加补 1000 元。住房改革支出、城乡社区住宅等改善生活类支出在历年《内蒙古财政年鉴》中并未找到相关数据，可能少数民族地区不同于北京、上海等城市，房价并不十分高，故此，此类补贴支出相对较少。

第十七章　民族地区民生财政支出结构的效应分析

本章选用 1998—2014 年全国以及民族自治区的相关面板数据，分别探究民生财政支出结构对经济增长和城乡居民贫富差距的影响。前文提到，民生财政的目的是在保障经济效率的基础上，促进社会公平正义，实现人的全面发展。

第一节　民族地区民生财政支出结构经济增长效应分析

一、理论分析

关于财政支出结构和经济增长之间的关系，Devarajan et al.（1996）将公共性财政支出分为生产性和非生产性，并把生产性公共支出在总财政支出中的占比和非生产性公共支出占比作为生产函数里的变量，探讨公共支出结构与经济增长的关系，指明财政支出结构是否有利于经济增长取决于生产性公共支出和非生产性公共支出的产出弹性。很多学者对财政支出结构的经济效应进行了实证研究，但由于不同学者采取的角度和方式不同，财政支出结构同经济增长的关系并没有定论。

本节选用柯布—道格拉斯生产函数的分析方法，将财政支出分为生产性和非生产性支出，以此探究两类支出对经济增长的影响。生产函数表示如下：

$$Y=f(K,\ G_1,\ G_2)=K^{\alpha}G_1^{\beta}G_2^{\gamma} \tag{17-1}$$

式（17-1）中，因变量 Y 表示地区生产总值，自变量 K 表示私人资本存量，G_1代表生产性财政支出，G_2代表非生产性财政支出。α、β、γ 分别为 K、G_1、G_2的产出弹性，其中 $0<\alpha<1$，$0\leqslant\beta<1$，$0\leqslant\gamma<1$，$\alpha+\beta+\gamma=1$，也就是规模报酬不变。根据前人的计算结果，生产性支出和非生产性支出弹性 β、γ 和生产性支出比例 φ 决定了经济增长的变化。当 $\frac{\varphi}{1-\varphi}<\frac{\beta}{\gamma}$ 时，生产性财政支出 G_1与经济增长呈正相关，增加 G_1 能够提高经济增长率，反之则降低经济增长率。

本节主要在此基础上运用计量分析方法，函数表达式为 $Y=f(X_1, X_2, \cdots, X_n)$，具体的模型方程如下：

$$Y=\alpha_0+\sum_{j=1}^{6}\beta_i P+\gamma G_L+\lambda G_I+\mu \tag{17-2}$$

式（17-2）中，系数 α_0 表示财政支出各支出项目对经济增长的影响程度，Y 代表地区生产总值，P 代表每一个支出项目，β_i 为每一个民生财政支出项目对地区生产总值的影响系数，G_L、G_I分别为劳动力增长率和投资增长率，γ、λ 分别为其系数。

二、模型构建与样本选择

本节将选用柯布—道格拉斯生产函数为基础方程，采用弹性系数法作为分析方法。考虑到劳动力和资本等都影响到民族地区的经济增长，所以选用劳动增长率和资本增长率作为变量，出现在计量模型中。根据上述说明回归方程如下：

$$G_Y=\alpha+\beta_1 P_X+\beta_2 P_E+\beta_3 P_S+\beta_4 P_J+\beta_5 P_Y+\beta_6 P_Z+\gamma G_L+\lambda G_I+\mu \tag{17-3}$$

式（17-3）中，G_Y代表国内生产总值增长率，P_X、P_E、P_S、P_J、P_Y、P_Z 分别代表行政管理支出、教育支出、社会保障支出、就业保障支出、医疗卫生支出、住房保障支出占财政总支出的比重，β 为其各自系数。G_L、G_I 分别为劳动力和投资增长率，γ 和 λ 为其系数，α 为常数项，μ 为随机扰动项。

数据选择 1998—2014 年 5 个民族自治区（内蒙古自治区、广西壮族自治区、西藏自治区、宁夏回族自治区、新疆维吾尔自治区）的相关支出的总和作为民族地区的数据，数据均为财政预算内支出，来源为 1999—2015 年《中国财政年鉴》《内蒙古财政年鉴》《广西财政年鉴》《西藏财政年鉴》《宁夏财政年鉴》《新疆财政年鉴》。将财政支出分为民生型财政支出和非民生型财政支出两大类，其中用行政管理支出作为非民生型财政支出指标，民生型财政支出选择教育支出、社会保障支出、就业保障支出、医疗卫生支出、住房保障支出五类作为衡量指标。

三、实证检验及结果分析

（一）平稳性检验和协整检验

由于本篇选取的样本数据是时间序列，故应对 G_Y、P_X、P_E、P_S、P_J、P_Y、P_Z、G_L、G_I等变量进行平稳性检验，进而作协整检验以避免伪回归的出现。本节应用 Eviews 6.0 软件对样本数据进行单位根检验，以测平稳性。结果如表 17-1 所示。

表 17-1　各变量 ADF 单位根检验结果

变量	ADF 检验			DW	结论
	统计值	5%临界值	1%临界值		
G_Y	-4.36	-3.08	-3.96	2.15	I (1)
P_X	-5.82	-3.10	-4.00	2.25	I (2)
P_E	-4.81	-3.12	-4.06	2.21	I (2)
P_S	-5.34	-3.08	-3.96	1.96	I (1)
P_J	-4.88	-3.10	-4.00	2.06	I (1)
P_Y	-4.09	-3.10	-4.00	2.07	I (1)
P_Z	-4.11	-3.10	-4.00	2.10	I (2)
G_L	-4.65	-3.10	-4.00	2.10	I (1)
G_I	-5.12	-3.08	-3.96	2.09	I (1)

从表 17-1 检验结果可以看出，模型中的所有变量初始数据均不平稳，表明这些变量之间不能直接进行回归，为了避免产生伪回归，有必要通过作差分处理，进一步进行协整检验，本篇采用 JJ 协整检验法，结果如表 17-2 所示：

表 17-2　协整检验结果

Unrestricted Cointegration Rank Test (Trace)				
Hypothesized		Trace	0. 05	
No. of CE (s)	Eigenvalue	Statistic	Critical Value	Prob. ＊＊
None ＊	0. 589681	30. 55444	29. 79707	0. 0408
At most 1 ＊	0. 478256	17. 19214	15. 49471	0. 0275
At most 2 ＊	0. 390774	7. 433479	3. 841466	0. 0064
Trace test indicates 3 cointegrating eqn (s) at the 0. 05 level				
＊ denotes rejection of the hypothesis at the 0. 05 level				
＊＊MacKinnon-Haug-Michelis (1999) p-values				
F-statistic	1. 218856	Durbin-Watson stat		1. 809884
Prob (F-statistic)	0. 372117			

通过协整检验结果可知，变量 G_Y、P_X、P_E、P_S、P_J、P_Y、P_Z、G_L、G_I等非平稳变量之间存在协整关系，确实存在长期稳定的均衡关系，所以可以直接用 OLS 法回归分析。

（二）模型回归结果

1. 民族地区财政支出结构与经济增长的关系

本节对回归方程可能存在的多重共线性、自相关以及异方差等进行了检验，检验结果均通过，不存在多重共线性和自相关。标准方程为：

$$
\begin{aligned}
G_{Yt} = {} & 0.06+2.72P_{Xt}-2.95P_{Et}+2.17P_{St}+0.89P_{Jt}-1.28P_{Yt} \\
& (2.05)\ (2.18)\ (7.25)\ (2.72)\ (3.27)\ (3.52) \\
& +2.33P_{Zt}+0.32G_L+1.45G_I+\mu \qquad (17-4) \\
& (1.67)\ (0.65)\ (2.28)
\end{aligned}
$$

$$R^2=0.42,\ F=10.77,\ DW=1.81$$

由回归方程可知，非民生型财政支出，即行政费用支出占财政支出的比重 P_X与民族地区经济增长率呈正相关，在回归中呈现统计上的显著性；民生型财政支出中教育支出占财政支出的比重 P_E同民族地区经济增长率呈负相关，统计上很显著；社会保障支出占财政支出 P_S与民族地区经济增长率呈正相关，呈现统计上的显著；就业保障支出占财政支出 P_J 与民族地区经济增长率呈正相关，统计上显著；医疗卫生支出占财政支出的比重 P_Y 与民族地区经济增长呈负相关，统计上亦显著；住房保障支出占财政支出的比重 P_Z 与民族地区经济增长呈正相关，但回归中统计上并不显著；劳动增长率 G_L 与民族地区经济增长的关系呈正相关，但统计上不显著；投资增长率 G_I 与民族地区经济增长呈正相关，统计上显著。

2. 全国民生财政支出结构与经济增长的关系

同样的方法和运行程序，得到全国财政支出结构与经济增长的标准方程如下：

$$G_{Yt}=0.03-2.25P_{Xt}-4.22P_{Et}+0.02P_{St}+8.72P_{Yt}-0.33P_{Zt}$$
$$(3.15)\ (0.69)\ (1.21)\ (0.05)\ (3.41)\ (2.51)$$
$$-0.52G_L+2.67G_I+\mu \qquad (17-5)$$
$$(1.54)\ (3.32)$$
$$R^2=0.56,\ F=2.80,\ DW=1.78$$

由回归方程可知，非民生型财政支出，即行政费用支出占财政支出的比重 P_X 与经济增长率呈负相关，在回归中呈现统计上的显著性；民生型财政支出中教育支出占财政支出的比重 P_E 同经济增长率呈负相关，统计上不显著；社会保障支出占财政支出 P_S 与经济增长率呈正相关，呈现统计上不显著；医疗卫生支出占财政支出的比重 P_Y 与经济增长呈正相关，统计上显著；住房保障支出占财政支出的比重 P_Z 与经济增长呈负相关，但回归中统计上显著；劳动增长率 G_L 与经济增长的关系呈负相关，但统计上不显著；投资增长率 G_I 与经济增长呈正相关，统计上显著。

3. 结论分析

在对民族地区和全国的民生财政支出结构和经济增长的关系的模型分析和经验分析的基础上，本节得出以下结论：

第一，民生财政支出结构对经济增长确实有一定的影响，而且除住房保障支出之外，其他民生项目支出对经济增长均呈现显著的影响。不管是全国还是民族地区，民生财政支出结构都不尽合理，教育、医疗等民生项目支出偏低，没有发挥其应有作用。因此，要想充分发挥民族地区财政政策的经济效应，就必须对民族地区民生财政支出结构进行调整和优化。

第二，民族地区民生财政支出结构的经济增长效应与全国有明显的差异性。各项民生财政支出弹性差异性较大，所以，在优化民族地区民生财政支出结构时，各项民生财政支出弹性一定要和民族地区的经济发展相适应。民族地区相比较来说，在保障民生财政支出的同时，不能忽视经济建设。从全国财政支出结构来看，行政管理支出占财政支出比重与经济增长负相关，是因为行政管理体制发展到一定程度，就会出现冗杂，效率降低，过快的行政管理支出增长对国家经济增长产生了负影响，所以国家一再强调“简政”。而民族地区却正好相反，适当的行政管理支出扩张能够提高社会公共事务管理效率，对民族地区经济增长是有利的，但还是要控制其支出比重。模型中显示，教育支出和医疗支出占财政支出的比重和经济增长负相关，但这并不能说明教育和医疗支出不利于经济增长，只是教育和医疗支出现在大部分还是第一层次基础生存类支出，而且，教育有时滞性，不能以短期的负经济效应来评判教育支出的实质作用。从长远来看，教育、医疗等民生支出对民族地区的经济增长是有促进作用的。

第二节　民生财政支出结构缩小民族地区城乡居民收入差距的实证分析

缩小居民贫富差距，使得全体社会成员都能享受到经济增长的成果是民生财政的本质要求。财政支出结构代表着资源配置的倾向，民生财政要求政府应当优先考虑城市和农村的民生问题，但当前政府财政支出却呈现出“顺序颠倒”甚至“缺位”等问题，对城乡居民贫富差距产生了重大影响。

一、理论分析

关于财政支出结构对城乡贫富差距的影响研究，莫亚琳等（2011）利用省际面板数据实证论证了经济建设类财政支出的增加，会扩大社会收入分配差距，即“建设型”财政支出结构不利于缩小居民贫富差距。高彬彬（2008）运用计量模型实证分析得出如下结论：科教文卫支出、社会保障支出等民生支出具有较强的城市偏向性，尤其是在农村居民收入缓慢增长的情况下，民生支出偏向城市，间接提高了城市居民收入，导致城乡居民收入差距拉大。

行政管理支出过高对城乡居民贫富差距的影响。经济在不断发展，政府也承担着越来越多的公共事务，增加行政管理费用合情合理，但过高的行政管理支出容易导致政府官员贪污腐败。此外，行政管理支出挤占了本该投向民生项目的支出经费，导致民生问题迟迟得不到解决。

教育影响收入分配差距，这是必然结果。教育是一种投资行为，它能够促进生产、增加收入，教育程度越高，收入越高。此外，对初始教育的投入越高，教育水平也越高，收入也会增加，会有更多的资本去投资教育，这是一个良性循环。同理，也存在恶性循环，即教育支出少，导致教育水平低、收入水平低，从而缺乏“应该接受高等教育”的意识和能力，最终又导致收入低。农村教育就陷入这种恶性循环。农村地区对教育的投入较少，教育层次偏低，人才培养缺失，制约着农村经济发展。城乡间教育投入差距导致人口素质差异过大，进而造成城乡居民收入差距不断增大。

医疗卫生支出影响城乡贫富差距。同教育支出相同，医疗卫生支出更倾向于城市以及富人阶层，越是基层的医疗卫生获取的资源越少，基础设备紧缺，医生缺少，满足不了农村居民的卫生服务需求。尤其是一些偏远贫穷的山村，看病难，又无力支付医药费，出现了很多“因病致贫”的现象。高收入者享受高质量的医疗，无形中挤占了有限的财政资源，以此来节约他们的费用，产生了逆向分配的结果，低收入者同高收入者之间的贫富差距逐渐拉大。

不均衡的社会保障支出结构拉大了城乡居民收入差距。社会保障的目的是给那些最贫困的人群提供最基本的生活保障，以维护他们的生存权利和社会稳定。但城乡二元制下的社会保障制度对城镇贫困居民和农村贫困居民的保障措施有所不同，城市社会保障制度比较健全，城镇贫困人口有所减少，但农村缺乏正式的社会保障制度，农村居民的贫困问题难以得到及时有效的解决，城乡居民之间的贫富差距也因此加大。

住房保障和就业保障对城镇居民贫富差距影响甚大。住房保障和就业保障在农村地区的投入很缺乏，很多农民甚至从未听过，与城镇居民享受的就业保障和住房保障的内容和资金形成鲜明对比。此种支出情况无疑会加剧城乡居民间的收入差距。

二、变量选择和实证检验

（一）变量选择模型构建

本节主要考察教育支出、社会保障支出、就业保障支出、医疗保障支出和住房保障支出五类民生型财政支出和非民生型财政支出行政管理支出对城乡收入差距的影响。选用城镇居民可支配收入与农村居民人均收入的比例作为衡量城乡贫富差距的指标，但考虑到经济增长和政府职能对城乡差距的影响，在计量模型中加入了经济增长率和财政支出占 GDP 的比重，以此有效地反映民生财政支出结构对收入差距的影响。根据上述理论分析，分别对民生型财政支出结构和非民生型财政支出结构构建模型，回归方程如下：

$$SC=\alpha+\beta_1 P_X+\beta_2 P_E+\beta_3 P_S+\beta_4 P_J+\beta_5 P_Y+\beta_6 P_Z+\gamma G_Y+\lambda P_C+\mu \qquad (17-6)$$

式（17-6）中，SC 为被解释变量，代表城镇居民可支配收入与农村居民人均纯收入的比重。P_X、P_E、P_S、P_J、P_Y、P_Z分别代表行政管理支出、教育支出、社会保障支出、就业保障支出、医疗卫生支出、住房保障支出占财政总支出的比重，β 为其各自系数。G_Y代表国内生产总值增长率，P_C代表财政支出占 GDP 的比重，γ 和 λ 为其系数，α 为常数项，μ 为随机扰动项。数据均为财政预算内支出，来源于 1999—2015 年《中国财政年鉴》《内蒙古财政年鉴》《广西财政年鉴》《西藏财政年鉴》《宁夏财政年鉴》《新疆财政年鉴》。

（二）实证检验结果

运用 Eviews 6.0 对上述模型进行检验，得到民族地区财政支出结构与城乡居民收入差距关系的标准方程如下：

$$SC=0.84-6.10P_X+14.13P_E+8.04P_S+12.59P_J-6.45P_Y$$

(2.39) (1.17) (3.94) (1.10) (0.89) (0.89)

$$-10.57P_Z+1.64G_Y+1.83P_C+\mu \tag{17-7}$$

(1.50) (2.43) (0.74)

$$R^2=0.85,\ F=5.54,\ DW=1.35$$

从实证结果来看，民族地区行政管理支出占财政支出的比重与城乡收入差距负相关，但不显著。教育支出占财政支出比重与城乡收入差距显著呈正相关，社会保障支出、就业保障支出三类民生项目占财政支出的比重与城乡收入差距呈正相关但也不显著，意味着现行的社保支出、就业支出、教育支出均会扩大城乡收入差距，这验证了前文的理论假定。医疗卫生保障支出、住房保障支出占财政支出的比重与城乡收入差距呈负相关，但不显著。经济增长率与城乡收入差距显著呈正相关，财政支出占 GDP 支出的比重与城乡收入差距呈正相关，但不显著。

三、结论分析

城乡二元制结构下的农村公共产品供给不足是城乡居民收入差距增大的原因。城镇公共产品供给所需资金由政府财政预算安排、政府提供，但农村的公共产品很大程度上是“自我供给”，长期得不到供应，造成城乡间资源配置严重失衡，在民族地区表现尤为明显。改革开放后，民族地区的城市经济迅猛发展，服务业发展水平较高，但反观农（牧）村地区，有些农（牧）村甚至还在解决温饱问题，民生建设更是覆盖不到。就要求民族地区在发展经济和积极建设民生事业的同时，注重城乡经济、民生协同发展，让民族地区农（牧）民也能享受改革和发展的成果。

第十八章　民族地区民生财政支出结构困境及其根源解释

保障和改善民族地区民生是妥善解决民族问题、建设和谐社会的客观要求，但民族地区民生项目支出占比并未十分符合自治地方自身的经济和文化发展特点，其民生财政支出结构存在很多问题。本章主要分析民生财政支出结构整体及其内部存在的问题，并探究问题产生的原因。

第一节　民生财政背景下的民族地区财政支出结构问题

一、行政管理支出居高不下，挤占了民生支出

与全国的行政支出占比相比，民族地区的行政管理支出占比明显过高。全国的行政支出占比自 2009 年以后，一直保持在 10%以下，而且呈现下降的趋势，到 2014 年，占比才 8.7%。反观民族地区，行政管理支出占比一直在 11%以上，尽管近两年有所下降，但降幅仅为 0.2%，而且其占比远远超过民生项目支出占比，大约是医疗支出占比的 2 倍。行政管理支出随着社会发展经济进步而增加，有其合理因素，毕竟经济增长需要与其配套的管理人员数量和质量、新设备、新办公场地等。但行政管理支出居高不下，更多地造成人员膨胀，甚至出现贪污浪费、公款消费等腐败现象。最为重要的是，民族地区急需发展民生事业，但行政管理支出占比却如此之高，挤占了民生项目的支出。贫穷大多集中于民族地区的农（牧）村，行政管理支出过高无形中

压迫了困难群众急需的民生保障支出，拉大了城乡间的贫富差距。

二、教育支出结构失衡，支出情况不符合民族教育特殊性

地区发展，教育为先。近年来，民族地区的教育支出的规模在增加，而且与全国的教育支出占比相差不多，均在15%左右。但民族地区的教育支出存在结构失衡问题，这就意味着，即便增加教育支出额，也不能真正解决民族地区教育问题。民族地区的农村义务教育条件和水平较为落后，高等教育更难以保障。反观民族地区的城镇地区，很好地享受了中央和自治区提供的教育资源，高等人才也大多出现在城镇地区，农村的大学生寥寥无几。这无形之中使得民族地区的城镇教育水平极其不均衡。

义务教育作为教育支出的第一层次基础生存类，其支出比重占70%左右，其中还包括小学校舍的修建，所以补贴给贫困家庭儿童的资金相对较少，并未真正解决贫困儿童“上不起学”的问题。在民族地区的农村，十四五岁的青少年辍学回家放牧的情况屡见不鲜。本该上初中的年纪却放弃学业，而且已经作为一个家庭的主要劳动力，为家庭增加收入。低水平的教育导致他可选择的就业范围狭窄，很可能只有放牧这个单一的收入来源，摆脱不了贫穷的现状，从而进入一个恶性循环。究其原因，还是教育支出范围太过泛泛，并未切实地帮助农村贫困家庭解决教育问题。此外，财政对民族地区城镇和农村的义务教育投入不均衡。对城镇中小学校舍危房修建的投入远大于农村。近两年义务教育支出规模的提升在城镇中小学显出成效，城镇中小学购入课桌椅、图书的数量不断增加，一些专用设施也得到改善；但农村普通中小学购置图书、多媒体设备、实验室所需器材等支出占比很小，很多中小学甚至没有图书馆和实验室，这不利于民族地区义务教育发展的均衡发展。

学前教育和中高职教育在民族地区教育支出中占比非常小，仅为5%左右。农村学前教育支出基本为零。在调研中得知，在民族地区的一些农村儿童没有正规的学前教育，有些孩子经常被送到附近的寺庙里去学习。近几年对职业教育的投入有所提升，但高等职业院校还是呈现出整体不强的现状，高等职业院校数量较少，培育出的学生就业率偏低，不足以吸引学生就读。

高等教育支出占比20%。实际上，学前教育社会收益率高于高等教育。从民生角度来看，幼儿教育经费不足应引起自治区地方的高度重视，应把有限的教育资金投放到社会收益率高的学前教育和中高职教育中。

民族地区教育问题有其特殊性。由于民族地区的风俗习惯、民族文化不同于内地，民族地区教育发展和文化存在矛盾性，少数民族传统文化对现实教育问题有制约性，比如一些民族地区“上学读书不划算”的思想还有存留。在这种情况下，直接照搬其他地区的教育政策、效仿其他地区的教育支出结构等，会导致教育供给无法满足教育需求，造成有限的教育资源浪费，产生“事倍功半”的恶果，不利于民族地区教育事业的发展。

三、行政事业单位离退休支出比重过大，社会保障没有覆盖全部农民

民族地区社会保障资金来源渠道较单一，且资金筹集能力较弱，导致民族地区的社会保障投入偏低且结构不合理，最突出的问题就是行政事业单位离退休支出占比过大。如2013年，内蒙古社会保障总支出491亿元，其中行政事业单位离退休支出182.25亿元，占社会保障总支出的37%，年均增长率18.64%。行政事业单位离退休支出比重过高，挤占了社会养老保险、社会福利救助等支出。农村社会养老保险在民族地区的试点参与者极少。虽然民政部规划制定了“个人缴纳为主，集体补助为辅，国家给予政策扶持”的农村社会养老保险费用筹集方案，但在实际运行中，个人缴纳很多，集体补助却很少，甚至无力补助。有很多少数民族农民根本没有多余的钱参加合作医疗，民族地区的农民目前根本就没有承担“个人缴纳”的能力。

城乡二元制度缺陷导致社会保障未覆盖到民族地区农村，城乡差距明显。民族地区农村人口收入水平较低，制约着社会保障水平的提高。大部分农（牧）民依然有“养儿防老”的思想，民族地区农村养老主要靠子女和家庭。民族地区城镇员工享受着较高水平的社会保障体系，各类保险均在逐步完善，而大多数农村地区还没有形成正式的社会保障制度，社保中甚至缺乏失业保险。由于没有正式的社保制度，诸多农（牧）民和农民工没能被纳入社会保

障的范围，甚至出现参保却未得到保障的情况。此外，因为社会保障没有覆盖到农村，农民工不愿意返乡。农村收入低又缺乏保障，很难留住青年劳动力和年轻干部，导致农村的管理出现乱象。

四、基础医疗条件差，民众自己承担医疗比重过大

少数民族地区基础医疗投入不足，医疗基础设施、专业医生较少。高学历的医护人员更倾向于留在经济发达地区，导致民族地区基层医务人员、专业建设人才不够。很多农村医疗卫生所的医护人员都是“赤脚医生”。由于经费不足，医疗条件有限，需要挨家挨户给村民打疫苗，看病的医生可能只有一个，打完疫苗要将近一个月。村民偶犯急病，就诊很困难，很可能会威胁到生命安全。民族地区农村卫生所房屋简陋、药品种类稀少，卫生机构很难发挥其应有的效能。民族地区大医院“摩肩接踵”，排队挂号的人不计其数，基层中小医院却无人问津。这种行为不但提高了患者自身的医疗成本，也使医疗资源配置的失衡状态更加严重。

医疗卫生投入存在相当大的缺口，医疗支出占比很低，个人医疗卫生支出负担过重，医疗价格不断上涨，看病难看病贵的问题仍比较严重。虽然民众自身有医疗保险，但碰到大病，必须要去大医院，就不在报销的范围内，或者仅报销一小部分，大部分医疗费用还是要自己承担。民族地区农村患大病的贫穷患者，没能力承担这部分医药费，只能去卫生所拿药暂缓，甚至放弃治疗。

政府对大病保险、医疗救助等医疗保障的投入不足以满足民众需求。少数民族地区居民，尤其是农（牧）民，难以有稳定的收入，所以一旦患大病，家庭难以承担医疗费用，很容易陷入贫穷。此外，家庭灾难性医疗补助支出不到位，缺乏完善的医疗保险管理机构，家庭预付机制不完善，灾难性疾病发生时，难以筹措资金。

五、鼓励创业支出占比大，但并不符合民族地区就业方式

民族地区特殊的地理区位使其拥有不同于其他地区的资源，人的行为方

式受到自然资源环境的制约，各民族的就业方式亦因当地生态环境的影响而有所不同。如藏族、蒙古族、哈萨克族等，或经商，或从事养殖畜牧业、手工业。少数民族就业方式是对生存环境自然适应的结果，这显然是资源分割的结果。资源分割决定了民族地区的少数民族劳动力仍然处于劳动力二级市场①。民族地区劳动力现有的素质技能决定了其不能和民族地区产业结构相协调。因此，围绕产业优化升级，建设公共培训实训基地，这种在发达地区很见成效的就业政策，在民族地区并不适用，创新就业方面的支出很可能会“打水漂”。

民族地区农村半失业人口众多，且缺乏高素质劳动技能，难以转移到城镇的工业和服务业中。国家政策提倡“退牧还草”，间接导致了原本放牧的牧民无牧可放，产生了一大批剩余劳动力。由于一直从事放牧，缺乏专业技能，这部分剩余劳动力只能去城镇从事体力劳动，难以长期在城市发展。

六、住房保障支出规模小，难以保障“住有所居”

民族地区财政保障性住房投入远不能满足需要。2010 年，民族地区住房保障支出 271.18 亿元，仅占财政支出的 3.8%。中央和自治区补助给民族地区的住房补贴对于低收入者购房来说，可谓“杯水车薪”。尤其是在住房被推向市场、住房需求巨大、土地资源有限、居民收入差距拉大等因素的作用下，房地产价格一路攀升。如此之高的住房价格，使中低收入者只能“望房兴叹”，沦为“房奴”，同样的社会问题，在民族城镇地区也有体现。

民族地区农村尚处于解决危房问题的阶段。保障性安居工程虽不断开工，为农民居民提供了较为便宜的房源，但危房改造的支出比例还远远不够，仍需扩大住房保障支出规模。

---

① 张冬梅．完善民族地区就业政策的策略［J］．中国人力资源开发，2010（9）：78-80.

第二节　民族地区民生财政支出结构缺陷根源分析

一、民族地区政府偏好与民生支出相冲突

民族地区经济发展速度相对缓慢，应中央的要求以及自身发展的要求，自治区政府对经济建设支出的偏好要强于对民生支出的偏好。由于干部考核均依据当地经济发展状况，政府干部的私人考量，一定程度上阻碍了民生事业的发展。民族地区也有这种倾向，为了短期绩效需要提高地区生产总值，将原本应用于民生建设的资金用于投资等促进经济增长的项目上，毕竟民生支出见成效需要一定的时间。这种倾向阻碍了民生政策的实施，导致民族地区民生支出长期不足。

从整体财政收入和支出情况来看，民族地区需要的民生财政支出规模较大，但由于民族地区产业相对较少，难以吸引投资，财政收入难以满足财政支出的需求。民族地区的民生事业建设大部分需要依赖中央的转移支付。由于缺乏对民生支出效率的要求，即民生事业在多长时间内发展到什么程度，民族地区就会将这部分本该支援民生事业的转移支付挪作他用，使得本该政府承担的费用转嫁到民众身上，造成百姓上学难、看病难、住房难等问题。民生不仅得不到保障，反而给民众造成负担。

二、财政分权体制的缺陷致使自治区政府难以对民生项目长期投入

财政分权的实施为我国经济增长作出重大贡献，但财政分权体制本身存在缺陷，事权财权不匹配。在一些公共产品和服务的提供上，中央下放事权，但地方政府缺乏相应财权，致使地方政府财政压力瞬间增大。为了缓解财政压力，地方政府只好加大经济建设支出，造成民生建设迟缓甚至滞后。教育、社会保障、医疗卫生等公共物品的支出责任确实由地方政府在承担，这要求

地方政府有足够的财力保障民生事业的长效发展。然而与地方政府财政支出责任不断增加形成鲜明对比的是，地方财政收入锐减①，县乡等基层地方政府财政困难非常严重，导致基层政府没有财政能力保障民生事业的长期投入。

公共物品长期由地方政府承担其供给责任，财政资金来源却只有中央给地方有限的转移支付。为了扭转这个困境，地方政府不可避免地会采取其他途径来增加财政收入。例如，民族地区部分地方政府急于摆脱经济落后的困境，过度招商引资，其吸引的企业运作模式并不适合当地经济发展，结果不仅没有提升经济水平，反而造成环境污染等问题，给当地居民造成了严重的负担。

三、民生财政支出方面缺乏法律的强制约束

虽然民生建设一直在实施，民生支出规模也在逐渐增大，但民生支出范围、支出层次完全由地方政府自行决定。哪一项民生项目优先支出、覆盖面积是多少并没有明确的规定，没有法律保障。国家提出要求，教育支出占比要达到4%，但没有规定如果达不到，地方政府会承担何种法律责任，这让地方政府“有恃无恐”。国家立法滞后，地方立法空缺，本应统一的社会保障制度被行政分割、人为地阻挠。由此导致社会保障的覆盖面小，保障效力差，劳动力个体的创新能力、开拓能力得不到充分发挥，劳动力价值得不到充分体现，劳动力流动性差②，直接影响民族地区经济发展后劲不足，难以留住人才。

缺乏对民生财政支出层次、支出范围进行规定的法律条文，导致地方政府财政支出无序。本该最先解决的基本生存类民生问题未得到及时解决，反而在发展机会类民生项目上投入大量资金，一是会造成有限的资源浪费，二是社会底层民众无法享受此类公共产品，间接导致城乡间居民收入差距增大。

① 王箐．中国式财政分权与人均财政卫生支出关系研究［J］．卫生经济研究，2015（3）：3-7.

② 顾华祥．构建和谐民族地区的社会保障制度建设探讨［J］．黑龙江民族丛刊，2007（1）：44-50.

四、民生财政支出缺乏行之有效的监督管理体系

我国现阶段民生支出难以切实到位的原因之一就是缺乏监管机制和民生绩效考核机制。

首先，考核指标难以量化、考核绩效评价不规范、评价人员专业性差等导致统一标准的民生考核机制很难建立，民生财政支出缺乏效率，财政资金不能得到有效运用。

其次，民族地区民生财政支出缺乏有效的管理体制，表现在民生财政支出总量管理方面。政府没有明确民生项目支出规模界限，无法通过不同的民生项目需求来支出相应的民生项目资金，所以会出现教育支出占比要远远大于医疗和住房占比的情况。政府根据自身偏好和绩效要求，单一发展某项民生项目，导致无法实现民生财政支出结构均衡。民族地区教育、社会保障、就业、医疗卫生、住房等民生支出规模和内部结构不符合当地经济发展需求，也不符合当地民众实际需求，还可能会拉大城乡收入差距，不利于民族地区长期稳定发展。

最后，缺乏对保障民生项目支出效率的管理，存在严重的民生财政支出效率低下。民生财政支出每年都在增长，但并未见民生事业建设成果有相应的增长，究其原因就是缺乏保障民生支出效率的有效程序和机制。

第十九章　保障民生的民族地区财政支出结构制度建设

民生财政支出的主要功能在于惠民。尽管自治区政府用于教育、医疗、社保、住房、就业保障等民生项目支出占比开始增大，民生事业有所发展，但尚未真正满足民众需求，现在的民族地区民生财政支出结构仍然不是最优的。最优的民生财政支出结构应该是民族自治地方的自治机关，依照国家的财政经济制度和上级国家行政机关批准的经济计划，根据民族本地区的经济文化发展特点，切实保障民族地区民生财政支出结构能够改善和保障民生，从而有利于缩小城乡贫富差距，实现社会公平正义。

第一节　加强民生财政支出的体制建设和法制建设

一、明确政府职能定位，保障民生财政支出

首先，自治区政府是民族地区经济和民生发展的战略主体，理应担负起改善保障和保障民生、促进经济发展的重任。建立一个新型的“责任政府”，要着重体现公众意志、公众需求。自治区政府对教育、医疗、社会保障等公共产品的供给大多是对民族地区贫困百姓的关注，是缩小贫富差距的实践。中国市场经济的实践已经证明，市场提供公共产品会降低民生支出效率，且不利于实现公平正义。因此在民生领域，政府职能一定要明确，政府的职责就是保障这些公共产品能够有效并且公平地被提供。

其次，自治区政府必须明确民生财政的目标是在保障经济效率的基础上，

增加民生投入，改善民生，从而有利于缩小贫富差距，实现社会公平正义。政府职能应随着国家发展阶段的变化而变化，财政支出结构也理应如此。

二、完善财政分权制度，促进中央和地方政府间事权和财权相匹配

首先，明确中央政府与地方政府关于保障民生的支出责任。这是优化财政民生支出规模与结构的前提条件，应该重新划定各级政府对民生支出的事权，并在事权明晰的基础上保障相应的财力①。在公共物品的提供上，中央应给予地方政府部分财权，比如，赋予地方政府一定的税收立法权，以保证地方政府有充足的财政资金提供公共物品。

其次，按照受益范围原则，从不同民生项目支出层次出发，规定全国范围受益的民生项目支出由中央政府负责，地方受益的由地方政府负责。如中央政府负责社会保障支出中的全国统一养老保险和其他社会福利、全国性义务教育和基础科研支出、全国性医疗卫生支出等。地方政府负责地区性的教育、医疗、就业和住房支出，在全国性社会保障支出的基础上进行补充支出等②。明确事权后划分财权，根据事权划分中央政府和地方政府具体的民生支出范围，这样可以保障民生支出能够切实有效地落实到民生建设中。同时，按照民生支出层级划分各级政府支出责任，有利于优化民生财政支出结构。

三、构建保障民生财政的法律体系

改善民生，要有制度作保障。有了制度，就不容易轻易改变，一定意义上杜绝了民生支出挪作他用。但目前来看，关于民生财政支出，我国缺乏法律明文规定。为了完善财政民生支出、优化支出规模与结构，应建立完善的、配套的财政政策和法律法规体系，内容应涵盖社会保障、教育、医疗卫生、就业以及住房保障等层面。民生支出这样的重大支出项目，应该倚重透明、公正的财政制度，同时还应该从法律的角度加强财政监督的职责，完善财政

---

① 吴智峰．财政体制变迁与经济增长［D］．南昌：江西财经大学，2009：14.

② 闫婷．中国财政民生支出规模与结构的优化研究［D］．沈阳：辽宁大学，2013：89.

监督办法，规范财政监督程序，使财政支出和财政支出管理的各个环节都能够做到“有法可依”。此外，应通过立法明确中央和地方政府的民生支出责任，并依法执行。杜绝中央与地方在改善民生时的随意性和短期性，建立长效机制，保障地方民生建设的长久性。

第二节　继续推进以发展民生为重要目标的社会建设

一、保障民生财政支出层级分布，城乡均衡发展

保障民族地区民生财政支出应遵照层级分布要求。民生建设也有轻重缓急，应在充分考虑民族地区实际发展的情况下，根据民生支出项目的层次性分布，有质量有效率地优化民生财政支出结构。在不同的发展阶段，进行不同层次的民生建设。例如在民族地区教育支出方面，民族地区的孩童依然处于“不愿意上学”“上不起学”的状态，所以应针对性地加大义务教育的投入水平。鼓励学校走访到户，宣传义务教育，同时减免学杂费，吸引附近适龄儿童入学，保障入学率和升学率，切实保障义务教育等民生支出质量。

此外，要特别注意民族地区农村居民的民生改善和保障。对农村教育、医疗卫生、就业、住房、社保建设的长期忽略，导致农村居民和城镇居民在享受我国经济改革成果时，存在巨大的差距。因此，在保障民生层级分布的同时，应加大农村地区公共服务提供水平，增加农民收入，缩小城乡间差距，为实现全国范围的新型城镇化作准备。

二、保障各民生项目均衡发展

增加各民生项目投入，同时调整支出结构，促进各民生项目均衡发展。本篇着重研究教育、医疗、社会保障、就业、住房方面的民生建设，但在保障这五项民生项目支出的前提下，还应注重民族地区交通、科技、文化等方面的发展，实现全方面发展。

（一）压缩行政管理支出的比例，继续加大民生投入金额

近年来，民族地区的行政管理成本一直很高，而且占比远远超过民生支出。在民族地区经济发展的过程中，管理费用是必不可少的，但如此高的行政管理开支，与政府工作的低效率、奢侈浪费等问题不无关系。因此应加快政府精简机构、裁减行政冗员的速度。深化行政管理体制改革，运用创新思维改善现状，比如将“降低行政成本、改善民生”作为政府政绩考核等。另外，财政要尽可能地运用缩减的行政管理费用支出，大力支持民生事业的发展。

（二）根据民族教育特殊性，调整教育支出结构

民族教育具有其特殊性，现代教育强行介入，缺乏与当地文化、历史变迁融合过程，只会造成教育资源浪费。教育的支出结构优化问题，应从民族地区民众的意愿出发，在加大民族教育支出规模的同时，强调教育质量。

现阶段，民族地区“好的教育”，是让农村和城镇孩子能享受到教育带来的好处。这要求民族地区教育支出应在确保义务教育支出质量的基础上，着重发展职业教育和高等教育。义务教育是学生升学和就业的基础，需要根据民族地区儿童不同的生长环境、文化背景来确定不同的教育方式。针对民族地区学生的需要，创办职业教育机构，吸纳部分不适合走“升学”这条路的学生，注重技术知识输出，为其就业打下坚实的基础。同时，学前教育作为义务教育的初始，至关重要，应逐渐普及免费学前教育。

（三）完善社会保障体系，并将社会保障制度覆盖到城乡全体居民

人口老龄化的趋势要求地方政府财政加大养老保险的支出，民族地区的经济发展水平要求建设低水平但覆盖面广的养老保障模式。坚持政府统一管理，个人缴费、集体补助、政府补贴，并增加政府补贴的比重。最重要的是要鼓励民族地区农村村民参与社会保障，扭转其“养儿防老”的陈旧观念。建立和完善民族地区居民最低生活保障制度，扩大其覆盖面，尤其是贫困农村地区，促进城乡社会保障事业协调发展。

民族地区可以根据各地经济发展情况构架多样化的社会保障制度。比如

在一些草地、植被遭到严重破坏的地区，政府可以鼓励农村居民加入生态保护的队伍中，通过简单的劳作获取收入，使生态建设和养老保障相结合，形成一种新型的养老保障方式。

（四）建立新型医疗合作体系，优化医疗支出结构

面对农村医疗发展滞后，民族地区农民没钱看病或因病返贫等问题，一是要循序渐进、稳步适度地增加民族地区医疗卫生支出占比。二是要积极吸引社会资源，建立“群众自愿参加，大病统筹，互帮互助”的新型医疗合作体系。民族地区民众，尤其是农村村民，很容易因大病而返贫，有了新型医疗合作体系，居民可以通过政府和其他居民的帮助渡过难关。三是要优化医疗卫生支出的结构。首先，提高疾病预防、健康教育及妇幼保健等支出比重，起到预防的效果，从整体上降低医疗卫生支出的成本。其次，均衡城乡医疗卫生支出，扩大城乡居民大病保险试点，对基层医院进行财政补贴，提高其设备技术水平，吸引专科医学家前来会诊，保障医疗费用报销比例，等等。

（五）加强农民就业指导，多途径实现就业

“授人以鱼，不如授人以渔”，就业是实现个人价值、全面发展的重要途径。政府应加大民族地区就业保障支出力度，尤其是对农村地区，保障农村地区剩余劳动力以及失业人员充分再就业。加强农民技术和职业素养，可以考虑建立诸如“国家就业培训委员会”的专业培训机构，为再就业人员以及当地企业制订专业培训计划。再由培训委员会负责“工作中介”，因为它具合法性，更能保障企业与求职人员之间信息沟通的真实性，各取所需，促进就业方式的多元化。

积极鼓励民族地区企业和政府创造高薪就业的机会，从而吸引大量高素质人才留在民族地区。例如，广西定向选调生，吸引了全国包括清华、北大诸多名校的本科生、研究生投身到民族地区的经济、文化、政治建设中。此外，还可以扶持和发展第三产业，尤其是服务行业，更能吸纳就业人员。

（六）完善保障性住房机制，完善财政投入结构

住有所居，是人们对住房最基本的要求，但在民族地区，房价的不断飙升威胁着低收入人群的生存居住环境，甚至出现住房贫困等问题。政府在进一步加大民族地区住房保障投入的同时，应将重心放在改善住房质量上。妥善利用中央对民族地区的转移支出，建立住房保障专项扶贫资金，针对性地扩建房屋和改善住房质量。

完善住房保障体系，制定专门的住房政策。在民族城市地区建设经济适用房，保障城市里的居民都有房可住，同时实施租房补贴政策等。在农村可以扩大建设范围，加大民族地区农村危房改造力度，保障牧区独居的牧民有安全的住房。对农村住房进行规划，保证中央政府和民族自治政府对房屋改造的补贴落实到位。

第三节　构建优化民生财政支出结构的民主决策、绩效评价与监督机制

一、健全民意表达机制，了解民生需求

自治区政府必须深刻了解民生需求，才能提供民众真正需要的公共服务，民生财政支出的效率和质量才有保障。民生的实质在于民主，民生财政应由民众作主。因此，要健全民意表达机制，完善制度设计，使民生财政能够充分反映民众意愿、民众需求。充分发挥大众媒体在公众利益表达中的作用，积极引导和约束各种媒体公正、客观、全面地反映民意①。畅通民意表达渠道，尤其要健全弱势群体利益诉求的表达渠道。规划管理信访工作，提高信访问题解决能力，保证民众意愿切实传达到相关部门。强化部门职责，加强政府协调，引导政府工作人员主动关注民意。

① 崔惠民，张厚明．公共财政走向民生财政：基本公共服务均等化的选择［J］．经济问题探讨，2011（6）：18-21.

二、以民生财政支出的效率和质量作为政府政绩考核的依据

首先，建立透明财政。预算执行结果透明，并对各部门预算执行情况进行考核，从民生财政预算执行数量和质量等方面确定评级标准，并进行考核评价。建立财政资金使用责任制，注重民生建设质量考察。其次，构建民生支出绩效管理制度。制定评价标准，收集评价结果，将其与官员绩效考核和升迁制度联系在一起。评价范围定位为各民生项目建设领域，建立激励机制，制定详细具体的操作流程。明确各部门人员权利和职责，加强其道德约束力度，实现以民为本、为民服务的政绩考核目标。

三、增强民生资金监管，保障民生财政切实惠民

为保证民生财政得以“取之于民，用之于民”，应加大对教育、医疗卫生、社会保障等民生资金使用的监督力度，确保民生资金及时足额拨付和有效运行。规范资金流动程序，按照“专户管理、封闭运行、集中支付、追踪问效”的程序运行，规定民生资金在申报、实施过程中，各相关部门的职责权限。实现民生资金申报、项目实施、竣工验收等程序的规范化、程序化。财政预算公开，尤其是教育、医疗卫生、社会保障等重大民生项目的预算执行情况，要及时公开，保障民生建设等惠民政策落到实处。为了保证民生资金真实性，政府每月都要与下级政府对账，或进行专项检查，并深入民生建设地区调研，切实了解民生资金是否用到实处、民众是否受益。民生问题反映的是社会问题，关乎社会和谐稳定，需要建立预警机制，对民生投入实施情况进行实时检测，随时发现并解决问题。

专题一　广西壮族自治区税收对经济增长影响的实证分析

摘要： 经济增长决定税收收入，税收收入也影响着经济增长，这是税收收入与经济增长的基本关系。1994 年分税制改革以来，广西的税收收入保持着较高的增长速度，呈现出了与经济增长同步的态势，并且近十年，广西税收收入的增速快于地区生产总值的增速。因此本专题从广西税收收入对经济增长影响的角度出发，进行分析研究。运用回归模型从广西税收收入对经济增长的关系进行了实证研究。结果表明：广西税收收入对经济增长具有正向拉动作用，而政府一般预算支出则对地区生产总值起抑制作用；本期的增值税、营业税的增加，会带来本期地区生产总值的增加，本期消费税、个人所得税和企业所得税的增加，会导致本期地区生产总值减少。最后根据实证结果提出相应的政策建议。

关键词： 税收收入；经济增长；税收结构；宏观税负

一、前言

当前我国经济规模不断壮大，经济保持着稳中求进的增长态势，税收收入作为政府的主要财力，受到了政府的高度重视。同时，税收也在宏观经济运行中发挥着重要的调节作用。随着社会的不断进步和发展，税收与经济的关系不仅会影响经济的繁荣，还会影响税收收入的增加，甚至会影响社会的稳定。

在全国 GDP 快速增长的背景下，广西的地区生产总值得到了快速的增长，从 1994 年到 2015 年，全区的地区生产总值由 1198.30 亿元增长到 16803.12 亿元，税收收入由 94.64 亿元增长到 2070.21 亿元。“西部大开发”

战略促进了广西经济的繁荣，近年来，北部湾经济区的开发、中国东盟自由贸易区的建立以及“一带一路”建设等，都将为广西经济进一步发展和对外开放提供新的契机。鉴于此，本专题从理论分析和实证分析两方面探讨广西税收收入对经济增长的影响，并结合广西的实际情况提出相关建议。

二、文献综述

（一）国外文献综述

针对税收收入与经济增长的关系，很多学者通过研究认为税收收入与经济增长之间存在负相关性，过高的税负阻碍经济的增长。Bibbee（1997）利用 OECD 国家的税收收入与 GDP 的相关数据，建立回归模型，结果表明了税率的提高阻碍了成员国经济的增长；为了进一步研究税收收入与经济增长之间的关系，Plossero（1992）以 24 个 OECD 国家在 1960—1989 年的相关数据进行实证分析，发现经济增长率与税率呈负相关；Matin et al.（2003）从税制结构与经济增长关系的角度进行实证研究，发现以所得税为主的税制结构阻碍了经济的增长。

也有部分学者认为税收能够促进经济的增长。Jonathan et al.（1996）通过建立税制结构对经济增长的内生和外生模型，发现以流转税为主的税制结构能够实现经济增长；Arnold（2008）利用 21 个 OECD 国家的样本数据，从税制结构出发，发现税制结构确实影响 GDP 的增长，且财产税和消费税对经济增长有明显的促进效果。

（二）国内文献综述

国内学者主要从我国税收对经济增长的影响以及地方税收对经济增长的影响两方面进行研究。

我国税收对经济增长的影响。严成樑等（2012）以我国 1978—2009 年的相关数据为样本，运用定量分析的方法，研究总体税负对经济增长的影响，发现总体税负的增加会抑制经济的增长；为了进一步研究它们之间的关系，严成樑等（2012）定量分析了劳动所得税、资本所得税、企业所得税和消费税对 GDP 的影响，发现相对于劳动所得税、企业所得税和消费税而言，资本所得税对经济增长的限制作用较大。

地方税收对经济增长的影响。王光宇等（2012）以 1985—2011 年辽宁省税收与地区生产总值的相关数据为样本，建立多元回归模型，发现无论短期还是长期，辽宁省税收收入的提高都能促进经济的增长；从结构角度来看，李小明等（2013）以上海市 1994—2011 年的相关数据为样本，对上海市产业构成和税种结构进行分析，建立相关计量模型，发现优化上海市产业结构可以促进税收收入的增加；苏南宏（2010）以江西省 1978—2008 年的宏观税负和地区生产总值增长率为样本数据，建立多元回归模型，发现江苏省宏观税负的提高会阻碍地区生产总值的增长。

三、税收收入与经济增长的相关理论

（一）税收收入与经济增长的一般关系

经济增长与税收最基本的关系是，经济的增长能够带来税收的增加，而税收的变动也会反作用于经济增长。国民经济的运行创造了社会财富，而税收的本质就是将一部分社会财富进行再分配，经济规模越大，表明国民收入越高，因而税收收入也就越多。

税负的轻重反映在税率的高低上。税率越低，税收分掉的经济利益就越少；税率越高，税收分掉的经济收益就越多。税种结构也会影响经济增长，按课税对象和经济构成对税种进行分类。我国目前以流转税和所得税为主体税种，是财政收入的主要来源，调节着国民经济的运行。当然，其他税种，如财产税、资源税等也对经济起到调节作用。

（二）拉弗曲线理论

阿瑟·拉弗主张通过降低税负来增加社会供给从而拉动经济增长，提出了反映税收与税率关系的拉弗曲线，如图 1 所示：

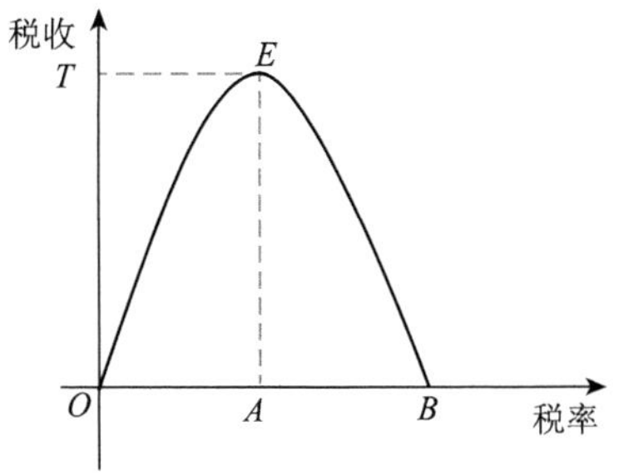

图 1　拉弗曲线

横轴代表税率，纵轴代表税收，A 点表示最优税率，对应的最高税收为 T。当税率由点 O 增加至点 A 时，税收逐渐增加并在 E 点达到最高值，而税率由点 A 增加至点 B 时，税收反而会减少，并由最高点降至最低点。因此，税收并不总是和税率呈正相关的，高税率不一定会带来高税收。

拉弗曲线实际上说明了，税率不能过高，否则会增加工人的税收负担，降低他们的工作积极性，同时企业会因为生产成本的提高而减少产量，进而导致国民经济运行减缓，税收必然会减少；当税率较低时，工人的税负较轻，必然会提高工作的积极性，从而获得更高的收入，同时企业的生产成本低，运行效率高，国民经济运行高效，自然会增加税收收入。

（三）凯恩斯学派的税收与经济增长理论

凯恩斯学派认为，政府应该通过合理的税制结构，将富人的一部分财富以税收的形式进行征收，然后通过扩大政府的支出规模，将这部分财富转移给穷人。同时通过增加政府投资来刺激社会供给与需求，从而使社会的供需达到平衡，最终恢复经济发展。

萨缪尔森进一步补充了凯恩斯的经济税收理论，他认为累进税制可以自发调节国家的税收。当经济衰退时，人们的收入会减少，对应较低的税率，因而所要交的税就会减少，这样可以加快经济的恢复；相反所交的税就会增加，以此来抑制经济的过度繁荣。这就是经济的“自动稳定器”。

四、广西壮族自治区税收收入与经济增长的现状分析

（一）广西税收收入现状分析

1. 广西税收总体分析

近年来，税收收入总额随着广西经济的快速发展不断攀升。2001 年广西税收收入达 230.40 亿元，到 2015 年已突破 2000 亿元，为广西的各项经济发展和社会稳定提供了重要的保障。由附表 1 可以看出，广西的税收收入是在加速增长的，2001—2015 年的 15 年中增长了 7.99 倍，年平均税收达 944.46 亿元，税收收入年平均增幅达 18.29%。

广西的税收收入在整体增幅较大的情况下，税收总体波动也较大。15 年里，增幅最高的 2001 年达到 32.12%，与增幅最低的 2015 年相差 27.56%。广西税收收入占地区生产总值的比重，即宏观税负从整体上看是不断攀升的，由 2001 年的 10.11%上升至 2015 年的 12.32%。

2. 广西税收收入结构分析

“营改增”之前，增值税、营业税和企业所得税等是地方税收收入的主要来源。其中作为共享税的增值税，是地方税收的主要来源之一。从广西近 15 年的情况来看，增值税在广西税收收入中占 31.4%~48.7%，是广西的主要税种之一。“营改增”之前，广西的增值税占比一直都在 40%左右，但逐步实行“营改增”之后，广西企业的增值税税负普遍下降，使得增值税占比有所降低。

在全面实行“营改增”之前，营业税属于地方税，所征的营业税全部归地方政府所有，营业税在广西占比 17%左右，到 2011 年和 2012 年达到了高峰，随后出现回落，直到 2013 年，广西开始启动“营改增”，营业税比重逐步下降。所得税在总税收中的占比在 18%左右，由附表 2 可以看出，企业所得税占比逐年上升，但个人所得税占比有所下降，这主要是因为 2011 年国家上调个人所得税工资薪金所得扣除标准。

（二）广西经济增长的现状分析

近年来，广西经济得到快速发展，地区生产总值取得了较大幅度的增长。

由表 1 可以看出，广西的地区生产总值逐年上升，由 2001 年的 2279. 34 亿元增长至 2015 年的 16803. 12 亿元，15 年增长了 7. 38 倍，取得了相当大的进步。

广西地区生产总值增长率在图 2 中可以更明显地反映出来，可以看出广西地区生产总值增长率波动很大。尤为明显的是 2009 年和 2012 年，由于全球金融危机的影响，2009 年广西的地区生产总值增长率迅速下降至 10. 51%，2012 年以后，我国经济增速整体放缓，经济结构处于转型期，导致广西地区生产总值增长率的放缓。但是从图 3 可以看出广西地区生产总值总量上还是保持着增长。

表 1　2001—2015 年广西经济增长情况

年份	地区生产总值/亿元	地区生产总值增长率/%	地区生产总值增长量/亿元
2001	2279. 34	9. 58	199. 30
2002	2523. 73	10. 72	244. 39
2003	2821. 11	11. 78	297. 38
2004	3433. 50	21. 71	612. 39
2005	3984. 10	16. 04	550. 60
2006	4746. 15	19. 13	762. 05
2007	5823. 40	22. 70	1077. 25
2008	7021. 00	20. 57	1197. 60
2009	7759. 16	10. 51	738. 16
2010	9569. 85	23. 34	1810. 69
2011	11720. 88	22. 48	2151. 03
2012	13035. 10	11. 21	1314. 22
2013	14449. 90	10. 85	1414. 80
2014	15672. 89	8. 46	1222. 99
2015	16803. 12	7. 21	1130. 23

资料来源：2002—2016 年《中国统计年鉴》。

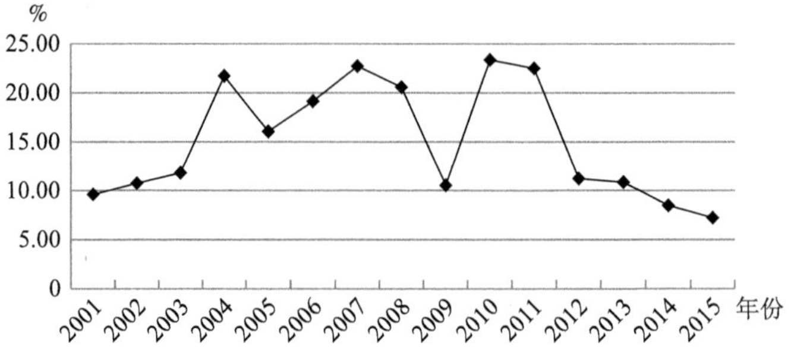

图 2　广西地区生产总值增长率

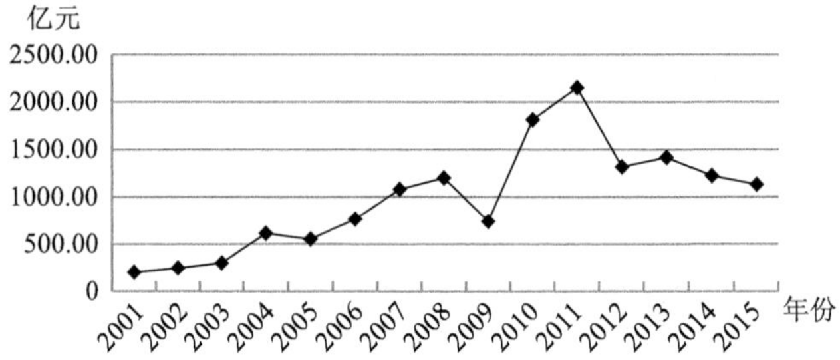

图 3　广西地区生产总值增长量

由表 2 的产业结构来看，从 2001 年开始，第一产业的比重逐步下降，由 25. 29%下降至 2015 年的 15. 27%，但与全国的平均水平 9. 0%相比还有很大的差距。2001—2005 年，第三产业的比重高于第二产业，而 2005 年之后，第二产业赶超第三产业，但是广西尚处于工业化发展的中期。

表 2　广西三大产业占地区生产总值的比重

年份	GDP/亿元	第一产业比重/%	第二产业比重/%	第三产业比重/%
2001	2279. 34	25. 29	33. 83	40. 88
2002	2523. 73	23. 85	33. 56	42. 59
2003	2821. 11	23. 35	34. 88	41. 77
2004	3433. 50	23 82	36. 51	39. 67
2005	3984. 10	22. 90	37. 92	39. 18
2006	4746. 15	21. 75	39. 58	38. 67
2007	5823. 40	21. 32	41. 65	37. 04

续表

年份	GDP/亿元	第一产业比重/%	第二产业比重/%	第三产业比重/%
2008	7021.00	20.71	43.27	36.03
2009	7759.16	18.80	43.58	37.62
2010	9569.85	17.50	47.14	35.35
2011	11720.88	17.47	48.42	34.11
2012	13035.10	16.67	47.93	35.41
2013	14449.90	15.85	46.58	37.56
2014	15672.89	15.40	46.74	37.86
2015	1 6803.12	15.27	45.93	38.80

资料来源：2002—2016 年《中国统计年鉴》。

（三）广西税收收入与经济增长的对比情况

从图 4 可以直观地看出，税收收入与地区生产总值的增长速度在整体上保持一致，可以认为税收随着地区生产总值的变化而变化。随着我国整体经济的不断发展壮大，广西的经济和税收收入在不断增长，但是从它们的增长速度来看，二者的发展状态是有波动性的。

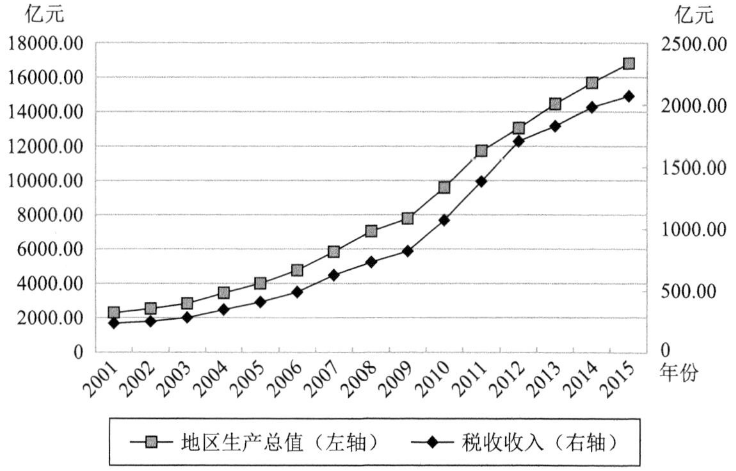

图 4　广西经济增长与税收对比

从增长率的角度来分析税收收入和地区生产总值之间的关系如图 5，可以看出税收增长率变动幅度较大，但是大都集中在15%~30%，税收收入的增长率在有的年份超过地区生产总值的增长率，在有的年份则低于其增长率。于是，可以认为，广西的税收收入与地区生产总值在总量上的增长几乎是同步的，但在增长率上存在一定的差异。

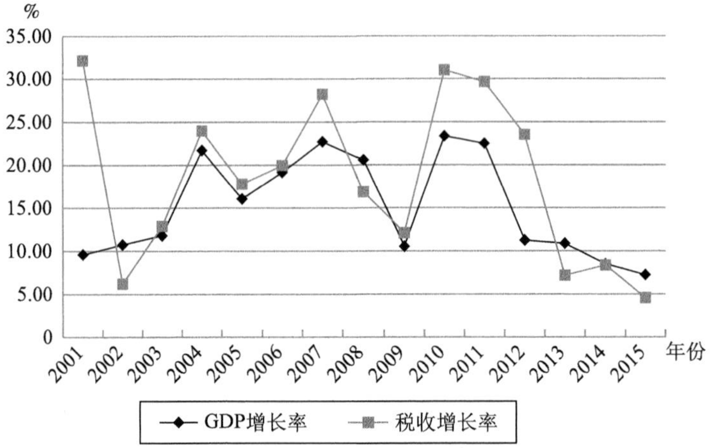

图5　税收增长率与经济增长率的对比

（四）广西税收收入与经济增长中存在的问题

1. 宏观税负偏低

广西经济发展需要税收收入的支持，税收收入增加，才能提高财政实力，使政府有充足的财力进行收入的再分配，提高政府的管理能力，提高人民的生活质量，促进经济的稳健发展。随着广西经济的快速发展，税收收入也在以较快的速度增长，但是宏观税负偏低。2001—2015年广西宏观税负为10%左右，2015年广西的宏观税负为12.32%，远远低于世界的平均水平38.8%，而且远远低于全国的平均水平30.1%，限制了税收对广西经济发展的促进作用。

2. 第三产业发展缓慢

广西2011—2015年的第三产业比重一直处于37%左右，增速在16%左右，且2014—2015年的增速已下降至10%。就比重而言，2015年全国第三产业的比重为50%，可见广西的第三产业比重远远低于全国水平，与发达地区相比还有一定的差距。近年来，广西经济虽保持着平稳较快发展，但是结构调整和产业升级发展缓慢，缺乏经济发展的创新点，特别是服务行业的发展较为滞后，没有形成完整的产业环境。

3. 区域税收发展不平衡

“十二五”时期，广西的税收主要来源于南宁、柳州、北海、钦州和桂林五市，其税收占广西总税收的71.5%。从增速来看，广西仅有7个市的税收增长在两位数，其余的增速在1.0%~7.4%，最高增速与最低增速之间相差13%，可见广西的区域税收发展是不平衡的。

五、广西壮族自治区税收收入对经济增长影响的实证分析

（一）基于多因素影响的税收收入总量对经济增长的影响

1. 模型设定

基于前文的分析发现，广西地区生产总值与税收收入存在一定的相关性，因此可以通过一定的数据分析来准确地说明二者的相关性。以经济增长总量GDP_t为因变量，以税收收入TAX_t为自变量，同时因为消费、投资、进出口、居民消费价格指数和地方财政一般预算支出对经济增长有一定的影响，所以将消费总额$CONS_t$、投资总额INV_t、进出口总额IE_t、地方财政一般预算支出GOV_t和居民消费价格指数CPI_t作为控制变量。设置的模型如下：

$$\ln GDP_t = \beta_0 + \beta_1 \ln TAX_t + \beta_2 \ln CONS_t + \beta_3 \ln INV_t + \beta_4 \ln IE_t + \beta_5 \ln GOV_t + \beta_6 \ln CPI_t + \varepsilon t \quad (1)$$

2. 回归结果分析

利用表3的数据，对设置的模型（1）进行回归分析，结果如表4所示：

表3　回归方程变量数据

年份	$\ln GDP_t$	$\ln TAX_t$	$\ln CONS_t$	$\ln INV_t$	$\ln IE_t$	$\ln GOV_t$	$\ln CPI_t$
2001	7.73	5.44	7.37	6.49	5.00	5.86	4.61
2002	7.83	5.50	7.44	6.62	5.30	6.04	4.60
2003	7.94	5.62	7.53	6.83	5.58	6.09	4.62

续表

年份	$\ln GDP_t$	$\ln TAX_t$	$\ln CONS_t$	$\ln INV_t$	$\ln IE_t$	$\ln GOV_t$	$\ln CPI_t$
2004	8. 14	5. 84	7. 65	7. 12	5. 87	6. 23	4. 65
2005	8. 29	6. 00	7. 81	7. 42	6. 04	6. 42	4. 63
2006	8. 47	6. 18	7. 93	7. 70	6. 26	6. 59	4. 62
2007	8. 67	6. 43	8. 11	7. 99	6. 54	6. 89	4. 66
2008	8. 86	6. 59	8. 26	8. 23	6. 81	7. 17	4. 68
2009	8. 96	6. 70	8. 38	8. 56	6. 88	7. 39	4. 58
2010	9. 17	6. 97	8. 51	8. 86	7. 07	7. 60	4. 63
2011	9. 37	7. 23	8. 63	8. 99	7. 30	7. 84	4. 66
2012	9. 48	7. 44	8. 78	9. 19	7. 52	8. 00	4. 64
2013	9. 58	7. 51	8. 91	9. 38	7. 60	8. 07	4. 63
2014	9. 66	7. 59	9. 01	9. 54	7. 82	8. 15	4. 63
2015	9. 73	7. 64	9. 09	9. 69	8. 07	8. 31	4. 62

资料来源：2002—2016 年《中国税务年鉴》，国家统计局相关数据。

表 4 的回归结果显示，可决系数 $R^2=0.9998$，说明该模型中的各解释变量对因变量具有很高的拟合度，并且 $F=6447.900>F_{0.05}(6,8)=3.58$，说明模型中各解释变量与因变量的关系在总体上是显著的。回归结果中，广西的税收收入、消费总额、投资总额和 CPI 与地区生产总值呈正相关，并且回归系数都通过了 t 检验，统计显著；虽然进出口总额与地区生产总值呈正相关，地方财政预算支出与地区生产总值呈负相关，但是二者的回归系数都没有通过 t 检验，统计不显著。

表 4　回归结果

变量	系数	标准差	t 值	P 值
C	1. 184351	1. 295047	0. 914524	0. 3872
*ln*TAX	0. 317746	0. 086405	3. 677395	0. 0062
*ln*CONS	0. 074916	0. 135774	0. 551772	0. 5962
*ln*INV	0. 294726	0. 056991	5. 171433	0. 0009
*ln*IE	0. 051163	0. 047255	1. 082693	0. 3105
*ln*GOV	−0. 133911	0. 060399	2. 217126	0. 0574
*ln*CPI	0. 052531	0. 210001	2. 501464	0. 0369

续表

变量	系数	标准差	t 值	P 值
R^2	0.999793			
Adj R^2	0.999638			
F 值	6447.900			
DW 值	3.213365			

（1）序列自相关性检验

因为样本容量较小，所以采用拉格朗日乘数法对序列相关性进行检验。检验的回归结果如表 5，把结果与χ^2分布的临界值进行对比，$LM=1.113<\chi^2(1,10\%)=2.71$，故可以判断序列之间不存在自相关性。

表 5　含 1 阶滞后残差项的拉格朗日乘数检验

F 值	1.113485	**Prob. F（1，7）**	0.3221
Obs * R-squared	1.832699	**Prob. Chi-Square（1）**	0.1758

（2）多重共线性检验

选取的经济变量具有近似的趋势，存在多重共线性，这会使得检验的结果偏离现实，最终导致模型失去意义。下面对模型进行多重共线性检验，结果如表 6，可以看出，除了 CPI 之外，其余的变量都存在严重的多重共线性。

表 6　变量间的相关系数

	ln*TAX*	ln*CONS*	ln*INV*	ln*IE*	ln*GOV*	ln*CPI*
ln*TAX*	1.000000	0.997225	0.995740	0.990217	0.996579	0.219993
ln*CONS*	0.997225	1.000000	0.997424	0.993360	0.996348	0.186074
ln*INV*	0.995740	0.997424	1.000000	0.994282	0.995690	0.192899
ln*IE*	0.990217	0.993360	0.994282	1.000000	0.987989	0.238685
ln*GOV*	0.996579	0.996348	0.995690	0.987989	1.000000	0.184399
ln*CPI*	0.219993	0.186074	0.192899	0.238685	0.184399	1.000000

为了消除多重共线性的影响，采用修正 Frisch 法，对这六个变量进行逐步回归，得到的回归结果如下：

$$\ln GDP_t = 0.6272 + 0.2883\ln TAX_t + 0.2914\ln INV_t + 0.1587\ln CONS_t + 0.0372\ln IE_t - 0.1289\ln GOV_t \quad (3)$$

$$R^2 = 0.999785,\ F = 8385.474$$

3. 模型的结论

修正后的模型结果显示，各经济变量对地区生产总值的影响程度各异。广西税收收入每增加 1%，地区生产总值增加 0.29%，促进作用是明显的。拉动经济增长的“三驾马车”投资、消费和出口，对广西地区生产总值也有明显的促进作用，其中投资和消费的拉动作用大于出口对地区生产总值的拉动作用，说明广西经济主要还是依靠内需拉动。

政府一般预算支出对地区生产总值起抑制作用，这说明广西政府支出存在不合理性，政府应该以合理的方式来发挥广西一般预算支出对经济发展的促进作用。

（二）广西税种结构对经济影响的实证分析

1. 模型与变量的选取

税种结构与经济发展水平关系密切，只有适应经济发展的税种结构，才能够更好地促进经济的发展。研究税种结构对地区生产总值的影响，才能够更好地安排税收，减少税收对经济的不利影响，促进经济更好地发展。

本专题选取增值税、营业税、消费税、个人所得税和企业所得税进行分析，建立以下模型：

$$\ln GDP = \beta_0 + \beta_1 \ln VAT_t + \beta_2 \ln BIT_t + \beta_3 \ln CONT_t + \beta_4 \ln PIT_t + \beta_5 \ln CIT_t + \varepsilon t \quad (4)$$

其中，*VAT* 表示增值税，*BIT* 表示营业税，*CONT* 表示消费税，*PIT* 表示个人所得税，*CIT* 表示企业所得税，分别对变量取对数以消除异方差，建立 VAR 模型。

2. 滞后阶数标准

VAR 模型分析中，利用滞后阶数标准来得到最优的滞后区间，才可以模拟出最理想的结果，也是最符合实际的预期。如表 7 所示，模型的最优滞后阶数为 1 阶。

表 7　滞后阶数标准检验结果

Lag	LogL	LR	FPE	AIC	SC	HQ
0	61.47892	NA	0.000000	-8.535218	-8.274472	-8.588813
1	2012.804	7.93e-12*	—	-297.6622*	-294.2725*	-298.3589*

3. VAR 模型建立

利用 Eviews 进行分析，结果如表 8。可决系数$R^2=0.998024$，说明模型拟合优度非常高，模型的实际经济意义达到了预期的效果，$F=589.2311>F_{0.05}(5, 9)=3.48$，说明该模型总体上是显著的。

由表中可以看出，广西上期的地区生产总值每增加 1%，本期的地区生产总值增加 0.38%，说明了广西上期经济增长情况对本期经济增长具有显著的促进作用，且通过 t 检验。广西上期的增值税、营业税和个人所得税每增加 1%，本期的地区生产总值分别增加 0.21%、0.49%和 0.06%，相对而言，营业税的贡献率是最大的，这三种税收的影响都是显著的，并且都通过了 t 检验。

由表 8 还可以看出，以广西各税种为因变量时，各回归方程的可决系数$R^2>0.9$，说明模型的拟合优度很高，并且 F 统计量均大于$F_{0.05}(5, 9)=3.48$，说明模型总体上是显著的，并且都通过了 t 检验。广西上期地区生产总值对本期增值税、个人所得税和企业所得税具有显著的促进作用，且对企业所得税的影响最明显。上期的地区生产总值增加 1%，会使得本期的企业所得税增加 2.11%；上期的地区生产总值增加 1%，会使本期的增值税和个人所得税都增加 0.67%；而广西上期的地区生产总值增加 1%，本期的消费税会减少 0.86%。

表 8　模型回归结果

	ln*GDP*	ln*VAT*	ln*BIT*	ln*CONT*	ln*PIT*	ln*CIT*
ln*GDP*（-1）	0.381510	0.668958	-0.370555	-0.857386	0.674487	2.112971
	(0.45243)	(0.83577)	(0.81074)	(0.93474)	(0.94145)	(1.40223)

续表

	lnGDP	lnVAT	lnBIT	lnCONT	lnPIT	lnCIT
lnVAT (-1)	0. 205750	0. 888288	0. 571606	-0. 299910	-0. 334183	0. 948438
	(0. 26033)	(0. 48090)	(0. 46650)	(0. 53785)	(0. 54171)	(0. 80684)
lnBIT (-1)	0. 490968	0. 598458	1. 367001	1. 773518	1. 178341	2. 665228
	(0. 28982)	(0. 53539)	(0. 51935)	(0. 59878)	(0. 60308)	(0. 89825)
lnCONT (-1)	-0. 083006	-0. 097639	-0. 300971	0. 221207	-0. 437269	-0. 455810
	(0. 09516)	(0. 17579)	(0. 17052)	(0. 19660)	(0. 19801)	(0. 29493)
lnPIT (-1)	0. 060815	0. 353255	-0. 431551	0. 022844	-0. 331970	-0. 287151
	(0. 18286)	(0. 33779)	(0. 32767)	(0. 37779)	(0. 38050)	(0. 56673)
lnCIT (-1)	-0. 051626	-0. 031986	0. 074871	0. 273418	-0. 151714	0. 374982
	(0. 05840)	(0. 10788)	(0. 10465)	(0. 12065)	(0. 12152)	(0. 18099)
C	2. 370830	2. 946408	0. 914377	2. 789830	-2. 080530	6. 164383
	(1. 82421)	(3. 36983)	(3. 26889)	(3. 76885)	(3. 79593)	(5. 65377)
R^2	0. 998024	0. 991930	0. 994867	0. 996896	0. 978941	0. 991192
$\overline{R}^2$	0. 996330	0. 985014	0. 990467	0. 994235	0. 960891	0. 983643
F 值	589. 2311	143. 4106	226. 1067	374. 6475	54. 23366	131. 2957

注：括号内为 t 值。

4. 稳定性检验

利用 AR 根的表进行稳定性检验，当每一个根模的倒数都小于等于 1 时，则说明模型是稳定的。如表 9 所示，所有根模的倒数都小于 1，故可以确定所建立的模型是稳定的。

表 9　AR 根的表

根	根模的倒数
0. 993756-0. 254321i	0. 997802
0. 993756-0. 254321i	0. 997802
0. 899635	0. 899635
-0. 037356-0. 735272i	0. 736221
-0. 037356+0. 735272i	0. 736221
0. 146400	0. 146400

5. 脉冲响应分析

为了验证广西地区生产总值在各税种受到冲击后的变化，可以利用脉冲响应分析。图 6 就是广西各主要税种和地区生产总值的脉冲响应分析结果。

本期对增值税进行一个正冲击后，广西地区生产总值在第 6 期达到最高点，之后在第 6 期到第 8 期之间达到平稳状态，第 8 期之后广西地区生产总值呈下降趋势。本期对营业税进行一个正冲击后，广西地区生产总值逐步增长，在第 2 期到第 4 期之间达到平稳状态，第 4 期之后逐步下降，在第 8 期之后广西经济回到原始水平。而本期分别对消费税、个人所得税和企业所得税进行一个正冲击后，广西地区生产总值都呈现下降趋势，对于消费税的冲击，广西经济增长下降趋于平稳的趋势，对于个人所得税和企业所得税的冲击，广西经济增长分别在第 3 期后和第 5 期后开始以平稳的趋势下降。

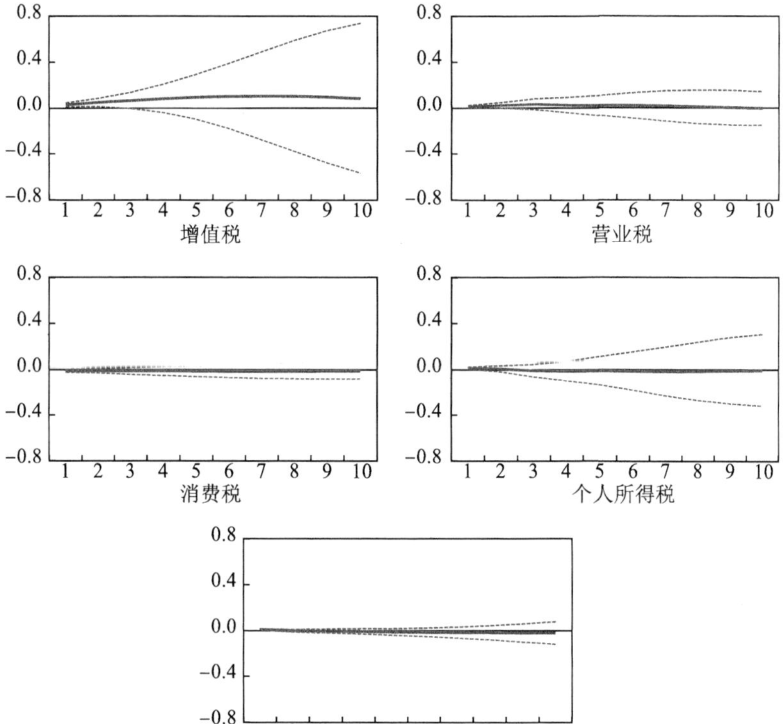

图 6　广西各主要税种和经济增长的脉冲响应分析结果

6. 方差分解分析

为了验证广西各税种对经济增长的贡献度，利用方差分解分析。图 7 为广西各主要税种和经济增长之间的方差分解分析结果。

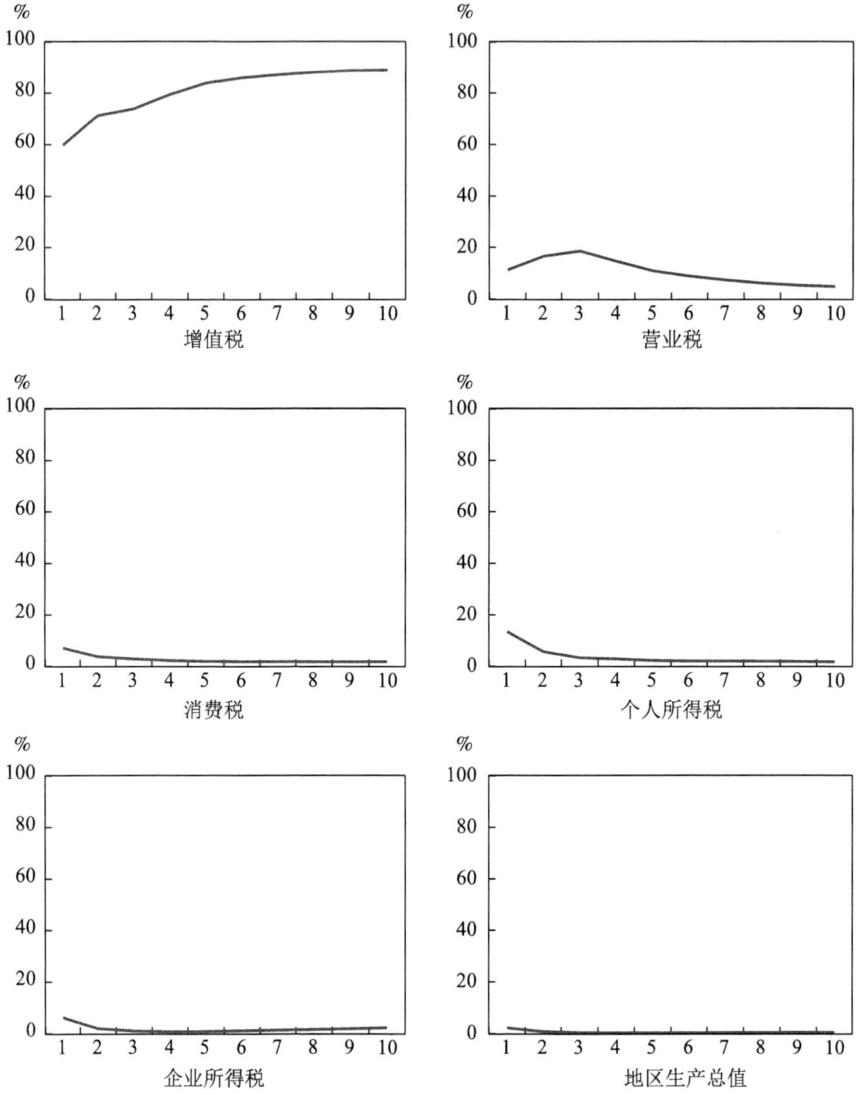

图 7　广西经济增长和各主要税种之间的方差分解分析结果

由图 7 可以看出，增值税对广西地区生产总值的贡献率最大，第 1 期已达到 60%，之后也一直呈上升趋势，增长率的最大值在第 1 期和第 2 期之间。营业税对广西地区生产总值的贡献率先上升，在第 3 期达到最大，之后逐步下降，而营业税、个人所得税和企业所得税对广西经济增长的贡献率均是在第 1 期时达到最大，但之后逐步下降，但仍大于零。

7. 结论

经上述分析可知，广西上期地区生产总值、增值税、营业税和个人所得税对下期的地区生产总值具有促进作用，且上期地区生产总值和营业税的作用更为明显。而上期的消费税和企业所得税对下期的地区生产总值产生抑制作用，其中消费税对地区生产总值的抑制作用更显著。

本期增值税和营业税的增加，会带来广西本期地区生产总值的增加，而消费税、个人所得税和企业所得税却会使本期地区生产总值减少。同时，广西各主要税种对地区生产总值的贡献率都大于零，其中增值税的贡献率是最大的。

六、促进广西壮族自治区税收收入与经济协调发展的建议

（一）实施有利于提高消费需求的税收政策

由前文的实证分析可以看出，消费对广西的税收增长和经济增长的拉动作用不明显，这就需要在税收政策和其他方面作出调整。由于个人所得税关系着居民的收入，直接影响居民的消费行为，因此对个人所得税的调整更具有针对性。针对个人所得税起征点的制定，不仅要考虑纳税人的整体家庭状况以及赡养老弱的情况，还应该将不同地区的居民收入和物价水平考虑进去，充分体现税负公平原则。

由前文的分析可知，消费税的提高会减缓经济的增长，因此可以从消费税入手来调节广西经济的发展。随着广西经济不断发展，人们的生活水平不断提升，以往被认定为奢侈品的消费品，现在也越来越普遍，所以可以适当降低其税率。同时，现代潮流更新速度极快，涌现出更多新的奢侈品，有关部门应及时更新征税范围，从而提高消费水平，优化消费结构。

（二）合理提高宏观税负，为广西经济的发展提供坚实财力基础

首先，建立税源监督系统，根据不同的纳税人建立不同的财务与非财务信息库，建立详细的税源信息库，加强监督税源结构的变化。坚决依法打击买卖虚假发票的行为，严格管理发票，从源头阻止税收征管的恶化。

其次，完善涉税信息采集交流制度。一方面，建立和完善国税局、地税局和财政部门内部及相互间的信息交流制度，实现高效的信息共享；另一方面，各经济管理部门也应该积极配合税务部门的税收征管工作，定期、准确地向税务部门提供涉税信息。

（三）加强产业结构调整，推动产业转型升级

将高耗能的钢铁、有色、化工及建材等产业逐步淘汰，对传统工业进行升级改造，增强广西优质资源产业的竞争力。如引进国外先进的科学技术，提高矿物资源的利用率，减少环境污染。大力培养高新技术产业，加快发展新能源、新材料、新技术等新产业，完善相关产业的配套设施，促进产业的转型升级。

第三产业是税收贡献率较高的产业，发展第三产业是增加地方财力的首要选择。应完善相应的扶持政策，大力推动金融保险、物流服务、信息科技服务等现代服务业的发展，使这些产业成为广西税收来源的重要支柱。

（四）努力促进区域协调发展，缩小区域经济差异

充分发挥北部湾经济区在广西的重要作用，加快发展北部湾经济区，实现产业、港口、城建、交通、物流等的优化发展，建设国际性的区域经济合作区。提高北部湾港口的运输能力，努力将其建设为我国重要的海运枢纽和国际航运中心；积极引进高新技术企业，设立先进的工业项目和重点工业园，壮大北部湾产业群，形成北部湾现代产业基地。

发挥西江经济带的枢纽作用，增强其产业聚集能力，同时，充分发挥沿江各市的区域优势和特色，调整产业布局，建设新兴加工制造业基地、区域性海航物流中心和现代农业示范基地，加快建设形成西江产业经济带，使其成为广西税收新的增长极。

（五）明确财政预算支出目的，提高财政预算支出效益

政府以社会管理者的身份，将筹集到的税收收入用于提供公共服务、促进就业、稳定物价等保证社会稳定的各个项目中。这就需要政府在事前编制合理的一般预算支出，提高政府资金的使用效率，才能保证经济社会的稳定发展，进而保证政府有充足的税收收入。但是，从前文的分析中发现，广西的一般预算支出对经济增长具有抑制作用，阻碍了经济发展，说明广西的一般预算支出存在一定的问题。这就要求政府合理调整一般预算支出的结构，减少不必要的行政支出，增加社会公共支出，为人民提供真正的福利，提高财政预算的支出效益。

（六）加强税法宣传，提高公民纳税意识

对税收知识的熟悉程度，直接关系到纳税人的税收遵从度，因此要大力普及税收知识，加深公众对纳税的了解和掌握。同时加大对自觉遵从税法的纳税主体的正面宣扬和对不遵从主体的反面警示案例的宣传，一方面可以给纳税人提供学习效仿的榜样，另一方面也能树立以儆效尤的反面典型。通过营造“纳税光荣”的舆论氛围，发挥舆论的监督和引导作用，加大纳税不遵从的心理成本，可以促使纳税人行为的优化。

在宣传方式上，综合运用电视、报纸、网络、广播、户外广告等多种媒体工具，从视觉、听觉等全方位展开教育宣传，影响纳税人的行为决策。同时，要让公众参与税收宣传内容的形成过程，增强公众的认同心理，更好地建立起征纳双方之间情感交流和信息互通的渠道。

附表 1　广西税收收入、税收增长率及宏观税负情况

年份	税收收入/亿元	税收增长率/%	地区生产总值/亿元	宏观税负/%
2001	230.40	32.12	2279.34	10.11
2002	244.67	6.19	2523.73	9.69
2003	276.23	12.90	2821.11	9.79
2004	342.50	23.99	3433.50	9.98
2005	403.43	17.79	3984.10	10.13
2006	483.91	19.95	4746.15	10.20

续表

年份	税收收入/亿元	税收增长率/%	地区生产总值/亿元	宏观税负/%
2007	620.42	28.21	5823.40	10.65
2008	725.09	16.87	7021.00	10.33
2009	812.85	12.10	7759.16	10.48
2010	1064.83	31.00	9569.85	11.13
2011	1380.28	29.62	11720.88	11.78
2012	1705.03	23.53	13035.10	13.08
2013	1827.16	7.16	14449.90	12.64
2014	1979.88	8.36	15672.89	12.63
2015	2070.21	4.56	16803.12	12.32

资料来源：2002—2016 年《中国税务年鉴》。

附表 2　2001—2015 年广西流转税和所得税占总税收的比重　（%）

年份	增值税占总税收比重	营业税占总税收比重	企业所得税占总税收比重	个人所得税占总税收比重
2001	0.487	0.179	0.104	0.074
2002	0.452	0.152	0.161	0.093
2003	0.477	0.173	0.091	0.095
2004	0.475	0.174	0.084	0.094
2005	0.486	0.179	0.083	0.090
2006	0.464	0.170	0.085	0.090
2007	0.478	0.167	0.083	0.076
2008	0.481	0.166	0.084	0.077
2009	0.461	0.168	0.128	0.067
2010	0.438	0.191	0.109	0.062
2011	0.399	0.195	0.144	0.061
2012	0.385	0.174	0.155	0.053
2013	0.358	0.154	0.122	0.035
2014	0.331	0.165	0.125	0.038
2015	0.314	0.162	0.137	0.038

资料来源：2002—2016 年《中国税务年鉴》。

附表3　2001—2015年广西税收收入及其主要税种收入　　单位：亿元

年份	地区生产总值	增值税	营业税	消费税	个人所得税	企业所得税
2001	2279.34	84.83	31.14	10.64	12.88	18.14
2002	2523.73	104.21	34.96	12.79	21.47	37.07
2003	2821.11	116.81	42.36	13.78	23.20	22.22
2004	3433.50	131.22	48.13	16.58	25.87	23.19
2005	3984.10	166.29	61.36	21.28	30.70	28.32
2006	4746.15	187.20	68.38	24.73	36.44	34.22
2007	5823.40	231.30	81.05	28.20	36.83	40.00
2008	7021.00	298.18	103.12	35.04	48.03	52.11
2009	7759.16	334.26	121.97	42.40	48.69	92.51
2010	9569.85	356.18	154.86	65.70	50.11	88.66
2011	11720.88	425.09	207.44	88.64	64.61	153.00
2012	13035.10	531.92	240.75	154.76	73.52	213.84
2013	14449.90	611.06	262.32	208.31	60.47	208.38
2014	15672.89	604.63	300.83	214.23	69.36	229.15
2015	16803.12	622.42	320.94	238.85	75.55	270.26

资料来源：2002—2016年《中国税务年鉴》。

专题二　中央对贫困地区专项转移支付的经济效应研究

摘要：本专题主要以县级单位作为研究对象，深入研究专项转移支付与地方政府支出规模的基本情况。研究发现，贫困地区并不珍惜所收到的转移支付资金，造成财政资金的浪费加大转移支付，却刺激了地方政府的支出规模，即粘蝇纸效应，这种效应在贫困地区更为明显。以广西壮族自治区为例对粘蝇纸效应进行实证分析，剖析产生粘蝇纸效应的本质原因，为我国贫困地区专项转移支付制度的完善尽一份绵薄之力。

关键词：贫困地区；财政体制；专项转移支付；粘蝇纸效应

一、引言

（一）研究背景与研究意义

1. 研究背景

我国地域辽阔，受地理位置、自然资源等因素的影响，我国各地区经济发展不平衡，而且表现出地区经济发展水平差异越来越大的趋势。1994 年实行分税制改革以来，出现了中央政府与地方政府的财权和事权、财力和支出责任不相匹配的现象。我国政府划分为中央、省、市、县以及镇（乡）五级，在这种体制中，自上而下政府间的事权不断增大，而财权不断缩小，出现县级政府和乡级政府的财权过小、事权过大的不均衡状况。有研究表明，地方政府有 50%左右的财政收入权力，却要承担 80%以上的事权，并且越向底层政府，这种不均衡的现象越明显。特别是目前政府间的财权事权的界定还处于一个模糊的状态，容易出现事权推诿、财力僭越的状况。

而政府间转移支付正是各级政府之间为解决财政失衡而通过一定的形式

和途径转移财政资金。随着我国经济的发展，政府间转移支付的规模在不断扩大，主要包括一般性转移支付、专项转移支付和税收返还。其中，专项转移支付作为中央财政实现特定的宏观政策及事业发展战略目标的重要手段，重点用于各类事关民生的公共服务领域，关系着广大人民群众的基本生活水平，国家和学界越来越关注专项转移支付制度的执行和落实情况。专项转移支付主要运用在社会保障、医疗卫生、教育文化、环境保护、科技创新五个方面，矫正公共产品的正外部性带来的供给不足问题，为稳定和促进经济的发展起着举足轻重的作用。但是在贫困地区的地方政府，由于各方面条件的限制，专项转移支付资金的使用效率低下，使用透明度不高。此外，还促使了地方政府支出规模的扩大，通过粘蝇纸效应间接影响地方的经济绩效。

党的十八届三中全会提出，“加快改革财税体制，健全中央和地方财力与事权相匹配的体制，完善促进基本公共服务均等化和主体功能区建设的公共财政体系，构建地方税体系，形成有利于结构优化、社会公平的税收制度。建立公共资源出让收益合理共享机制”，表明深化财政体制改革成为国家财政建设的重中之重。而中央通过大量转移支付对地方进行补助，在明确政府间事权划分的基础上，界定各级政府间的支出责任，明确划分政府间收入，再通过转移支付等手段调节上下级政府、不同地区之间的财力余缺，补足地方政府履行事权存在的财力缺口，实现事权和支出责任相适应。在此基础上，保持现有中央和地方财力格局总体稳定，结合税制改革，进一步理顺中央和地方收入划分。

2. 研究意义

专项转移支付作为中央政府扶持专项事业和实现政府宏观调控的直接体现，关系着国民经济的稳定，事关中国共产党新时期全面深化财税制度改革的全面落实，是缩小地区经济差距的重要举措。中央对地方政府的专项转移支付更偏向于贫困地区，加上贫困地区经济实力弱、底子薄，在专项财政资金的使用、计算和分配上还存在诸多问题，所以本专题研究有一定的意义。

本专题主要以县级基层单位作为研究对象。目前对县级单位专项转移支付的研究相对较少，本专题的研究内容及数据恰好可以弥补该领域的缺失。

通过引入基尼系数，对贫困地区的专项转移支付分别进行横向和纵向分析；通过搜集各类贫困县的数据对粘蝇纸效应进行分析。在研究目标导向下，总结分析结论并提出进一步完善当前分税制的省以下专项转移支付的改革建议，为研究领域提供参考意见。

（二）文献综述

国内对专项转移支付的专门研究也不多，大部分的文献都是在大体上对转移支付进行分析，极少有研究对专项转移支付进行全面剖析。周美多等（2008）在《中国专项转移支付的政治逻辑：问题、原因与出路》中肯定了专项转移支付在转移支付体系中的重要地位，以及在专项转移支付的分配和执行过程当中备受批评。陈五争等（2016）在扶贫开发的视角下，对我国专项转移制度的现状、存在的问题及原因进行分析，为完善和创新我国转移支付制度提出了建议。李鑫（2014）在《我国专项转移支付制度研究——基于四川省县级数据的实证分析》中除了对四川省县级单位专项转移支付依赖度的分析，还引入了基尼系数和因子分析的方法，以三年间每年的人均预算一般收入基尼系数作为基础，分别比较经过逐级累加返还性税收、一般性转移支付和专项转移支付后各自的基尼系数，发现专项转移支付对于均等化水平的作用基本上是逆向调节的，主要起均等化作用的还是一般性转移支付。这篇文章比较全面，对本专题的撰写有很大的启发。

吕炜等（2017）使用我国1998—2012年的面板联立方程模型对政府间转移支付的影响进行检验，发现过高的转移支付依存度会带来粘蝇纸效应，刺激地方政府扩大支出规模并降低财政资金的使用效率，西部和东北部高转移支付依存度区域的粘蝇纸效应更大。李丹（2015）首次以国定扶贫县为研究对象，分析在财政转移支付不断增加的背景下贫困地区是否存在粘蝇纸效应。通过构建理论模型与实证分析认为，无论是整个国定扶贫县，还是“老、少、边、穷”四类扶贫县，均存在显著的粘蝇纸效应，贫困地区并没有像对待自有财政收入那样珍惜财政转移支付。王耀东（2017）利用我国省级面板数据，对我国地方政府支出的粘绳纸效应进行了估计。结果显示，我国地方政府支出存在粘蝇纸效应，增加1个单位转移支付会增加0.639个单位地方政府支出，增加1个单位居民收入则只增加0.139个单位政府支出。文章还分东、中、西部对我国不同地区地方政府支出的粘蝇纸效应水平的差异进行了研究，结果显示，东部地区不存在粘蝇纸效应，中部和西部地区均存在粘蝇纸效应，且中部地区粘蝇纸效应更大。这三篇文章的含金量都很高，对粘蝇纸效应研究的角度、高度以及深度都很新颖，有独特的见解和很前沿的研究，对粘蝇纸效应的实证分析更上一层楼。

（三）研究内容与研究框架

本专题由引言、正文和结论三个部分组成。正文大致内容如下：

第一部分是中央对贫困地区专项转移支付的历史沿革和现状。中央对贫困地区专项转移支付的历史沿革主要是从分税制改革后1995年至2016年的专项转移支付总量的变化、在转移支付体系中占有率的变化和增长率的变化进行综合分析，以及对截至2017年中央对贫困地区专项转移支付的状况进行分析。第二部分是中央对贫困地区专项转移支付的均等化效应分析。收集统计和整合各县级数据资料，采用变异系数法进行简单分析。第三部分是中央对贫困地区专项转移支付的粘蝇纸效应分析。首先，简单解释粘蝇纸效应及其与贫困地区地方政府支出规模的关系；其次，对不同贫困地区进行实证分析；最后，以广西壮族自治区为例，分析同一贫困地区的粘蝇纸效应。这一部分是本专题的重点，也是难点。第四部分是进一步完善中央对贫困地区专项转移支付的建议。本专题在研究贫困地区专项转移支付的现状和问题的基础上，给出了当前我国进一步完善中央对贫困地区专项转移支付的若干建设性建议，以此抛砖引玉，推动中央对贫困地区专项转移支付在基层单位的运行。

（四）本专题的创新性与不足

本专题的创新之处有两点。第一，研究对象。本专题以贫困地区县级单位为研究对象，这在一定程度上可以为研究县级单位数据提供参照，对研究对象进行横向和纵向的比较。而且，深入探讨县级单位在执行和分配专项资金时暴露的问题，为我国当前城镇化进程梳理其内在的问题并给出对策建议。

第二，研究内容和研究方法。目前，针对贫困地区专项转移支付资金使用效应的研究甚少。在研究方法上，利用变异系数分析均等化效应。随后，尽个人所能，建立计量模型来分析粘蝇纸效应。最后，对大量数据用 Excel 进行统计和整理，最终以图表的形式表达。

本专题的不足之处有：一是数据本身，县级单位的数据可能不全面，不能完全真实地反映基层政府的专项资金的使用和分配状况。二是产生均等化效应不只是财力资金，还有公共服务的影响，但是由于各方面因素限制，本专题未深入研究。

二、中央对贫困地区专项转移支付的历史沿革和现状

1994 年分税制改革后我国的专项转移支付一直处于摸索阶段。刚开始缺乏制度化和规范化，并且专项资金的补助多少完全取决于地方政府代表的谈判能力。为了争取到更多的专项资金，难免会有不正规的操作，因此出现了“跑部钱进”的专项资金分配运行机制。直到 2000 年 8 月，中央颁布了《中央对地方专项拨款管理办法》，这是我国第一份关于专项转移支付的纲领性文件。同时，地方政府对县级单位也是根据这份文件的规定进行专项资金的立项、审批以及分配。

1994 年中央对地方转移支付的规模只有 590 亿元，占中央财政支出的 14%。根据 2016 年政府工作报告，2016 年中央对地方转移支付预算约 5 万亿元，占中央财政支出的比重上升至约 62%，其中，拟安排专项转移支付约 2 万亿元，占转移支付总额约 40%。中央财政集中的财力，主要用于增加对地方，特别是中西部贫困地区的转移支付，而专项转移支付占转移支付总量的很大一部分。

由表 1 可以明显看出，我国专项转移支付在 2010 年达到最高值，占转移支付的总额的 43. 64%，此后，增长速度明显放缓，占比也逐年下降，由 2010 年的 43. 46%下降到 2016 年的 29. 92%。增速的放缓以及占比的下降，与提高一般性转移支付比重、压缩专项转移支付这一转移支付制度改革的要求有很大的关系。

表 1　中央专项转移支付规模及比重

年份	转移支付总额/亿元	税收返还/亿元	税收返还占比/%	一般性转移支付/亿元	一般性转移支付/%	专项转移支付/亿元	专项转移支付/%
1995	2532. 9	1867. 3	73. 72	290. 9	11. 48	374. 7	14. 79
1996	2672. 3	1948. 6	72. 92	234. 9	8. 79	488. 8	18. 29
1997	2800. 9	2011. 6	71. 82	273. 4	9. 76	515. 9	18. 42
1998	3285. 3	2082. 8	63. 40	313. 1	9. 53	889. 5	27. 08
1999	3992. 3	2120. 6	53. 12	511. 4	12. 81	1360. 3	34. 07
2000	4747. 6	22. 6. 5	46. 48	893. 4	18. 82	1647. 7	34. 71
2001	6117. 2	2308. 9	37. 74	1604. 8	26. 23	2203. 5	36. 02
2002	7352. 7	3006. 8	40. 89	1944. 1	26. 44	2401. 8	32. 67
2003	8058. 2	3425. 3	42. 51	2241. 2	27. 81	2391. 7	29. 68
2004	10222. 4	3609. 5	25. 31	2933. 7	28. 70	3237. 7	31. 67
2005	11120. 1	3757. 3	33. 79	3715. 8	33. 42	3647. 0	32. 80
2006	13589. 4	3930. 2	28. 92	5024. 9	36. 98	4634. 4	34. 10
2007	17325. 1	3214. 8	18. 56	7017. 2	40. 50	6186. 9	35. 71
2008	22170. 5	3372. 0	15. 21	8491. 0	38. 30	9397. 3	42. 39
2009	28563. 8	4886. 7	17. 11	11317. 2	39. 62	12359. 9	43. 27
2010	32341. 1	4993. 4	15. 44	13235. 7	40. 93	14112. 1	43. 64
2011	39921. 2	5. 39. 9	12. 62	18311. 3	45. 87	16570. 0	41. 51
2012	45361. 7	5128. 0	11. 30	21429. 5	47. 24	188. 4. 1	41. 45
2013	48019. 9	5046. 7	10. 51	24362. 7	50. 73	18610. 5	38. 76
2014	51591. 0	5081. 6	9. 85	27568. 4	53. 44	18941. 1	36. 71
2015	50137. 8	5082. 0	10. 14	28525. 8	56. 89	21612. 0	32. 97
2016	52941. 4	5088. 6	9. 61	32017. 8	60. 47	20923. 6	29. 92

资料来源：历年《中国财政年鉴》《中央对地方税收返还和转移支付决算表》，国家统计局。

三、中央对贫困地区专项转移支付的财政均等化效应分析

（一）基础数据

为了对贫困地区专项转移支付财政均等化效应进行探讨与研究，主要探究财政均等化效应，本专题从 2008 年到 2016 年的《财政统计年鉴》《中国知

网统计数据》和《全国地市县财政统计资料》中计算和整理出贫困地区各县级单位转移支付前、转移支付后的财政收入，财政供养人口，以及总转移支付和各分项转移支付的具体值，没有消除价格和通货膨胀的影响。

（二）度量方法

目前，我国政府间财力的横向不平衡和纵向不平衡仍比较普遍，这不仅体现在省级财政层面上，还体现在县级财政层面。根据经济增长和财政支出理论，地方政府往往将接受的转移支付资金主要用于两个方面：公共投资和公共消费。借助公共投资与公共消费，转移支付能够促进财政均等化。

本专题对贫困地区专项转移支付财政均等化效应的分析，主要采用变异系数分析法。变异系数法，又称标准差率，是衡量收入分配均衡状况的一个指标，能较好地反映出转移支付前后各地区财力的离散程度，故本专题采用变异系数法来衡量我国贫困地区省以下专项转移支付均等化效果。具体操作步骤如下：

1. 计算贫困地区转移支付前的变异系数指标

首先，抽取全国贫困地区具有代表性贫困县作为样本，通过查询历年财政年鉴，统计样本地区的人口总数和转移支付前的财政收入，计算出人均财政收入，再利用 Excel 软件计算出变异系数值。变异系数表示人均财政收入在样本均值上的离散程度，系数越大说明离散程度越大，即地区之间财力差距越大。其计算公式为：

$$V_x = \sqrt{\sum_{1}^{n} (X_i - \overline{X})^2 \times P_i} \div \overline{X} \tag{1}$$

其中，X_i表示转移支付前地区的人均财政收入，$\overline{X}$ 表示样本总体转移支付前的人均财政收入，P_i 表示地区的人口比重。

2. 计算贫困地区转移支付后的变异系数指标

同理，统计样本地区的人口总数以及转移支付后的财政收入，再利用 Excel 软件计算出变异系数值。其计算公式为：

$$V_y = \sqrt{\sum_{1}^{n} (y_i - \overline{y})^2 \times P_i} \div \overline{y} \tag{2}$$

其中，y_i 表示转移支付后地区的人均财政收入，$\bar{y}$ 表示样本总体转移支付后的人均财政收入，p_i 表示地区的人口比重。

3. 计算转移支付前后变异系数的差额

$$\Delta V = V_x - V_y \tag{3}$$

当 $\Delta V>0$ 时，说明贫困地区转移支付具有财力均衡效应；当 $\Delta V<0$ 时，则表明贫困地区转移支付非但没有缩小各地区之间的财力差距，反而进一步扩大了地区之间的财力差距。

（三）结果分析

根据目前的研究及统计，专项转移支付的财政均等化效应高于返还性转移支付，但是明显低于一般性转移支付。专项转移支付的均等化效应还是很有限的。以县级单位作为研究对象，一些财力较小的县级单位无法获取它们相应的配套资金。从现实情况来看，2010—2016 年，专项转移支付占总的转移支付的比重从 43%逐年下降，对贫困地区的均等化效应研究产生一定的影响。

四、中央对贫困地区专项转移支付的粘蝇纸效应分析

（一）粘蝇纸效应的概念界定

在过去政府间转移支付的经典理论模型中，上级政府给下级政府的转移支付中所产生的分配效应，与直接将这笔资金支付给当地居民所产生的效应是一样的。但事实上，转移支付对政府公共支出的刺激效应远远大于理论的预测值。大量的实证表明，上级政府对下级政府的转移支付每增加 1 元，地方公共支出相应地增加 0. 25~1 元，而居民收入每增加 1 元，地方公共支出会相应地增加 0. 05~0. 1 元，即转移支付对政府公共支出的刺激效应远远大于等额的居民收入对公共支出的刺激效应，这就是政府间的粘蝇纸效应。

（二）不同贫困地区粘蝇纸效应实证分析

中华人民共和国成立以来，国家一直对贫困地区实施财政补贴政策，财政转移支付的规模越来越大，专项转移支付的资金更具有针对性，制度也越

来越完善。根据国务院扶贫办的划分标准，2016 年全国国家级贫困县共有 592 个，其中中部 217 个、西部 375 个。涉及 21 个省（自治区、直辖市），其中河北 39 个、山西 35 个、内蒙古 31 个、吉林 8 个、黑龙江 14 个、安徽 19 个、江西 21 个、河南 31 个、湖北 25 个、湖南 20 个、广西 28 个、海南 5 个、重庆 14 个、四川 36 个、贵州 50 个、云南 73 个、陕西 50 个、甘肃 43 个、青海 15 个、宁夏 8 个、新疆 27 个。

考虑到全国有 592 个国家级贫困县，样本数量过大，为了方便研究，进一步缩小研究范围，以民族自治地区作为研究对象。现有相关研究大部分是以某一个民族自治区作为研究范围，极少数研究涉及 5 个自治区。本专题以内蒙古自治区、广西壮族自治区、新疆维吾尔自治区、宁夏回族自治区为研究对象。

关于民族地区贫困县财政转移支付规模，由表 2 中数据可知，无论是转移支付总额还是净转移支付总额，增长的趋势都十分明显。其中净转移支付总额由 2001 年的 251.29 亿元增长到 2015 年的 4509.44 亿元；从人均的角度看，2001 年人均净转移支付 388.69 元，2015 年已经达到了 4367.50 元，而且高于全国贫困县人均转移支付。民族自治区地区的财政转移支付结构中主要有三类：一是专项转移支付，一般维持在 35%左右；二是一般性转移支付，一般在 15%左右；三是调整工资补助，一般占 20%左右。

表 2　民族贫困县财政转移支付规模

年份	转移支付总额/亿元	净转移支付总额/亿元	人均转移支付总额/元	人均净转移支付总额/元	转移支付总额增长速度/%	净转移支付总额增长速度/%
2001	263.21	251.29	407.13	388.69	—	—
2002	316.09	305.04	487.20	470.17	20.09	21.39
2003	378.05	366.35	578.84	560.92	19.60	20.10
2004	439.41	424.95	660.65	638.93	16.23	16.00
2005	543.66	524.14	809.62	780.52	23.72	23.34
2006	685.94	663.91	1017.72	985.01	26.17	26.67
2007	918.00	887.05	1348.02	1302.57	33.84	33.61
2008	1290.65	1253.81	1864.48	1811.26	40.59	41.35

续表

年份	转移支付总额/亿元	净转移支付总额/亿元	人均转移支付总额/元	人均净转移支付总额/元	转移支付总额增长速度/%	净转移支付总额增长速度/%
2009	1722. 93	1671. 39	2461. 48	2388. 04	33. 48	33. 30
2010	2378. 78	2242. 49	2402. 81	2265. 14	38. 07	34. 17
2011	3212. 04	3081. 01	3220. 09	3088. 73	35. 03	37. 39
2012	3621. 44	3519. 40	3602. 71	3501. 19	24. 75	22. 23
2013	3870. 06	3773. 24	3818. 51	3722. 98	20. 21	19. 93
2014	4152. 631	4068. 26	4060. 06	3977. 57	25. 75	24. 41
2015	4611. 94	4509. 44	4466. 77	4367. 50	24. 59	24. 05

资料来源：历年《内蒙古财政年鉴》《广西财政年鉴》《新疆财政年鉴》《宁夏财政年鉴》。

运用 Excel 分别作出民族自治区政府支出规模与转移支付总额及人均居民收入的散点图（见图 1、图 2）。比较两个散点图的斜率可知，人均居民收入对政府支出规模的影响明显大于转移支付对政府支出规模的影响，直观地表明了粘蝇纸效应。

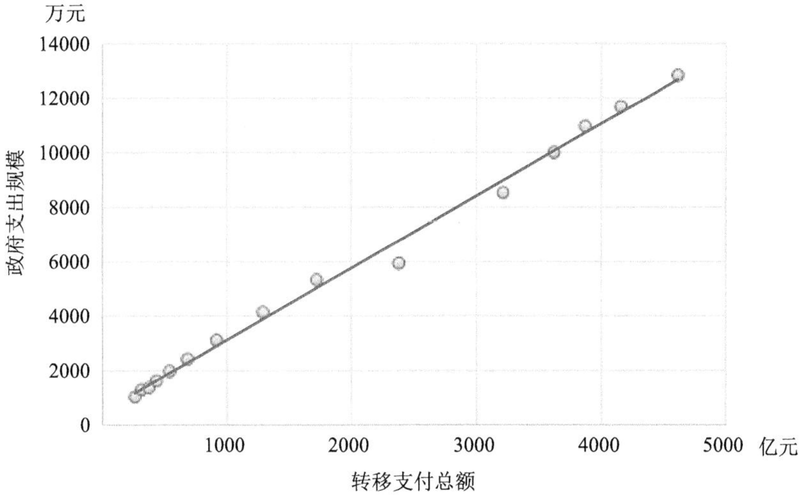

图 1　民族自治区政府支出规模与转移支付总额散点图

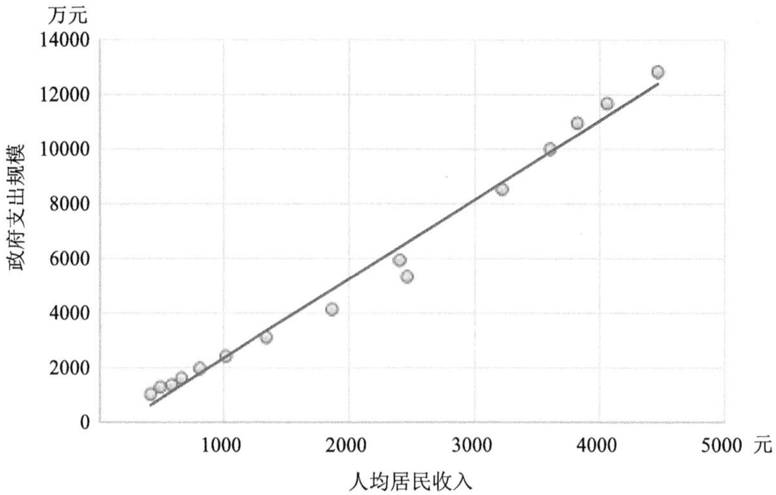

图 2　民族自治区政府支出规模与人均居民收入散点图

（三）同一贫困地区的粘蝇纸效应实证分析——以广西为例

广西位于我国西部地区，近几年得益于国家政策支持发展迅速，但是在政治、经济、文化、教育、基础设施、社会保障、居民人均收入等方面与东部沿海地区相比还有很大的差距。2011—2015 年广西壮族自治区地区生产总值指数如图 3 所示：

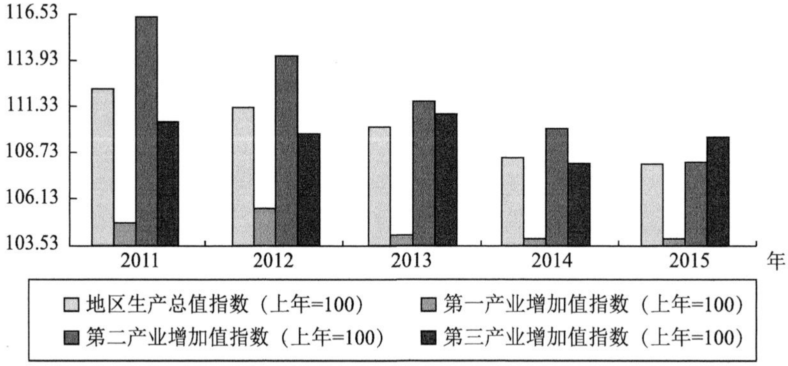

图 3　广西地区生产总值指数

资料来源：国家数据网。

根据2017年最新公布的国家级贫困县名单，广西壮族自治区有28个国家级贫困县，分别为隆安县、马山县、上林县、融水县、三江县、龙胜县、田东县、德保县、靖西市、那坡县、凌云县、乐业县、田林县、西林县、隆林县、昭平县、富川县、凤山县、东兰县、罗城县、环江县、巴马县、都安县、大化县、忻城县、金秀县、龙州县、天等县。根据现有的数据，分析1995—2015年广西的政府支出规模可知，2007年之后，政府支出规模急剧增加（见图4、表3）。

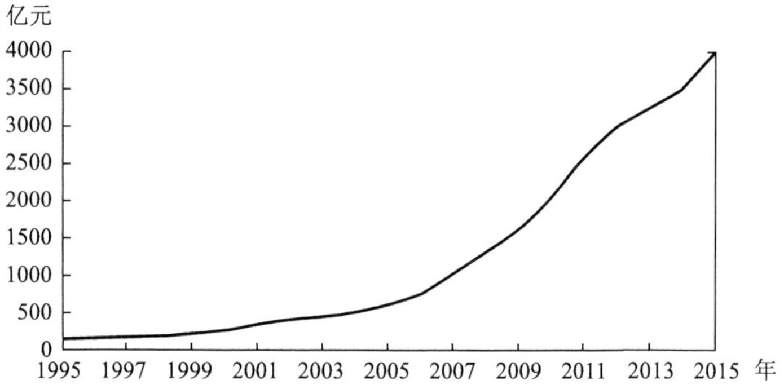

图4　1995—2015年广西政府支出规模

资料来源：广西壮族自治区财政厅。

表3　1995—2015年广西政府支出规模与转移支付规模

年份	财政转移支付/亿元	转移性人均收入/元	政府支出规模/亿元
1995	66.08	565.44	140.59
1996	73.01	630.15	157.01
1997	75.00	709.72	170.83
1998	85.48	783.24	198.36
1999	100.64	866.50	224.98
2000	124.83	1027.72	258.49
2001	183.96	1208.06	351.65
2002	217.73	1424.40	419.86
2003	237.88	1572.50	443.60
2004	303.43	2070.21	507.47

续表

年份	财政转移支付/亿元	转移性人均收入/元	政府支出规模/亿元
2005	356.76	2351.00	611.48
2006	445.56	2124.28	729.52
2007	621.91	2767.22	985.94
2008	790.86	3479.62	1297.11
2009	995.25	3960.05	1621.82
2010	1146.82	4628.62	2007.59
2011	1594.89	4751.20	2545.28
2012	1786.65	5500.43	2985.23
2013	1823.40	5759.49	3159.39
2014	1939.61	6132.27	3479.79
2015	2054.26	6630.50	4076.42

资料来源：历年《广西财政年鉴》、广西壮族自治区财政厅。

运用 Excel 和计量系统软件对数据作进一步的处理，分别作出散点图，可以直观地看出若直接将这笔转移性资金分配给居民，提高居民的人均收入，那么其政府支出规模将变小。

五、进一步完善中央对贫困地区专项转移支付的建议

通过对财政均等化和粘蝇纸效应的分析，中央对贫困地区专项转移支付的均等化效应影响较小，而引起的粘蝇纸效应却很大。

过去的几十年间，粘蝇纸效应引起了国内外众多学者的研究。人们尝试从政治、经济、社会等多种角度研究其产生的原因，其中最具有代表性是“财政幻觉学说”和“官僚预算最大化假说”。我国的大部分学者认为，“财政幻觉学说”和官员腐败是我国政府间转移支付产生粘蝇纸效应的主要原因，但有学者实证分析发现政府间转移支付的粘蝇纸效应更多的只是地方政府使用扭曲税筹集公共支出资金的内在结果。引发粘蝇纸效应的真正原因学者还在研究。为了进一步完善中央对贫困地区的专项转移支付，提出如下政策建议。

（一）维持财权格局不变，以事权匹配财权

中国各级政府事权与财权并不匹配，中央必须通过大规模的转移支付，解决地方财政财力不足的问题。转移支付在地方财政总收入中比重过高会产生粘蝇纸效应，刺激政府支出规模的膨胀，西部和东北地区等转移支付依存度高的区域的粘蝇纸效应更大。因此，单纯地分配财力解决财权事权不匹配会形成过高的转移支付依存度，从而降低财政资金的使用效率。因此，应维持财权格局不变，以事权匹配财权。这样不会削弱中央的宏观调控能力，也不会影响财政资金向不发达地区倾斜。关于事权在中央和地方的分配，理论上应按照外溢性来划分，即外溢性较强的全国性公共品的提供应划分为中央事权，外溢性较小的区域性公共品的提供应划分为地方事权。

（二）优化专项转移支付在地区和项目上的分配结构

专项转移支付在贫困地区的每个项目上的资金分配是整个专项转移支付制度运作的开端。倘若开端就方向错乱，后面与之相关的一切活动都是徒劳，甚至会起到相反的政策效果。比如某个地区资金分配过多或者过少，项目设置不合理却被予以政策支持，或者项目运转亟须资金支持却得不到充足的资金或者没有资金支持，这些都会导致专项转移支付在实际操作过程中偏离初始政策设计目标方向。因此，这方面问题在制度和实务层面必须提到优先解决的行列中来。合理的地区和项目分配结构的要求应是：第一，有利于均等化地区间公共服务水平。适度的非均等化水平是可以接受的，这样反而可以通过政府间竞争的机制加速地区间民生水平的普遍提高。第二，着力于解决地区间外溢性公共产品供给。这类属于具有跨区域战略性社会经济价值的项目，而基层政府一般没有财力或者动机去进行项目投资，而上级政府由于信息不对称或者能力有限无法直接承担项目投资，这就需要上级政府通过专项转移支付委托下级基层政府来专款专用开展项目运作。第三，建立资金储备制度以解决突发重大自然灾害或者稳定社会安全秩序。这部分缓冲资金对于四川这样自然灾害频繁的地区尤为重要，能在危急时刻对经济社会的基本公共安全和生活保障起到决定性的作用。第四，切实保障维持人们基本生活质

量的公共服务在最低标准层次上的满足。诸如，义务教育、医疗、社会保障等方面的专项转移资金必须得到根本落实。

（三）完善专项转移支付制度的配套政策

当前我国的专项转移支付大部分都要求地方财政有配套资金支持。配套产生的客观原因是上级政府财力有限，难以对每个扶持项目进行全额补助；主观原因则是希望通过配套率的要求保证资金使用做到专款专用，确保将资金的漏损降到最低，以区别于一般性转移支付无限制地给予地方政府财权任其安排资金投向。一方面，在制定和实施配套性政策的过程中应积极考虑不同地区的财力配套能力。对于财力薄弱地区，要求的配套比例可以适当降低或者提供资金支持，以解决专项资金项目审核通过却因资金难以配套而无法实施的窘境。另一方面，建立动态的配套资金额度标准设置。广泛考虑多方面因素，如所补助政府的自然资源禀赋、经济发展水平、人口、地域面积等重要指标。另外，对于配套率的设计也可以考虑实行与各地区人均财力呈反比例关系的计算方法，使得财力贫弱的地方有足够的能力进行资金配套，进而实现上级政府的目标，推进本地区民生水平与经济建设不断上新台阶。

（四）与经济水平相适应，循序渐进地提高直接税的占比

目前不少学者认为，我国的税收结构体系应当与发达国家接轨，大力开征财产税、物业税以及个人所得税等直接税，加大直接税收入在税收总额中的比重。在粘蝇纸效应问题上，支持“财政幻觉假说”的学者也认为提高直接税比重是减轻粘蝇纸效应的方法之一。因为直接税的税负，如个人所得税，通常能够被纳税人准确地衡量，而间接税的税收负担则不易被纳税人察觉，且个人分担的纳税额很难测算，因而纳税人很容易低估税负水平。间接税占的比重越大，税负被低估的程度也就越高。因此提高直接税比重将有效降低“财政幻觉”，从而抑制政府规模的非正常增长。

但是，考虑到我国目前税制结构的现实状况，以及直接税的扭曲性较高，提高直接税的比重将加大政府提供公共支出的边际成本，导致粘蝇纸效应进一步加强。此外，税收结构也应与一国的经济发展水平相适应。经济发展水

平高的国家，国民收入水平也较高，且税收管理严格，因此税收结构大都以所得税收入为主。而目前我国的经济发展水平和税收管理水平都还较低，地区差别较大，个人收入和财产的来源有限且货币化程度不高，因此直接税的税基相对较窄且征收管理的难度较高。另外，间接税收入对我国经济增长的促进作用要远大于直接税，且直接税收入在长期对 GDP 总量有负效应。因此，从促进经济增长的角度讲，我国目前以增值税、消费税为主体的税制结构是合理的。当然，从长远来看，提高直接税占比是税制改革的趋势。但考虑到直接税占比提高对粘蝇纸效应以及我国经济发展的影响，本专题建议在现阶段暂不建立以所得税为主体的税制模式，也不急于实行双主体税制模式，而是应与经济水平相适应，循序渐进地提高直接税在税收结构中的比重。

（五）强化中央对贫困地区财力的平衡和调节功能

首先，加大中央对贫困地区的财政转移支付规模。目前一般性财政转移支付框架主要是针对全国一般经济水平决定转移支付数量的，由于贫困地区经济综合实力多低于全国平均水平，如果还按一般转移支付的量进行转移支付，就会产生财政缺口从而使得东西差距不断扩大。因此要对转移支付的实际量进行进一步的调整，即重新核定收入能力标准，提高贫困地区公共服务支付力，考虑地域管理特殊性与环境治理项目支出需要，考虑边境国防事业支出需要，帮助西部贫困地区消化财政赤字。

其次，扶持与激励兼容，激活民族地区经济造血功能。提供补助帮助消除赤字，为经济发展扫清障碍，这些都是中央政府对贫困地区经济发展扶持的体现。但是“授人以鱼，不如授人以渔”，在扶持的同时还必须起到激励作用。比如把转移支付的重点或者专项转移支付的选择放到那些新兴产业项目或者在经济发展中起关键链条作用的项目上去，使其产生“一通百通”的效应。对贫困地区经济的扶持不仅仅表现在出现困难帮助解决，更重要的是要使贫困地区建立起经济发展自我运作的能力，这样才能达到专项转移资金运用效果的最大化。

（六）加强监督管理和绩效考核，提高转移支付资金使用效率

考虑到我国的客观现实，即基层政府公共决策的透明度还很低，相关的监督机制也不够完善，存在转移支付资金被地方政府不当使用的现象。为了提高转移支付资金的使用效率，可以借鉴发达国家的成功经验。例如，在中央设立专门负责转移支付的机构，确定和调整中央与地方政府的转移支付关系，确保转移支付资金公正、有效、及时地分配到各级政府。为了保证县、乡级政府的利益，该机构还可以建立中央对省级以下政府的直接转移支付。鉴于我国目前政府级次较多且各省内部财力的巨大差异，中央政府仅仅关注与省级政府之间的转移支付是不够的。越过省级政府直接向县、乡级政府进行转移支付可以减少财政转移支付的中间环节，降低转移支付的行政成本，提高转移支付的效率，确保转移支付资金尽早下到各基层。此外，该机构还应对各级政府转移支付资金的使用状况进行监督，并建立专门的考评体系和一系列的量化指标，对转移支付的执行效果进行综合的考察评价，以保障转移支付资金的运用符合政策要求，并促进资金使用效率的提高。同时，地方政府也应将转移支付资金的用途公开化、透明化，加深公众对政府收支活动的了解。

参考文献

[1] 奥茨. 财政联邦主义 [M]. 陆符嘉，译. 南京：译林出版社，2012.

[2] 白彦锋. 税权配置论——中国税权纵向划分问题研究 [M]. 北京：中国财政经济出版社，2006：55-78.

[3] 坂入长太郎. 欧美财政思想史 [M]. 张淳，译. 北京：中国财政经济出版社，1987：99-102.

[4] 包国宪，张蕊. 从“预算绩效”到“绩效预算”——我国预算绩效评价回顾与展望 [J]. 兰州大学学报（社会科学版），2019，47（5）：52-60.

[5] 北野弘久. 税法学原论 [M]. 陈刚，等，译. 北京：中国检察出版社，2001：56-79.

[6] 布坎南. 民主财政论 [M]. 穆怀朋，译. 北京：商务印书馆，2015：25-78.

[7] 布伦南，布坎南. 宪政经济学 [M]. 冯克利，等，译. 北京：中国社会科学出版社，2003：2-44.

[8] 陈广胜. 走向善治 [M]. 杭州：浙江大学出版社，2007.

[9] 陈辉，石意如. 重点开发区生态预算绩效评价研究——以广西北部湾经济区 4 市为例 [J]. 会计之友，2020（1）：84-92.

[10] 陈辉. 优先开发区生态预算协调绩效评价研究——来自 8 个城市 2007—2016 年的数据 [J]. 会计之友，2019（21）：40-46.

[11] 陈建华，曾春莲. 地方财政治理中大数据运用研究——以地方政府内部控制为例 [J]. 北京行政学院学报，2019（6）：47-54.

[12] 陈建霞，周咏梅. 推进预算绩效管理 促进生态文明建设 [J]. 中国财政，2016（23）：43-44.

[13] 陈明.“营改增”背景下我国地方税制调整与完善问题研究[J]. 经济研究参考，2016 (64): 13-16.
[14] 陈少克，王银迪. 水资源税的性质与我国水资源税制的发展与完善[J]. 税务与经济，2018 (4): 98-105.
[15] 陈晓，张壮壮. 地方政府竞争、环境规制与我国污染排放[J]. 财会月刊，2020 (3): 117-124.
[16] 陈招娣. 资源税政策的未来发展方向[J]. 经济研究参考，2018 (6): 34-38.
[17] 陈振明. 中国政府改革与治理的目标指向和实践进展[J]. 东南学术，2020 (2): 36-43.
[18] 陈志刚，吕冰洋. 中国政府预算偏离：一个典型的财政现象[J]. 财政研究，2019 (1): 24-42.
[19] 陈祖海，丁莹. 资源税费制度演进及绿色转型政策选择[J]. 中南民族大学学报（人文社会科学版），2018，38 (6): 134-138.
[20] 程传灵. 创新资金生态化控制模式构建及机制设计[J]. 财会通讯，2018 (29): 77-80.
[21] 程国琴. 参与式预算的经济学分析[J]. 当代财经，2014 (12): 36-46.
[22] 程国琴. 现代财政制度的核心价值及其实现路径——基于参与式预算的分析视角[J]. 中国海洋大学学报（社会科学版），2018 (3): 110-116.
[23] 程岩，石泽龙. 地方税主体税种选择研究——基于省级税负影响因素的角度[J]. 上海金融学院学报，2016，5: 86-98.
[24] 初钊鹏，卞晨，刘昌新，朱婧. 基于演化博弈的京津冀雾霾治理环境规制政策研究[J]. 中国人口·资源与环境，2018 (12): 63-75.
[25] 储敏伟，孙敏，财政部税收制度国际比较课题组. 德国税制[M]. 北京：中国财政经济出版社，2004.
[26] 崔惠玉，周伟. 中期视野下预算绩效管理改革的思考[J]. 财政研究，2020 (1): 87-95.
[27] 戴小明. 论财政自治权的法律保护[J]. 贵州民族研究，1999 (3): 5-9.

［28］邓茜. 地方人大预算审查监督重点转型及路径［J］. 地方财政研究，2019（10）：45-50.

［29］邓子基，唐文倩. 我国地方政府间税收横向竞争策略：基于省际面板数据的经验分析［J］. 税务研究，2012（7）：34-38.

［30］邓子基，杨志宏. 省管县改革、财政竞争与县域经济发展［J］. 厦门大学学报（哲学社会科学版），2012（4）：73-81.

［31］丁琼. 优化地方政府公共服务供给面临的困境及其破解［J］. 中州学刊，2019（12）：17-22.

［32］董雨浦，白彦锋. 营改增背景下的增值税分享比例改革：鞭打快牛?［J］. 税收经济研究，2017，22（4）：62.

［33］段勤勤. 营改增后地方主体税种选择研究［J］. 财务与金融，2017（5）：7-15.

［34］段晓红. 政治契约视野下财政自治权限度研究［J］. 苏州大学学报（哲学社会科学版），2016，37（5）：42-52.

［35］范立新. 中国税务大辞典［M］. 北京：中国税务出版社，2011：27.

［36］冯铁拴，熊伟. 资源税扩围语境下立法模式论析［J］. 江西财经大学学报，2018（5）：106-119.

［37］付敏杰. 现代财政制度的国家视角——兼论中国全面建设现代化强国的财政治理框架［J］. 财政研究，2020（2）：55-68.

［38］傅海虹，萨如拉，毅和. 内蒙古牧区基本公共卫生服务一体化研究探索——“小药箱模式”［J］. 中国卫生事业管理，2016，33（5）：381-383.

［39］傅樵. 基于“营改增”的少数民族地区税制改革［J］. 贵州民族研究，2016（6）：146-149.

［40］甘行琼，刘大帅. 完善地方税体系 促进流动人口公共服务供给［J］. 税务研究，2016（12）：33-38.

［41］高涓，乔桂明. 省级地方政府环境保护财政支出绩效评价——基于非期望产出的 Window-SBM 三阶段模型［J］. 苏州大学学报（哲学社会科学

版)，2019（6）：103-111.

［42］高培勇，等. 公共经济学［M］. 北京：中国社会科学出版社，2007：35-78.

［43］高小平. 国家治理现代化目标下行政管理制度创新的特征［J］. 内蒙古社会科学，2020（1）：8-16.

［44］高增永，刘树勋，剧宁，刘林斌. 以新发展理念为引领 制定品种审定新标准［J］. 种子，2019，38（12）：164-166.

［45］巩前文，李学敏. 农业绿色发展指数构建与测度：2005—2018 年［J］. 改革，2020（1）：133-145.

［46］郭锐. 央地财政分权的“选择构筑”视角——兼论中央财政权力的宪法约束［J］. 中外法学，2018，30（2）：364-378.

［47］郭小聪，朱侃. 地方政府公共服务创新：驱动机制与路径选择——中国情境下的分析框架和经验证据［J］. 北京行政学院学报，2020（1）：14-25.

［48］郭艳娇. 美国税改引发国际税制的变与未变［J］. 地方财政研究，2018（7）：1.

［49］郝凤霞，朱琪. 中央对地方的转移支付结构对地区经济增长的影响研究——基于产业结构的分组回归［J］. 工业技术经济，2020，39（2）：101-109.

［50］郝昭成. 健全地方税体系的思考［J］. 国际税收，2018（6）：12-16.

［51］何锦前，司晓丽. 改革开放以来税法研究之主题变奏——以税务研究为样本的文献计量分析［J］. 税务研究，2019（1）：50-58.

［52］何文盛，杜晓林. 我国预算绩效管理研究的热点主题、演进趋势及前沿解析——基于 2003—2018 年 CSSCI 来源期刊的文献计量分析［J］. 兰州大学学报（社会科学版），2019，47（3）：12-23.

［53］何杨，王蔚，陈昱锦. 我国地方税收收入稳定性研究［J］. 税务研究，2017（8）：86-92.

［54］何祖坤. 论国家制度优势与国家治理效能［J］. 云南社会科学，2020（1）：2-9.

［55］侯卓，黄家强．财政自主与环境善治：环境税法实施中的法域协调［J］．中国人口·资源与环境，2019，29（2）：25-33.

［56］胡鞍钢．从国家治理角度看中国的制度优势［J］．求是，2014（12）：58.

［57］胡洪曙，武锶芪．中国基本公共服务供给效率的评价与供给方式优化——基于省级面板数据的DEA分析［J］．财经论丛，2020（1）：33-42.

［58］胡书东．经济发展中的中央与地方关系：中国财政制度变迁研究［M］．上海：上海人民出版社，2001.

［59］胡晓东，尹艳红，陈珏如．中国政府预算绩效管理研究述评——基于2003—2017年文献［J］．甘肃行政学院学报，2018（3）：47-55+127.

［60］胡智强．论审计监督在治理体系中的制度定位与功能发挥［J］．审计与经济研究，2020（1）：18-19.

［61］黄夏岚，胡祖铨，刘怡在．税收能力、税收努力与地区税负差异［J］．经济科学，2012（4）：80-90.

［62］黄新华，何雷．面向国家治理现代化的公共预算改革研究［J］．福建论坛（人文社会科学版），2016（6）：5-13.

［63］吉富星，鲍曙光．中国式财政分权、转移支付体系与基本公共服务均等化［J］．中国软科学，2019（12）：170-177.

［64］贾康，刘薇．财税体制转型［M］．杭州：浙江大学出版社，2015：67-88.

［65］贾康，苏明．部门预算编制问题研究［M］．北京：经济科学出版社，2004：45-90.

［66］姜漪．中央与地方关系视域下的民族区域自治权的完善［J］．贵州民族研究，2016，37（12）：30-34.

［67］蒋文龙，聂辛东．论我国公共预算中公众参与程序的制度缺陷及其完善［J］．湖南科技大学学报（社会科学版），2014，17（3）：47-53.

［68］金邦贵．欧盟国家地方税立法权问题初探［J］．西南政法大学学报，

2008 (1): 46-56.
[69] 金金光. 论民族自治地方财政自治权 [D]. 呼和浩特: 内蒙古大学, 2010.
[70] 靳继东. 预算政治学论纲 [M]. 北京: 中国社会科学出版社, 2010: 2-12.
[71] 景婉博. 完善我国转移支付制度的路径探讨——基于日本经验 [J]. 财政监督, 2018 (14): 12-17.
[72] 柯洪, 何妍. 基于预算绩效管理的 PPP 项目全过程跟踪问效机制研究 [J]. 建筑经济, 2019, 40 (8): 37-41.
[73] 李春根, 徐乐. 预算绩效评价结果应用的现状与优化 [J]. 中国行政管理, 2019 (10): 154-155.
[74] 李福玲. 民族自治地方财政自治法律制度研究 [D]. 昆明: 云南财经大学, 2011.
[75] 李华. 地方税的内涵与我国地方税体系改革路径——兼与 OECD 国家的对比分析 [J]. 财政研究, 2018 (7): 66-80.
[76] 李建军, 杨天乐. 英国地方政府支出责任和地方税: 经验与启示 [J]. 财政监督, 2017 (9): 12-18.
[77] 李杰刚, 李志勇, 朱云飞. 地方政府视域下的地方税体系构建框架 [J]. 中国财政, 2016 (17): 34-36.
[78] 李静, 张志伟, 倪琳. 从环境保护税法展开的区域生态平衡博弈研究 [J]. 生态经济, 2019, 35 (2): 187-191.
[79] 李俊清, 向娟. 民族地区贫困成因及其治理 [J]. 中国行政管理, 2018 (10): 57-61.
[80] 李克桥. 我国地方税体系建设的制约因素与完善对策 [J]. 河北大学学报 (哲学社会科学版), 2016, 41 (5): 95-101.
[81] 李升. 中国税制结构优化研究 [J]. 中央财经大学学报, 2016 (12): 3-11.
[82] 李文, 张博天. 地方税体系演进的路径依赖——一个交易费用视角的解释 [J]. 东北师范大学学报 (哲学社会科学版), 2019 (2): 124-131.

［83］李羡於. 消费税划归地方税的利弊分析及改革建议［J］. 地方财政研究，2016（10）：79-86.

［84］李心怡. 地方政府预算执行审计优化策略分析［J］. 财会通讯，2019（1）：96-99.

［85］李旭红，郑鹏，赵倩. “一带一路”背景下中国境外所得免税法研究［J］. 国际税收，2017（10）：48-52.

［86］李一花，郭逸扬. 我国非税收入过度增长的制度性考察与治理之策［J］. 地方财政研究，2018（5）：49-59.

［87］李峄. 主体税种选择与地方税体系改革［D］. 北京：中央财经大学，2015.

［88］连家明. 政治生态、财政民主和参与式预算［J］. 经济研究参考，2011（60）：7-8.

［89］梁季. 完善我国地方税体系的理论思考［J］. 地方财政研究，2018（9）：4-11.

［90］廖明月. 地方税体系：理论逻辑与制度重构［J］. 财会月刊，2018（18）：99-104.

［91］廖明月. 全面“营改增”背景下差异性地方税体系的构建［J］. 现代经济探讨，2017（1）：38-42.

［92］林慕华，马骏. 中国地方人民代表大会预算监督研究［J］. 中国社会科学，2012（6）：73-90+207.

［93］林瑶. 美国税改后税制与我国税制的比较及启示——基于所得税角度［J］. 金融纵横，2018（9）：95-100.

［94］刘海娟，田启波. 习近平生态文明思想的核心理念与内在逻辑［J］. 山东大学学报（哲学社会科学版），2020（1）：1-9.

［95］刘加伶，朱艳蓉，陈庄，等. 基于演化博弈的企业与消费者行为抉择研究［J］. 重庆理工大学学报（自然科学版），2018，32（10）：135-142.

［96］刘建徽，周志波，张明. 我国资源税制度改革政策建议［J］. 经济研究参考，2018（36）：16-17.

[97] 刘建民，唐红李，吴金光. 地方税体系影响地方产业结构升级的实证分析 [J]. 湖南大学学报（社会科学版），2017，31（1）：61-67.
[98] 刘剑文，胡翔. 环保税法：落实税收法定原则的制度逻辑 [J]. 中国财政，2017（10）：48-50.
[99] 刘剑文. 地方税立法的纵向授权机制设计 [J]. 北京大学学报（哲学社会科学版），2016，53（5）：113-120.
[100] 刘洁. 中国地方间税收竞争机理及效应研究 [D]. 济南：山东大学，2013.
[101] 刘连环，高菲，温立洲，等. 我国政治生态文明与政府预算管理 [J]. 经济研究参考，2017（50）：68-74.
[102] 刘蓉. 论我国分税制体制与地方税改革 [J]. 税务研究，2016（8）：9-12.
[103] 刘天琦，李红霞，刘代民. 新形势下地方税体系重构路径探析 [J]. 税务研究，2017（4）：114-116.
[104] 刘天琦，李红霞. 地方全过程预算绩效管理改革逻辑与现实——以粤京沪为例 [J]. 当代经济管理，2019，41（12）：76-82.
[105] 刘艳霞，尹旭，张达芬. 英、日地方税体系与经验借鉴 [J]. 武汉金融，2016（10）：53-56.
[106] 刘再杰. 政府预算能力的困局与破解机制 [J]. 中央财经大学学报，2014（2）：20-24+30.
[107] 刘佐. 中国地方税制概览（第三版）[M]. 北京：中国税务出版社，2012：1-2.
[108] 楼继伟. 中国政府间财政关系再思考 [M]. 北京：中国财政经济出版社，2013.
[109] 鲁宾. 公共预算中的政治：收入与支出，借贷与平衡 [M]. 叶娟丽，译. 北京：中国人民大学出版社，2001：5-36.
[110] 陆成林. 预算绩效管理改革任重道远 [J]. 地方财政研究，2019（8）：1.

[111] 吕冰洋，郭庆旺. 中国税收高速增长的源泉：税收能力和税收努力框架下的解释 [J]. 中国社会科学，2011 (2)：76-90+221-222.

[112] 吕冰洋. 零售税的开征与分税制的改革 [J]. 财贸经济，2013 (10)：17-26.

[113] 吕侠. 论预算公开与政治文化建设 [J]. 云南行政学院学报，2019，21 (5)：66-71.

[114] 罗红云，赵国春，刘瑞贤. 营改增对新疆的影响及对策研究 [J]. 地方财政研究，2018 (3)：78-86.

[115] 罗鸣令，祝心怡. 地方税体系助推地方政府性债务风险防控：作用机理与对策建议 [J]. 税务研究，2016 (8)：24-27.

[116] 罗西瑙. 没有政府的治理 [M]. 张胜军，刘小林，译. 南昌：江西人民出版社，2001.

[117] 马蔡琛，苗珊. 中国政府预算改革四十年回顾与前瞻——从“国家预算”到“预算国家”的探索 [J]. 经济纵横，2018 (6)：39-50+2.

[118] 马蔡琛，赵笛. 大数据时代的预算绩效指标框架建设 [J]. 中央财经大学学报，2019 (12)：3-12.

[119] 马海涛，任强. 我国中央对地方财政转移支付的问题与对策 [J]. 华中师范大学学报（人文社会科学版），2015，54 (6)：43-49.

[120] 马海涛，孙欣. 预算绩效评价结果应用研究 [J]. 中央财经大学学报，2020 (2)：3-17.

[121] 马骏，侯一麟. 中国省级预算中的非正式制度：一个交易费用理论框架 [J]. 经济研究，2004 (10)：14-23.

[122] 马骏，侯一麟. 中国省级预算中的政策过程与预算过程——来自两省的调查 [J]. 经济社会体制比较，2005 (5)：64-72.

[123] 马骏，林慕华. 现代议会的预算修正权力 [J]. 中国改革，2007 (6)：27-29.

[124] 马骏，林慕华. 中国城市“钱袋子”的权力——来自 38 个城市的问卷调查 [J]. 政治学研究，2012 (4)：111-125.

[125] 马骏，林慕华. 中国预算改革：未来的挑战 [J]. 中国行政管理，2012 (6)：7-12.

[126] 马骏，罗万平. 公民参与预算——美国地方政府的经验及其借鉴 [J]. 华中师范大学学报（人文社会科学版），2006 (4)：25-31.

[127] 马骏，王红林. 政策利率传导机制的理论模型 [J]. 金融研究，2014 (12)：1-22.

[128] 马骏，叶娟丽. 公共预算理论：现状与未来 [J]. 武汉大学学报（社会科学版），2003 (3)：336-344.

[129] 马骏，叶娟丽. 零基预算——理论和实践 [J]. 中国人民大学学报，2004 (2)：122-129.

[130] 马骏，於莉. 公共预算研究——中国政治学和公共行政学亟待加强的研究领域 [J]. 政治学研究，2005 (2)：108-116.

[131] 马骏，赵早早. 公共预算：比较研究 [M]. 北京：中央编译出版社，2011：1-50.

[132] 马骏，赵早早. 中国预算改革的目标选择 [J]. 华中师范大学学报（人文社会科学版），2005 (3)：33-42.

[133] 马骏，周超，於莉. 尼斯坎南模型：理论争论与经验研究 [J]. 武汉大学学报（哲学社会科学版），2005 (5)：674-680.

[134] 马骏. 从财政危机走向财政可持续：智利是如何做到的？[J]. 公共行政评论，2014，7 (1)：23-51+178-179.

[135] 马骏. 公共预算原则：挑战与重构 [J]. 经济学家，2003 (3)：73-81.

[136] 马骏. 官僚组织、交易费用和区别性组合：新的思路 [J]. 中山大学学报（社会科学版），2004 (2)：7-11+122.

[137] 马骏. 实现政治问责的三条道路 [J]. 中国社会科学，2010 (5)：103-120，222.

[138] 马骏. 新绩效预算 [J]. 中央财经大学学报，2004 (8)：1-6.

[139] 马骏. 盐津县"群众参与预算"：国家治理现代化的基层探索 [J]. 公

共行政评论，2014，7（5）：5-34，189.
［140］马骏．以市政债制度硬化地方政府预算约束［J］．新金融，2014（7）：14-16.
［141］马骏．中国财政国家转型：走向税收国家？［J］．吉林大学社会科学学报，2011，51（1）：18-30.
［142］马骏．中国公共预算改革的目标选择：近期目标与远期目标［J］．中央财经大学学报，2005（10）：1-6，15.
［143］马骏．中国公共预算面临的最大挑战：财政可持续［J］．国家行政学院学报，2013（5）：19-30.
［144］马骏．中国预算改革的政治学：成就与困惑［J］．中山大学学报（社会科学版），2007（3）：67-74，126.
［145］马克和．国外构建地方税体系的实践经验借鉴［J］．税务研究，2016（12）：38-42.
［146］马克思，恩格斯．马克思恩格斯选集：第1卷［M］．北京：人民出版社，1995：71.
［147］马忠华，许航敏．财政治理现代化视域下的财政转移支付制度优化［J］．地方财政研究，2019（12）：36-42.
［148］缪仕国．营改增对地方税收的影响［J］．中国金融，2016（23）：71-72.
［149］倪红日．改革开放以来中央与地方财政关系的演进与展望［J］．经济纵横，2018（6）：31-38.
［150］牛晶晶．民族自治地方财政自治权研究［D］．北京：中央民族大学，2007.
［151］诺思．制度、制度变迁与经济绩效［M］．杭行，韦森，译．上海：格致出版社，2008.
［152］潘钰婷，连至炜，廖子锐，等．国家基本公共卫生服务项目实施效果评价［J］．中国公共卫生，2020，36（3）：441-445.
［153］裴育，贾邵猛．高质量发展与基本公共服务供给趋势分析［J］．审计

与经济研究，2020（1）：9-11.
［154］彭羽. 我国西部地区水资源税改革研析［J］. 税务研究，2018（6）：49-53.
［155］彭玉婷，王可侠. 着力推进生态文明国家治理体系和治理能力现代化［J］. 上海经济研究，2020（3）：10-14.
［156］齐晓丽，郭沛珍，解威，等. 政府支持对区域创新绩效的影响：综述及展望［J］. 华东经济管理，2020（3）：45-52.
［157］邵桂华，李海杰. 基本公共服务均等化视角下我国体育场地公共体育服务供给水平评价研究［J］. 首都体育学院学报，2020，32（1）：55-62.
［158］沈坤荣，付文林. 税收竞争、地区博弈和增长绩效［J］. 经济研究，2006，6：16-26.
［159］石意如. 主体功能区生态预算 DSR 评价体系的构建［J］. 财会月刊，2016（33）：58-62.
［160］石意如. 主体功能区生态预算问责体系的构建［J］. 财会月刊，2018（1）：55-59.
［161］石子印. 我国地方税系的重构——基于税收分布视角［J］. 财经理论与实践，2016，37（6）：102-106.
［162］史春玉. 变动政治生态中的参与式预算：法国案例［J］. 新视野，2018（2）：115-121.
［163］史密斯. 演化与博弈论［M］. 潘春阳，译 . 上海：复旦大学出版社，2008.
［164］斯蒂尔曼. 公共行政学［M］. 北京：中国社会科学出版社，1988：230.
［165］斯托克. 作为理论的治理：五个论点［J］. 华夏风，译 . 国际社会科学杂志（中文版），1999（1）：19-30.
［166］孙琳. 新发展理念对新自由主义的超越［J］. 国外社会科学，2019（6）：13-20.

［167］孙梦莹，秦兴方．深刻把握新发展理念的内在逻辑与重大战略意义［J］．党建，2019（12）：20-21．

［168］谭军，李铃．日本房地产税征管特色与借鉴［J］．税务研究，2018（12）：68-72．

［169］唐滔．增值税改革与地方税体系建设［J］．金融发展研究，2016（9）：63-66．

［170］涂京骞．加快房地产税改革的几点思考［J］．税务研究，2018（5）：58-62．

［171］万晓榆，龙宇，蒋婷．公众参与、政府监管与移动应用安全治理动态演化研究［J］．运筹与管理，2018，27（11）：50-60．

［172］汪彤．共享税模式下的地方税体系：制度困境与路径重构［J］．税务研究，2019（1）：38-44．

［173］汪彤．民族地区财税失衡的税制因素分析——以五大民族自治区为例［J］．经济研究，2016，72：3-19．

［174］汪彤．民族地区地方税体系建设的现实路径选择：差别化探索［J］．经济研究参考，2018（48）：27-29．

［175］王长生．基于生态预算导向的企业预算管理研究［J］．财会通讯，2014（5）：89-91．

［176］王德．全面实施预算绩效管理——大力推进机关运行成本管理创新［J］．中国行政管理，2020（1）：12-17．

［177］王发明，宋雅静，孙滕云．国外城市生态预算的理论与实践［J］．城市问题，2013（4）：89-92．

［178］王茂庆．税法的经济法化及其反思［J］．政法论丛，2017（5）：144-152．

［179］王敏．地方税体系税种配置：理论发展、各国实践及启示［J］．经济研究参考，2016（50）：98-103．

［180］王淑杰．地方绩效预算改革的实践困境与推进路径［J］．宏观经济研究，2019（7）：62-70．

[181] 王曙光，章力丹. 新时代地方税体系的科学内涵与构建 [J]. 税务研究，2019 (1)：32-38.

[182] 王婷婷. 反思型税法的理论构建及对现代税法危机的破解 [J]. 法学，2017 (5)：139-151.

[183] 王婷婷. 资源税扩围的法理逻辑与路径选择 [J]. 江西财经大学学报，2018 (5)：120-131.

[184] 王维国，闻君. 治理视域下政府预算经济性与公共性关系的重构 [J]. 北京联合大学学报（人文社会科学版），2019，17 (2)：84-91.

[185] 王霞，刘珊. 消费税法立法目的条款的考量与设计 [J]. 湘潭大学学报（哲学社会科学版），2019，43 (1)：87-92.

[186] 王小雪. 政府会计制度下医院全面预算绩效管理探索 [J]. 会计之友，2019 (23)：118-123.

[187] 王泽彩，胡志勇. 政府预算绩效管理与政府会计改革的协同性研究 [J]. 经济纵横，2019 (11)：82-90.

[188] 王志扬，张平竺. 地方税体系建设：理论基础和主体框架分析 [J]. 税务研究，2016 (8)：13-17.

[189] 威尔达夫斯基. 预算：比较理论 [M]. 苟燕楠，译. 上海：上海财经大学出版社，2009：11-105.

[190] 温湖炜，周凤秀. 环境规制与中国省域绿色全要素生产率——兼论对环境保护税法实施的启示 [J]. 干旱区资源与环境，2019，33 (2)：9-15.

[191] 温立洲，李金荣. "营改增"背景下地方税主体税种选择研究 [J]. 内蒙古社会科学（汉文版），2018，39 (2)：125-131.

[192] 翁士洪. 公共预算体制的整体性治理 [J]. 上海行政学院学报，2019，20 (6)：22-32.

[193] 翁武耀. 量能课税原则与我国新一轮税收法制改革 [J]. 中国政法大学学报，2017 (5)：89-101，159-160.

[194] 吴国斌. 新政府会计制度对预算审计的影响探讨 [J]. 中国注册会计

师，2019（6）：65-67.

［195］吴凌畅. 财税法视野下环境保护税法的意义及其局限性［J］. 地方财政研究，2017（2）：74-81.

［196］项怀诚，郑家亨. 新财税大辞典［M］. 北京：中国统计出版社，1995：274.

［197］肖捷. 加快建立现代财政制度（认真学习宣传贯彻党的十九大精神）［N］. 人民日报，2017-12-20（7）.

［198］肖育才，钟大能. 基本公共服务供给对城乡收入差距影响：基于不同收入来源的视角［J］. 西南民族大学学报（人文社科版），2020（3）：105-114.

［199］谢倩，王子成，胡扬名. 回顾与展望：国内高校绩效管理研究热点及前沿趋势可视化分析［J］. 当代教育论坛，2019（4）：60-71.

［200］谢煊，刘振林. 分税制以来的新疆财政评析［J］. 新疆社会科学，2008（1）：40-47.

［201］谢宇. 公共服务均等化视角下我国老年教育发展策略［J］. 现代远程教育研究，2020，32（1）：84-92.

［202］徐莉萍，李姣好. 生态预算研究述评及展望［J］. 经济学动态，2012（10）：91-94.

［203］徐莉萍，孙文明. 主体功能区生态预算系统. 环境、结构与合作［J］. 经济学家，2013（9）：43-51.

［204］徐莉萍，王雄武. 生态预算模式在中国的价值实现研究［J］. 中国人口·资源与环境，2010，20（12）：87-91.

［205］徐全红，王艳芝. 基于地方税体系完善的中国资源税制改革［J］. 地方财政研究，2017（6）：40-45.

［206］徐全红. 我国地方税体系构建中的资源税定位与改革［J］. 河南师范大学学报（哲学社会科学版），2017，44（3）：63-69.

［207］徐婷，李祥云. 财政预算软约束视角下地方政府投资冲动研究［J］. 华东经济管理，2018，32（6）：106-114.

[208] 徐湘林. 社会转型与国家治理——中国政治体制改革取向及其政策选择 [J]. 政治学研究，2015 (1)：3-10.

[209] 徐湘林. 政治体制改革与国家治理现代化 [J]. 中央社会主义学院学报，2017 (4)：22-26.

[210] 许正中，苑广睿，孙国英. 财政分权：理论基础与实践 [M]. 北京：社会科学文献出版社，2002：14-35.

[211] 薛钢，李尚远，陈婕瑶. 资源税对区域经济与环境保护影响的实证分析 [J]. 统计与决策，2018，34 (14)：161-163.

[212] 薛钢，李淑瑞. 美国税改对我国税制改革的启示 [J]. 地方财政研究，2018 (7)：13-17.

[213] 闫婷，范思凯. 国家治理预算绩效论：从“资金预算”到“权力预算”[J]. 地方财政研究，2019 (8)：9-14.

[214] 闫婷. 中国70年预算制度改革历程与展望 [J]. 地方财政研究，2019 (10)：19-23+32.

[215] 杨付莹. 房地产税作为地方税主体税种的可行性和现实阻力 [J]. 地方财政研究，2016 (10)：74-78.

[216] 杨慧，石子印. 地方税系的多元化与规律性：以OECD国家为例 [J]. 经济与管理评论，2017，33 (4)：112-119.

[217] 杨林，杨广勇. 基本公共文化服务供给质量评价及其改进——来自山东省的实践 [J]. 山东社会科学，2020 (2)：105-111.

[218] 杨仁忠，朱巧英. 马克思民生思想视域下基本公共服务建设的路径分析 [J]. 河南师范大学学报 (哲学社会科学版)，2019，46 (6)：52-57.

[219] 杨森平，宋宁宁. 健全地方税体系的国际经验借鉴——以德国黑森州为例 [J]. 税务研究，2018 (4)：62-65.

[220] 杨卫. 中国特色社会主义分配制度体系的三个层次 [J]. 上海经济研究，2020 (2)：36-42.

[221] 杨卫华，严敏悦. 应选择企业所得税为地方主体税种 [J]. 税制改革，

2015，2：42-50.
[222] 杨卫华. 我国国内税收竞争的特征及影响 [J]. 税务研究，2017 (9)：20-24.
[223] 叶敬忠，张明皓. 发展理念的变迁与新发展理念的形成 [J]. 济南大学学报（社会科学版），2020，30 (1)：2，5-12，157.
[224] 殷俊明，李佳林，潘俊. 政府善治驱动下会计助力国家治理的机理与路径 [J]. 审计与经济研究，2020 (1)：12-15.
[225] 于文萍. 论民族自治地方财政自治权的实现 [J]. 内蒙古大学学报（人文社会科学版），2002 (6)：44-48.
[226] 俞光远. 推进我国房地产税改革与立法的建议 [J]. 税务研究，2018 (5)：41-45.
[227] 俞可平. 民主法治与国家治理的现代化 [M]. 北京：当代中国出版社，2014：13-15.
[228] 俞可平. 治理与善治 [M]. 北京：社会科学文献出版社，2000：23-56.
[229] 虞崇胜. 中国国家治理现代化中的"制""治"关系逻辑 [J]. 东南学术，2020 (2)：45-53.
[230] 袁宁. 公共预算的多学科属性及其内在联系 [J]. 地方财政研究，2018 (12)：12-17，32.
[231] 袁月，孙光国. 基于国家治理视角的全面预算绩效管理研究 [J]. 财经问题研究，2019 (4)：70-76.
[232] 岳天明，孔繁丹. 文化视域中的民族地区有效治理研究 [J]. 学习与实践，2015 (9)：81-88.
[233] 张春雷，巴桑卓玛，滕小芳. 西藏地方税制概况及特点 [J]. 税务研究，2014 (4)：71-75.
[234] 张冬梅，吴凡. 中央对地方税收返还何去何从 [J]. 经济研究参考，2018 (38)：13-21，49.
[235] 张平. 房地产税的政府层级归属：作为地方税的理论依据与美国经验

启示［J］. 中国行政管理，2016（12）：125-130.
［236］张伟. 我国少数民族地区社会治理的创新发展路径研究［J］. 贵州民族研究，2018，39（4）：23-26.
［237］张贤明. 完善中国特色国家制度有效提升国家治理效能［J］. 云南社会科学，2020（1）：1.
［238］张震，杨茗皓. 新时代地方政府生态义务的宪法规范诠释与实践供给［J］. 学习论坛，2020（2）：87-96.
［239］赵宝廷. 中央和地方间共享税比例的财政体制博弈模型［J］. 宏观经济研究，2010（6）：49.
［240］赵书博. 我国税收收入分权改革问题研究［J］. 税务研究，2016（8）：18-23.
［241］赵早早. 推动地方政府全面实施预算绩效管理［J］. 领导科学，2018（28）：21.
［242］赵珍，王宏丽. 民族地区财政政策实施效果及政策建议——基于2006—2014年财政转移支付数据的考察［J］. 经济研究参考，2017（22）：30-39.
［243］郑永年. 关键时刻：中国改革何处去［M］. 北京：东方出版社，2014：3-23.
［244］支继超. 新时代中国新发展理念的世界价值［J］. 社会科学战线，2020（1）：247-253.
［245］中共财政部党组. 建立支撑国家治理体系和治理能力现代化的财政制度［J］. 求是，2018（24）.
［246］中共中央宣传部. 习近平新时代中国特色社会主义思想三十讲［M］. 北京：学习出版社，2018：5-98.
［247］周波，吕思锜，侯帅圻. 政府生产性支出对私人投资的挤出和挤入效应——基于地区异质性的分析［J］. 安徽师范大学学报（人文社会科学版），2020，48（1）：113-126.
［248］朱云飞，赵宁. 我国地方财政质量评估与省际比较［J］. 地方财政研

究, 2019 (6): 45-53.

[249] 邹梦琪, 唐国平. 环境保护税法. 推行的市场反应研究 [J]. 中国注册会计师, 2018 (12): 46-51.

[250] BECKER J, FUEST C. EU regional policy and tax competition [J]. European Economic Review, 2009, 54 (1): 150-161.

[251] BECKER J, FUEST C. Transfer pricing policy and the intensity of tax rate competition [J]. Economics Letters, 2012, 117 (1): 146-148.

[252] CHIRINKO R S, WILSON D J. Tax competition among U. S. states. Racing to the bottom or riding on a seesaw? [J]. Journal of Public Economics, 2017, 155: 147-163.

[253] GANDELMAN N, HERNÁNDEZ-MURILLO R. Tax competition and tax harmonization with evasion [J]. Topics in Economic Analysis & Policy, 2012, 4 (1): 271-295.

[254] HINESJ R JR. Treasure islands [J]. The Journal of Economic Perspectives, 2010, 24 (4): 103-125.

[255] KOETHENBUERGER M, LOCKWOOD B. Does tax competition really promote growth? [R]. CESIFO working paper NO. 2102.

[256] MUSGRAVE R A. The theory of public finance [M]. New York. Mcgraw Hill, 1959.

[257] QIAN Y, WEINGAST B R. Federalism as a commitment to preserving market incentive [J]. Journal of Economic Perspectives, 1997, 11 (4): 83-92.

[258] SHARMAN J C. Shopping for anonymous shell companies: An audit study of anonymity and crime in the international financial system [J]. The Journal of Economic Perspectives, 2010, 24 (4): 127-140.

[259] SWIANIEWICZ P, ŁUKOMSKA J. Local tax competition in Poland? [J]. Miscellanea Geographica, 2016, 20 (3): 37-43.

[260] TIEOUBT C. A pure theory of local expenditure [J]. Journal of Political Economy, 1956, 64 (5): 416-424.

后　记

党的十九届四中全会审议通过了《中共中央关于坚持和完善中国特色社会主义制度、推进国家治理体系和治理能力现代化若干重大问题的决定》，推进民族地区治理体系与治理能力现代化的研究成为国家民委及其系统院校的重要研究课题系列，本书作为国家民族事务委员会中青年英才培养计划项目研究成果正是这一系列研究之一。感谢国家民委给我表达思想的机会，这也是我再次提升自己学术水平的机会。项目完结时，我仿佛踏进更深远广阔的学术空间，深刻体会科研的价值与魅力。在我付出努力的背后，有众多专家、学者、同事、同学及家人的支持，在这里我要诚挚地感谢他们。

首先，我要感谢我所在学校中央民族大学与所在学院经济学院给我入选国家民委中青年英才项目的机会，这是我科研之路上重要的责任与挑战，我要付出全力做好这项研究，不辜负这份荣誉。实际上这更是我的压力，我激励自己有压力才有动力，我会继续努力在民族地区经济发展甚至区域协调发展方面贡献自己的微薄之力。在撰写著作的整个过程中得到了学校、学院领导无微不至的关怀与支持，包括黄泰岩校长、张丽君院长、张玉刚书记、谢丽霜教授、杨松武副教授、汪彤副教授等，使我在艰苦的学术研究中坚持探索和求真务实。

其次，我要感谢与我合作的中央民族大学经济学院的研究人员。他们都是中央民族大学经济学院的教师与研究生，感谢他们不计报酬地辛苦付出，感动于他们的细致与严谨。他们分别是预算篇合作者李慕、收入篇合作者李茂生、支出篇合作者黄少侠、专题一合作者陆晓君、专题二合作者樊莉桃。因为有他们不懈的努力与坚持，这部成果才能顺利完成。

再次，我要感谢帮助过我的其他专家、学者、朋友和同学。他们分别是：中国社会科学院农业发展研究所魏后凯教授，城市与环境研究所王业强教授，民族学与人类学研究所王希恩教授、龙远蔚教授；国家民委温军副司长、范振军处长；国务院扶贫办张慧东处长；芝加哥大学政治系杨大利教授；北京大学新结构经济学研究中心主任林毅夫教授，国民经济研究中心苏剑教授，政府管理学院沈体雁教授；中国人民大学经济学院吴易风教授、吴汉洪教授、方福前教授、陈彦斌教授；中央财经大学林光彬教授、张苏教授、刘峰副教授；北京工商大学经济学院周清杰教授、徐丹丹教授；首都经济贸易大学安树伟教授、王军教授、徐则荣教授。

最后，我要感谢我的亲人。我经常因为投入工作而忘记女儿的事情，陪伴她的时间较少，但是她给我带来的乐趣不亚于我的科研工作；感谢父母和先生的支持与帮助，是他们无私的爱激励着我在发展的路上稳步前进。我的每一项成绩背后都有他们一半的功劳。

张冬梅

2020 年 4 月

北京